KB274100

문화, 철학으로 읽다

문화, 철학으로 읽다

문화, 철학으로 읽다

2009년 10월 15일 초판 1쇄 발행
2011년 3월 20일 초판 2쇄 발행
2014년 2월 27일 초판 3쇄 발행

지 은 이 | 신 응 철
펴 낸 이 | 이 찬 규
펴 낸 곳 | 북코리아
등록번호 | 제03-01240호
주   소 | 경기도 성남시 중원구 사기막골로
          45번길 14 A동 1007호
전   화 | 02) 704-7840
팩   스 | 02) 704-7848
이 메 일 | sunhaksa@korea.com
홈페이지 | www.북코리아.kr

값 13,500원

ISBN 978-89-6324-042-8 (93100)

문화, 철학으로 읽다

신응철 지음

북코리아

필자는 그간 문화철학, 문화학, 문화비평, 기독교문화학 분야에 해당되는 글들을 발표하였다. 『카시러의 문화철학』(2000), 『해석학과 문예비평』(2001), 『문화철학과 문화비평』(2003), 『카시러: 사회철학과 역사철학』(2004), 『철학으로 보는 문화』(2004), 『관상의 문화학 ─ 사람은 생긴 대로 사는가』(2006), 『기독교문화학이란 무엇인가』(2006) 이상의 단행본들이 그간의 필자의 지적 작업의 결과물들이다. 이제 여기에 하나를 더하려고 한다.

이번 책에서 필자가 중점적으로 다루고 있는 분야는 크게 두 부분이다. 먼저 문화철학과 문화학의 주요 주제들을 이론적 측면으로 다루는 것이고, 다음으로 이를 응용하여 우리 시대의 문화현장과 삶의 현장에서 나타나는 몇몇 광경을 비평하는 일이다. 이 책이 독자들로 하여금 문화를 철학적으로 읽을 수 있는 안목과 비평 능력을 기르는 데 도움이 되기를 바랄 뿐이다.

이 책이 나오는 데 실제적인 계기가 된 것은 필자가 학술진흥재단의 지원에 힘입어 숭실대에서 수행하고 있는 연구 주제 덕분이다. 2007년부터 시작된 전체 연구는 「현대 문화의 본질과 구조 그리고 위기 ─짐멜과 카시러의 문화철학을 중심으로」이다. 이 연구를 수행하면서 발표한 글들이 이 책의 각 장을 이루고 있다.

책의 전체 구성은 편의상 1부와 2부로 나누었다. 제1부 문화철학과 문화학의 제 문제에서는 문화철학과 문화학의 관련성, 현대 문화의 본질과 위기, 문화와 상징, 현대 문화와 돈의 관련성을 문화철학자인 게오르그 짐멜(G. Simmel, 1858~1918)과 에른스트 카시러(E. Cassirer, 1874~1945)의 관점에 집중하여 논의하였다. 제2부 문화인식과 문화비평의 제 문제에서는 박물관과 미술관에서의 도슨트의 역할, 한국 전통문화를 읽어내는 방식, 동성애를 다루는 기독교의 두 시선, 우리 시대가 요청하는 기독교의 역할과 책임에 대해 비평의 관점에서 논의해 보았다.

이 책에 실린 대부분의 글들은 그동안 개별 학회에서 이미 발표하였으며 이를 재구성해 놓은 것임을 밝혀 둔다. 먼저 1장 문화철학과 문화학은『철학탐구』17집(중앙철학연구소, 2005. 5), 2장 현대 문화의 본질과 위기는『인간연구』17호(가톨릭대 인간학연구소, 2009. 8), 3장 문화와 상징은『해석학연구』21집(한국해석학회, 2008. 3), 4장 현대 문화와 돈은『동서철학연구』53집(한국동서철학회, 2009. 9), 5장 도슨트, 해석자인가? 안내자인가?는『철학탐구』24집(중앙철학연구소, 2008. 11), 7장 동성애를 바라보는 기독교의 두 시선은『철학탐구』23집(중앙철학연구소, 2008. 5), 8장 우리 시대가 요청하는 기독교의 역할과 책임은『기독교철학』4집(한국기독교철학회, 2007. 6)에 게재되어 있다.

돌이켜 보면, 학문의 길, 철학의 길에 발을 들여 놓은 지 어언 스무 해가 훌쩍 지나갔다. 그간 무엇을 했으며, 어떻게 하면서 그 많은 시간의 좌표를 채워왔는지 이제 정리할 때가 다가온 것 같다. 2006년

8월 말 전남대 학술연구교수를 마치고 숭실대 전임연구교수가 되고 난 후 지난 3~4년간 필자는 줄곧 숭실대 기독교학과의 학부와 일반 대학원 석·박사과정 그리고 기독교학대학원에서 기독교문화학과 기독교철학 분야의 강의를 하였다. 기독교학과에서의 학생들과의 만남을 통해 필자는 그들의 해맑은 영혼을 만날 수 있었고, 하나님을 향한 뜨거운 열정을 접하게 되었다. 그들은 나에게 강의실과 연구실에서 더욱 분발하게 한 큰 스승이었다. 그래서일까, 교회에서의 나의 봉사도 더욱 큰 비중을 차지하게 되었다. 무엇보다 여기 이 순간까지 살아있음에 대해, 그리고 이런 학문적 작업을 할 수 있음에 대해, 나의 존재의 터 되신 하나님께 감사드린다.

그리고 대학 울타리 안으로 눈을 돌리면, 맨 먼저 숭실대 기독교학과 박정신 교수님이 떠오른다. 지난 10여 년의 만남 동안, 박 교수님은 필자에게 시간 날 때마다 학문과 삶에 대해 권면해 주셨다. 항상 적극적인 자세, 긍정적인 자세, 낙관적인 자세를 강조하셨다. 박 교수님은 2007년 인문과학연구소장으로 재직하실 때 필자가 숭실대 전임연구교수가 되는 일에 결정적인 역할을 하셨다. 박 교수님의 하나님 사랑, 학문 사랑, 학과 사랑, 사람 사랑을 곁에서 하나씩 지켜볼 수 있는 것은 나에게 큰 행운이 아닐 수 없다. 필자가 기독교학과에서 가르치고 연구하는 데 있어서도 박 교수님은 언제나 이상적인 모델이다.

계속해서 기독교학과의 김영한 교수님은 필자가 학문과 신앙의 관계를 정립하는 일에 여러 모양으로 많은 도움을 주셨다. 필자가 학부 시절 수강한 기독교신앙개설 과목을 강의하실 때, 김 교수님은 그리 빠르지 않는 속도의 말씀을 통해서도 정곡을 찌르는 강의로 유명세가 있었고, 한결같은 연구 열정은 젊은 제자들에게 늘 모범이 되셨다. 김 교수님이 한국해석학회 회장으로 재직하실 때 필자는 연구위원으로서 활동하였고, 현재 한국기독교철학회를 이끌어 가시는 동안 필자에게 총무이사와 편집이사라는 섬김의 자리를 배려해 주셨다. 김 교수님의 제자 사랑의 따뜻한 정을 가슴 한켠에 간직한다.

또한 기독교학과 이철 교수님은 강의실 복도나 야외 MT 자리를 통해 필자의 연구 분야에서 매 순간 긴장의 끈을 놓지 말라는 조언을 아끼지 않았다. 이 교수님은 남성들이 부러워하는 예술적 감성과 심미안을 가지고 있으며, 매사에 섬세하다. 학부생들의 야외 워크숍이 있는 날이면 매번 학생들과 밤을 지새우며 함께 토론하고 그들의 고민과 아픔을 달래주는 그야말로 현장의 목회자, 동행하는 목회자이다. 이 교수님의 친형 같은 인간미와 후배 사랑을 필자 역시 강의와 연구를 통해 대학 공동체에서 그대로 보여주고 싶다.

마지막으로, 이 책이 나오기까지 든든한 후원자며 버팀목이 되어 준 사랑하는 아내 은경과, 학교와 교회생활을 모범적으로 잘하고 있는 채호, 그리고 애교 만점인 채은에게 평소 다하지 못한 남편, 아버지의 역할을 이 책을 통해서나마 대신하고자 한다.

2009년 가을 상도동 연구실에서
신응철

제1부 문화철학과 문화학의 제 문제

제2부 문화인식과 문화비평의 제 문제

제 1 부

문화철학과 문화학의 제 문제

제1장

문화철학과 문화학

1. 들어가는 말

　요즘 학문의 전체 분야를 망라해서 공통의 관심사가 있다면 그것은 아마도 '문화'라는 키워드일 것이다. 인문사회 분야에 국한해서 보더라도 이미 영미권에서는 신문방송학, 사회학, 문화인류학 등의 분과 학문을 중심으로 문화를 주요 연구 대상으로 논의하였고, 그러한 논의의 결과들이 우리들에게 *Cultural Studies*라는 이름으로 알려져 왔다. 최근 독일을 중심으로 전통적인 인문과학 혹은 정신과학의 연구 주제들을 새롭게 확장시켜 논의하고 있는 *Kulturwissenschaft*(문화학)라는 이름도 자주 접하게 된다. 그렇다면 문화학이 기존의 문화철학과는 어떤 관련성이 있으며 연구 분야와 방법에 있어서 어떤 차이가 나는지 해명될 필요가 있을 것이다.

따라서 이 글의 목적은 서구의 문화철학(*Kulturphilosophie*)과 문화학(*Kulturwissenschaft*)의 관련성을 해명하는 데 있다. 이를 위해서 우리는 문화철학과 문화학의 연구 경향 및 연구 방법론을 토대로 특히 문화철학이 문화학 연구에 어떤 기여를 할 수 있는지에 대해서 논의하고자 한다. 이러한 논의를 전개함에 있어서 필자는 우리에게 가장 대표적인 문화철학자로 알려진 에른스트 카시러(Ernst Cassirer, 1874~1945)의 입장에 기대고자 한다. 하여 이 글은 현재까지 진행된 서구의 문화학 연구의 대체적인 경향을 읽을 수 있는 계기를 제공하게 될 것이며, 또한 문화철학과 문화학 연구의 공통점과 차이점을 확인할 수 있는 기회를 제공하게 될 것이다.

이러한 관심에 따라 2절에서는 서구 문화학 연구의 범위, 문화철학과 문화학의 관련성에 대해 고찰하도록 한다. 3절에서는 서구 문화학의 연구 경향과 연구 방법론에 대해서 논의하도록 한다. 그리고 4절은 이 글 전체의 핵심 부분으로서, 문화학의 측면에서 본 카시러 문화철학의 업적과 영향을 다루도록 한다. 특히 이 부분에서는 문화학 연구에 지대한 영향을 미치고 있는 카시러의 논의들 가운데 '문화와 상징의 관련성', '문화적 기억', '상모적 세계관'에 대해 집중적으로 논의하고자 한다. 마지막으로 5절에서는 문화철학과 문화학 연구를 수행하는 국내의 환경에서 우리가 궁극적으로 지향해야 할 측면에 대해 고려해 보면서 논의를 마무리하도록 한다.

2. 서구에서의 '문화학' 개념과 연구 영역

우리가 논의하는 서구의 '문화학(*Kulturwissenschaft*)' 개념은 19세기 중반 대학의 학문 체계가 세분화되는 과정에서 등장하였다. 문화학은 아직 어디에서도 하나의 학문 분과로서 확고하게 자리 잡지 못했지만, 학문들의 경계(境界)를 안팎으로 넘나들며 여러 문제들을 종합하고 재구성하는 요소로서 영향을 미치고 있다. 문화학이 지향하는 종합화(綜合化)의 경향은 19세기 후반의 '자연과학(自然科學)'과 '정신과학(精神科學)'의 양극화 과정에서 생성되었다기보다는 19세기 중반 이후의 학문 분과들의 영역 분할에 대한 반작용으로서 등장했다.[1]

'문화학' 개념이 최초로 사용된 문헌은 사서(司書)면서 문화사가(文化史家)였던 구스타프 프리드리히 클렘(Gustav Friedrich Klemm)이 1851년에 쓴 『보편적 문화학에 관한 근본이념』[2]에서다. 이 책에서 클렘은 문화학의 과제를 '자연에 대립하여 인류를 하나의 전체로서, 하나의 개체로서 서술하는 것'으로 제시하였다.[3] 그리고 클렘은 10권으로 된 자신의 또 다른 저서 『인류의 보편적 문화사』

---

1 Hartmut Böhme · Peter Matussek · Lothar Müller, *Orientierung Kulturwissenschaft*, Rowohlt Taschenbuch Verlag GmbH, Reinbek bei Hamburg, 2000[이 책의 번역본은, 『문화학이란 무엇인가』(손동현 · 이상엽 역), 성균관대학교 출판부, 2004. 이후부터는 『문화학』으로 표기하고, 쪽수는 번역본을 기준으로 함], 53쪽 참조.

2 Gustav Friedrich Klemm, "Grundideen zu einer allegemeinen Cultur-Wissenschaft", In *Sitzungsberichte der kaiserlichen Akademie der Wissenschaften. Philosophische-historische Classe*, Band 7, Wien 1851.

3 Gustav Friedrich Klemm (1851), 위의 책, 168쪽.

(1843~1852)[4]에서 문화학의 목적은 인류의 행위의 총체와 그 기념비들을 모든 장소와 시간에서 명백히 드러내려는 과제에 있다고 밝혔다.[5] 클렘에 따르면, 새로운 학문으로서 문화학은 민속학적 수집처럼, 인류의 발전에 대한 문화사적 기록들을 '목록으로 만들어' 인류 발전에 대한 설화적 이야기로부터 분리시켜야 하고, 이 다양한 기록들을 인류 발전의 가능성을 서술하는 하나의 도표 속에 새롭게 정돈해야 한다. 그래서 역사 발전을 일구어내는 행위 구조에 대한 통찰을 통해 역사 발전에 대한 이해를 완성해야 한다. 따라서 문화학은 첫째 신의 섭리에 의해 인간에게 주어진 능력이 자연에 맞서 발전해 나가면서 나타나는 현상을 기술하고, 둘째 이러한 현상의 원인을 인간과 자연 안에서 탐구하고, 셋째 이러한 인간과 자연의 상호관계가 따르는 법칙을 제시하는 세 가지 과제를 갖는다고 클렘은 주장하였다.[6]

클렘이 사용한 문화학 개념은 문화현상과 인간의 본성 혹은 자연과의 관계를 체계적으로 파악하려 한 점에서 의의를 지닌다. 그런 점에서 클렘이 말하는 문화학은 경험적·역사적 자료를 분석적으로 파악하고, 박물학적으로 적절히 정리하고 종합하려는 바람에서 비롯되었다고 할 수 있다. 클렘이 구상한 문화학 개념은 아직 분명하게 그 윤곽이 잡히지는 않았지만, 그 스스로 문화사와 문화학을 대립적으로 설정하면서 기술적(記述的), 통시적(通時的)인

---

4 Gustav Friedrich Klemm, *Allgemeine Culturwissenschaft. Die materiellen Grundlagen menschlicher Cultur*, 2Bde, Leipzig 1854-1855. Band 2, 38쪽.
5 Gustav Friedrich Klemm, *Allgemeine Culturwissenschaft* (1854-1855), 38쪽.
6 Gustav Friedrich Klemm (1851), 같은 책, 169쪽.

문화 개념을 넘어서 공시적(共時的)인 문화 개념, 즉 구조로서 파악되는 문화 개념을 모색한 점은 그의 공적으로 평가할 수 있다. 클렘의 문화학 개념은 현대 문화학의 논의에서 보면 문화인류학 분야에 근접한 것으로 평가받고 있다.[7]

한편 오늘날 사용하는 '문화학' 개념은 "인간에 의해 만들어진 제도들, 즉 인간들 사이의, 특히 매체(媒體)에 의해 매개된 행위와 갈등의 형식들과 이런 제도들이 지닌 가치와 규범의 지평들을 연구하는 학문 분과를 말한다. 이때 문화학은 문화들의 이론과 체계적이고 역사적으로 연구할 재료가 되는 대상 영역들을 발전시킨다. 이런 점에서 문화학은 문화 전체를 자신의 연구를 위한 대상이자 범위로 삼고 있다."[8] 하나의 문화가 아닌 다수의 문화들이 존재하기 때문에, 이제 문화학은 복합문화적이고 상호문화적인 중첩에 대면해 있다. 따라서 문화학은 상이한 사람들이 '문화'라는 개념 안에서 이해하고 있는 것의 의미론(意味論)을 연구하면서 항상 문화 비교의 방식을 취하고 있다. 또한 문화학은 문화적 현상들이 변화하는 조건들에 의존하고 있음을 분석하기 때문에 문화 비판적 태도를 취하고 있다.

그렇다면 서구 문화학에서 사용되는 '문화' 개념을 우리는 어떤 방식으로 이해해야 하는가?

원래 '문화'라는 독일어 단어 *Kultur*는 라틴어 *colere*(양육하다, 경작하다, 육성하다)에서 파생되었고, 라틴어 *cultura*가 독일어화된 것이

---

7 『문화학』, 55쪽 참조.
8 『문화학』, 149쪽 참조.

다. 독일어 *Kultur*는 17세기말부터 등장하고 있는데, 이것은 여러 제도들, 행위들, 과정들, 상징형식들의 총체를 지칭하였다.[9] 이런 것들은 합목적적 기술을 통해 '주어진 자연'을 사회적 삶의 공간으로 변형시키고 이를 보존하고 발전시킨다. 또한 이를 위해 요구되는 숙련 도구들(문화기술, 지식)을 만들고 발전시키며, 지도적 가치들(가치의 차원)을 특수한 의식(儀式), 세련된 예식으로 거행하고 확고히 하며(종교, 축제, 교육 등), 그 결과로 의사소통적 형식들을 장기적으로 보존하는 사회적 질서와 의사소통적 상징 세계를 창출해낸다.[10]

라틴어권 세계에서 *cultura*는 농경문화를 넘어서 또한 개인들의 인격적인 문화, 혹은 역사 시기들의 문화와 관련해서 사용되었다. 이후 많은 영향을 미친 키케로의 *cultura animi*라는 관용어는 그리스어 *paideia*에 조응하는데, 그것은 인간의 '양육(養育)'과 '교양(敎養)'을 가리킨다. 이때부터 사물의 문화로서의 문화 옆에 '인격'의 문화가 의식되었고, *cultura* 개념은 외부의 자연에 대한 작업에서 '내부의 자연'에 대한 작업으로 옮겨갔다. 하지만 문화와 농경문화와의 연관은 아직 오랫동안 지속된다.[11]

중세의 *Artes liberales*와 *Artes mechanicae*의 구분은 두 문화의 근대적 탄생을 이미 준비하고 있는 것이다. *Artes liberales*가 현대의 '정신과학'의 선구라면, *Artes mechanicae*의 부분은 '자연과학'과 기

---

9 『문화학』, 149쪽 참조.

10 Joseph Niedermann, *Kultur. Werden und Wandlungen eines Begriffs und seiner Ersatzbegriffs von Cicero bis Herder*, Firenze 1941; Wilhelm Perpeet, "kulturphilosophie", In *Archiv für Begriffsgeschichte 20* (1976), 42-99; 『문화학』, 149쪽, 170쪽 참조.

11 『문화학』, 150쪽 참조.

술의 초기 형태로서 이해될 수 있다. 중세 후기 이래로 이 양자는 문화 발전의 본질적 요소로서 자리를 잡는다. 양 문화의 분리는 근대의 대학 체계의 근간을 이룬다.[12]

서구에서의 문화학의 생성은 칸트(1724~1804)와 헤르더(1744~1803) 이후의 근대적 문화 개념을 전제한다. 칸트는 '자연(自然)' 개념을 보편적 법칙에 따라 규정되는 한에서의 사물의 존재로 말한다. 신칸트학파의 리케르트(1863~1936)의 경우 칸트의 생각을 이어받아 '자연'과 '문화'를 대립 개념으로 설정하였다. '자연(Natur)'은 저절로 발생한 것, 탄생된 것, 스스로의 고유한 성장에 맡겨진 것들의 총체다. 이런 자연 개념과 대립하는 '문화(*Kultur*)'는 가치 있는 목적에 따라 행동하는 인간이 직접 생산한 것, 또는 그것이 이미 존재하고 있는 경우 적어도 그것에 담겨있는 '가치(價値)' 때문에 의식적으로 가꾸어 보존한 것을 말한다.[13] 그러므로 모든 문화현상에는 인간이 인정한 어떤 가치가 구현되어 있다. 리케르트의 경우 가치와 무관한 '자연'과 가치와 관련되는 '문화' 개념을 구별하였고, 그런 의미에서 그가 파악한 문화(과)학은, 종교학, 법률, 사학, 문헌학, 국민 경제학 등 말하자면 모든 정신과학의 대상을 포괄하고 있다.[14]

그런데 오늘날 문화학에서의 문화는 이제 더 이상 관찰의 대상만을 의미하는 것이 아니라, 관찰자의 관찰을 위해 사회가 만들어

---

12 『문화학』, 151쪽 참조.
13 리케르트, 『문화과학과 자연과학』(이상엽 역), 책세상, 2004, 55쪽 참조.
14 리케르트, 같은 책, 61쪽 참조.

내는 형식과 관점들까지도 의미하고 있다. 그 결과 문화에 대한 본질주의적 생각들은 소멸되었다. 문화는 만들어진 것이고 우연 적인 것이다. 그리고 바로 이런 점에서 또한 재구성될 수도 있는 것이다. 그런 맥락에서 문화학에서는 '자연'조차도 더 이상 주어진 현실로서 이해하는 것이 아니라, '문화적으로 구성(構成)된 것'으로 서 인식한다. 카시러가 (자연)과학조차도 하나의 상징형식으로, 다 시 말해 문화로 분석한 경우가 그 좋은 예다. 인간으로 존재한다 는 것은 '문화적 조건' 속에서 산다는 것을 의미한다. 그러므로 문 화학의 대상은 인간 행위의 전체 영역이다. 이것은 문화학이 단지 현실에 대한 상징적 가공인 언어적 텍스트만이 아니라, 언어적 텍 스트가 일정 부분 참여하고 관여하는 물질, 매체, 사유의 질서들 까지도 연구하는 것을 의미한다.[15]

3. 서구 문화학의 연구 방법론과 그 특징

19세기 서구 문화학의 연구들은 전통적 학문의 틀, 특히 역사 학, 언어학, 어문학, 문화사, 민속학의 틀 내에서 이루어졌다. 뵈 메, 마투섹, 뮐러는 『문화학』에서 19세기 후반부터 진행된 문화 학의 연구가 아래의 네 가지 현상들에 기인하여 더욱 활성화되었 다고 말한다.

---

15 『문화학』, 151-152쪽 참조.

첫째, 잘 구축된 학문분과들은 관심의 대상을 문화적 현상으로 옮겼다. 그래서 문화사적 시대 형상들(J. 부르크하르트, J. 호이징가, W. 슐츠 등)이 생성되었다. 역사는 문화의 유형들에 따라 조직화된다(L. 프로베니우스, 람프레히트). 둘째, 철학적 및 과학적 논의들은 문화이론의 문제에 관심을 돌리기 시작하였다(리케르트, 빈델반트, 카시러 등). 셋째, 문화학적 문제들은 옛 정신과학에서 이탈하여 새롭게 형성하기 시작한 분과 학문(예컨대 짐멜이나 베버의 사회학)이 하나로 정착되는 지점이다. 넷째, 학문 내적인 문제 지평의 확장은 포괄적인 문화학적 문제 설정을 만들어내었다(바르부르크와 파노프스키의 예술사).[16]

인용문에서 볼 수 있듯이, 문화학은 다양한 학문 분과 영역들과 밀접한 관계에 놓여 있고, 사실상 그 모든 분과 학문들을 내포하는 상위의 학문영역이라고 볼 수도 있다. 이제 우리의 관심사인 문화철학과 문화학의 관련성을 중심으로 논의를 계속해 보도록 하자.『문화학』의 저자들은 현대 문화학의 논의에서, 특히 독일의 경우 문화학의 단초를 제공한 분과 영역으로 '민족심리학', '문화사', '문화철학', '상징형식이론', '정신분석학', '비판이론'을 들고 있다. 이 말을 바꾸어 보면, 이들 분과 학문에서 논의되는 연구 주제들이 현대 문화학의 연구 영역 안에 포함되어 있다는 의미가 된다. 그렇게 본다면 현대 문화학의 논의는 대단히 광범위하게 진행되고, 학제적 연구의 성격이 강하다는 사실을 알 수 있다.

첫째, 민족심리학(*Völkerpsychologie*)은 문화사나 문화지리학을 연구

자료로 삼는다. 민족심리학의 근본 전제는 "오직 민족의 삶의 사실로부터만 출발한다는 것, 오직 현상에 대한 관찰, 정리, 비교를 통해서만 민족정신의 법칙을 발견하려 한다는 것"이다.[17] 훗날 민족정신 개념이 문화 개념으로 발전하게 된다.

둘째, 문화사(*Kulturgeschichte*)는 부르크하르트의 견해에 비추어 보면, "과거 인류의 내면적인 것에 전념한다. 문화사는 과거 인류가 어떻게 존재했는지, 무엇을 원했고 생각했고 보았고 할 수 있었는지를 알리는 것이다."[18] 그런 점에서 부르크하르트는 18세기 인간학이 제기했던 '전인적' 인간에 대한 물음에 답하는 것이 문화사가 수행해야 할 의무라고 말하고 있다.

셋째, 문화철학(*Kulturphilosophie*)이라는 용어는 20세기로 전환하는 시점에 처음으로 등장했다.[19] 문화철학은 철학의 특정한 분과를 지칭하기보다는 전문적인 개별 학문들을 가로질러 있다. 문화철학은 아직 남아있는 종래의 문화를 이해하고, 변화된 조건 속에서 다시 재생시킬 수 있는지에 대한 가능성을 논의하는 여러 시도들을 총칭하는 개념이다.[20] 이러한 문화철학의 논의는 두 가지 경향으로 나뉘어진다. 하나는 니체, 딜타이, 베르그송을 계승하면

---

17 Moritz Lazarus/ Heymann Steinthal, "Einleitende Gedenken über Völkerpsychologie", In *Zeitschrift für Völkerpsychologie und Sprachwissenschaft*. Band 1, Berlin 1860, 29쪽; 『문화학』, 60쪽 참조.

18 Jacob Burckhardt, *Griechische Kulturgeschichte*. Erster Band, Berlin/Leipzig, 1930, 3쪽; 『문화학』, 79쪽 참조.

19 Ludwig Stein, *An der Wende des Jahrbunderts. Versuche einer Kulturphilosophie*, Freiburg u.a. 1900.

20 『문화학』, 85쪽 참조

서 '인식(認識)'이 아닌 '체험(體驗)'에 가치를 두는 경향이다. 다른 하나는 자연과학적 객관성의 가치를 제한하면서 '문화적 현상의 가치'를 규정하는 현상학적 및 신칸트주의적 경향이다. 하지만 두 입장의 공통점은 자연과학의 귀납적 논리에 대항하여 문화적 삶의 고유한 논리를 드러내 보이려는 점, 그리고 문화철학을 정초하려는 시도에서 일반화나 합법칙성을 지향하기보다는 '개성'과 '우연성'을 지향하고 있다는 점에서는 공통적인 모습을 보인다.[21]

넷째, 상징형식(*Symbolische Formen*) 이론은 카시러와 바르부르크에 의해 주도된 이론이다. 이들이 말하는 상징형식은 인간의 문화와 역사의 영역에서 공통적으로 나타나는데, 이 상징형식은 마치 칸트가 말한 『순수이성비판』(1781)에서의 '선험적 범주'나 『실천이성비판』(1788)에서의 '정언명법'과 같은 것이다. 특히 카시러는 물리적 세계의 객관세계의 인식과 도덕적 의지의 예지적 규정에 관한 칸트의 방식을 상징형식 이론을 통해 각색하고 이것을 문화의 영역에 적용시키고 있다.

다섯째, 문화이론으로서 정신분석학(*Psychoanalyse*)에 대해 살펴보면 프로이트의 무의식에 대한 분석과 치료 형식에 대한 논의를 떠올릴 수 있다. 무의식은 개인의 차원뿐만 아니라 집단의 차원, 문화적 사회적 과정의 차원, 또한 인공물(예컨대 예술작품)의 차원이라는 것이다. 문화 분석과 직접적 관계가 있는 프로이트의 저술 『문화적 성도덕과 현대의 신경과민』(1908)에서 설명되고 있는 무

의식은 반-이성적인 것이 아니다. 무의식은 합리적이고 세련된 논리와는 다른 논리를 지닌 심리적, 문화적 역동성이다.[22] 사실상 문화와 종교의 역사에서 '사실'만을 기술하는 역사기술은 문화적 과정, 특히 종교적 과정의 '심리적 토대'를 파악하려는 시각을 결여하게 된다. 그런 관점에서 보자면 프로이트의 정신분석학은 문화학의 구성에 있어 중요한 의미를 갖는다. 다시 말해, 프로이트의 정신분석학에서 투사, 투입, 동일시, 기타 방어 메커니즘 등은 다시 억압으로 되돌아오며, 원초적 상황을 잠복적으로 만든다. 상징적으로 일반화된 원초적 상황들의 표현은 시간적, 역사적 변화에 대항하여 문화적 공동체를 밀폐시키고 결속시킨다. 이렇듯 프로이트는 종교적 탄생설화나 민속적 관습을 심리적 갈등과 중재의 과정으로 해석하며, 이것이 상징의 형식으로 변형된다고 보기 때문에, 이와 같은 그의 직관은 문화의 역사적 연구에 커다란 영향을 미쳤다고 할 수 있다.[23]

여섯째, 호르크하이머, 아도르노, 마르쿠제 등에 의해서 활성화된 비판이론(*Kritische Theorie*)은 문화를 해석하는 데 그치는 것이 아니었다. 비판이론은 문화를 실천적인 실현을 통해서 비로소 그 개념이 완수되는, 아직 이행되지 않은 잠재력으로 파악해야 한다고 간주하였다. 그런 점에서 비판이론에서의 문화연구는 주로 도구적 이성 비판, 문화의 이데올로기성 비판, 산업화된 문화 비판에 초점이 맞추어졌다.

---

22 『문화학』, 119쪽 참조
23 『문화학』, 123쪽 참조

4. 문화철학과 문화학의 관련성
- 카시러의 문화철학이 문화학 연구에 끼친 영향

　이 절에서는 방대한 문화학의 연구 분야 가운데, 특히 문화철학자 카시러의 업적과 그 영향을 집중적으로 살펴보고자 한다. 그 이유는 적어도 현대 문화학 연구가 비교적 체계적으로 시작된 1933년 이후부터 여타의 학문 분과 영역들을 통틀어서 가장 중요한 인물로 카시러가 평가되고 있으며, 그가 내세웠던 문화철학의 여러 주제들이 아직도 여전히 문화학 연구에 많은 영향과 시사점을 던져주고 있기 때문이다.

1) 문화 이해에서 왜 '상징(象徵, Symbol)'이 중요한가?

　카시러의 문화에 대한 관심은 문화현상 자체에서 비롯했다기보다는 문화를 만든 주체인 인간, 즉 인간이해의 문제와 연결되어 있다. 그는 문화를 "인간의 언어적 활동들 전체와 도덕적 활동들 전체"[24]로 규정하고, "창조적 행위자로서 개인의 자유의 표현"[25]으로 파악한다. 이 입장에서는 인간의 의식주를 포함한 인간 활동의 모든 산물들, 곧 정치, 경제체제, 법률, 예술, 종교 등을 문화로 보고 있으며, 특히 문화를 인간만(神의 차원이 아닌)의 고유한 활동으로 간주하고 있다.

---

[24] Donald Phillip Verene (ed), *Symbol, Myth and Culture: Essays and Lectures of Ernst Cassirer 1935-1945*, New Haven and London, Yale University Press, 1979, 65쪽 참조(이후 *SMC*로 표기함).

[25] *SMC*, 12쪽 참조.

카시러는 문화 이해의 열쇠를 '상징(象徵)' 개념에서 찾았다. 그가 사용하는 상징 개념은 한갓 문학적 차원의 의미만을 뜻하지 않는다. 그것은 인간관의 문제와 직결되어 있다. 상징 개념은 서구의 전통 철학에서 가장 강력한 영향을 미쳤던 '이성(理性)' 개념을 염두에 두면서 이를 대체하기 위해서 고안한 개념이다. 그러니까 서구 전통 철학의 주된 인간관의 핵심은 아리스토텔레스로부터 시작되는 '인간은 이성적 동물이다'라는 정의에 들어 있다. 서양 철학에서 인간의 이성 능력에 대해 가장 신뢰하고, 이를 체계적으로 논의했던 칸트의 이성 중심의 철학사상을 계승하고 있는 카시러는 인간에 대한 총체적인 이해는 이성적 인간관만으로는 턱없이 부족하다고 인식하였다. 카시러는 이러한 논의의 근거를 인간의 자기인식(self-knowledge)의 문제, 즉 '인간이란 무엇인가?'라는 문제에 초점을 맞추어, 이 문제가 고대, 중세, 근세, 현대에 이르기까지 어떤 논의 과정, 특히 이성 중심의 인간관이 어떤 변모를 거쳐 왔는지를 『인간론』(1944)[26]과 『인식의 문제』(1950)[27]에서 세밀하게 제시하였다.

카시러는 그러한 논의를 통해서 인간에 대한 새로운 개념 규정의 필요성을 인식하고, '인간은 이성적 동물이다'라는 종래의 정의를 '인간은 상징적 동물이다'라고 새롭게 정의하게 된다. '상징적

---

[26] Cassirer, Ernst., *An Essay on Man, An introduction to a Philosophy of Human Culture*, New Haven: Yale University Press, 1944(이후 *EoM*으로 표기함).

[27] Cassirer, Ernst., *The Problem of Knowledge: Philosophy, Science, and History since Hegel*, translated by William H. Woglom and Charles W. Handel, New Haven: Yale University Press, 1950.

동물(animal symbolicum)'이라는 인간에 대한 새로운 정의는 카시러 자신의 일방적인 노력이라기보다는 생물학자 윅스퀼(Jakob Johann von Uexküll, 1864~1944)의 영향에 힘입은 결과다. 윅스퀼은 모든 생명체에는 '인지계통'과 '작용계통'이 있고, 이 두 계통의 협동과 평형이 없으면 유기체는 생존할 수 없다는 견해를 피력했다. 카시러는 윅스퀼의 이 견해를 받아들이면서 한 가지 요소를 더 추가시켰다. 다시 말해 '인지계통'과 '작용계통' 외에 오직 인간의 세계에만 나타나는 하나의 새로운 특징으로 '상징계통'이 있다고 주장한다.[28] 인간은 이 상징계통으로 말미암아 여타의 다른 동물들에 비해 더 넓고, 더 깊은 '새로운 차원'[29]의 세계를 경험할 수 있고, 또 그 속에서 살아갈 수 있게 되었다.

그리하여 인간은 동물들처럼 물리적인 시간·공간의 세계에만 머물러 사는 것이 아니라, 상징계통으로 인해 '상징적 우주'에서도 살 수 있게 되었다. 이러한 상징적 우주를 구성하는 요소로서 카시러는 신화, 종교, 언어, 예술, 과학, 역사를 들고 있다. 여기서 중요한 사실은, 이러한 제요소들이 서로 제각기 고립되어 있거나 제멋대로 만들어진 것이 아니라, 하나의 '공통의 유대', 즉 '상징'에 의해 결합되어 있다는 점이다. 때문에 이들 제요소들을 유기적 전체로서 이해하고, 또한 이러한 상징들 배후 깊숙이 파고 들어가 그 근본기능을 밝혀내는 일을 카시러는 자신의 '상징형식의 철학'의 과제로 삼고 있다.[30]

---

28 Cassirer, *EoM*, 24쪽 참조.
29 Cassirer, *EoM*, 24쪽 참조.

문화이해 나아가 인간이해에서 상징적 차원의 중요성은 어느 정도 설명되었다고 생각된다. 그렇다면 보다 구체적으로 상징 개념 자체에 집중해 보자. 카시러에게서 '상징(象徵)'이란, 첫째 단순히 물리적인 대상을 지칭하는 것이 아니라, '정신적 의미'가 함축된 일체의 감각 현상들을 말한다. 둘째 상징은 그것이 의미하는 대상의 총체적 경험 내용을 재현한다는 성격을 가지고 있다.[31] 그 점에서 상징은 '대상'과 '활동'을 동시에 의미한다. 우리는 카시러의 방대한 상징이론을 크게 세 가지로 요약할 수 있다.[32] 첫째, 인간이 행하는 세계 인식은 상징을 통해서 간접적으로 이루어진다. 둘째, 모든 상징은 우리 의식의 선험적 능력인 '상징적 기능'과 '상징적 형식'에 의해 만들어진다. 여기서 상징적 기능은 우리의 의식에 주어진 경험 내용들을 조직화하고 의미화하는 구성적 종합 행위를 일컫는다. 이 상징적 기능은 세계를 향한 우리의 객관화 관점이나 의미실현의 방향의 차이에 의해서 표현적 기능, 지각적 기능, 개념적 기능으로 구분된다. 이러한 구분에 따라 각기 다른 의미의 세계들, 그러니까 신화, 언어, 과학의 세계가 우리 앞에 나타나게 된다. 그리고 상징적 형식은 상징적 기능에 의해 만들어진 결과물들을 말한다. 셋째, 모든 상징은 인간의 단순한 의사소

---

30 Cassirer, *EoM*, 71쪽; 신응철, 『카시러의 문화철학』, 한울출판사, 2000, 76-78쪽 참조.

31 Cassirer, Ernst., *Philosophie der Symbolischen Formen. Vol. 3: Die Phänomenologie der Erkenntnis* (1929), reprint., Darmstadt: Wissenschaftliche Buchgesellschaft, 1964, 109쪽, 133쪽 참조.

32 Paul Arthur Schilpp (ed), *The Philosophy of Ernst Cassirer*, La Salle, Illinois: Open Court Publishing Company, 1973, 75-119쪽 참조.

통의 매개체가 아니라 인식행위의 산물이고, 세계이해를 위한 인간의 관점을 형성해 준다.[33]

카시러에게서 문화는 인간에 의해 만들어진, 인간 스스로 만든 정신적이면서도 물리적인 모든 산물들이다. 이와 같은 문화의 개별 요소를 이루는 것은 다양한 상징 형식들이며, 이러한 상징 형식들을 통해서 인간은 자신의 삶과 세계를 인식하게 된다. 결국 문화적 설명의 과정을 결정하고 조직하는 역동적인 중심은 바로 상징형식에 있으며, 그런 점에서 상징형식은 한마디로 문화의 모체라고 할 수 있다.[34]

2) 문화적 '기억'이란 무엇인가?

카시러는 1919년 10월부터 1933년 5월까지 14년간 함부르크 대학에 재직하였다. 이 시기에 그는 대표작인 『상징형식의 철학』 1권 〈언어〉(1923), 2권 〈신화적 사고〉(1925), 3권 〈인식의 현상학〉(1929)을 출간한다. 그는 이 책의 1권과 2권의 서문에서 함부르크대학의 바르부르크 연구소가 자신의 문화이론과 상징이론에 많은 영향을 주었다고 밝힌바 있다. 어떤 이유 때문일까? 이 연구소는 바르부르크(Aby M. Warburg, 1866~1929)[35]에 의해 설립되어 1926

---

33 신응철, 『카시러의 문화철학』, 한울출판사, 2000, 84-85쪽 참조.
34 하인츠 파에촐츠, 『카시러』(봉일원 역), 인간사랑, 2000, 60쪽 참조.
35 바르부르크(Aby M. Warburg)는 예술사가이자 문화사가였다. 문화사가로서 그는 르네상스 시대 도시 엘리트의 생활양식, 미적 실천, 종교적 습관에 대한 연구, 이탈리아와 독일에서의 회화양식과 생활양식을 형성하는 고대의 힘에 관한 연구, 북유럽과 남유럽 사이의 예술적 교류에 대한 연구, 끝으로 근동으로부터 이탈리아, 스페인, 북부 독일로의 신화적, 점성술적, 상징적 형식들의 이동, 이를 통한 유럽의 르네상스에 나타난 오리엔탈

년 5월에 개원하였다. 이 연구소와 관련하여 주목할 부분은 설립자인 바르부르크의 학문하는 방식이었다.

바르부르크의 학문하는 방식은 항상 '역사가'의 방식과 '인간학자'의 방식을 유지하는 것이었다. 이러한 학문하는 방식의 태도를 가장 잘 찾아볼 수 있는 단서가 있다. 그가 도서관으로 사용하고자 연구소 건물을 지었을 때, 그 건물의 현관에 '므네모시네'(*Mnemosyne*; 그리스 신화의 기억의 여신을 뜻함)라는 한 단어만을 써놓았다. 므네모시네는 바르부르크 자신의 작품의 모토가 되었고, 자신의 역사 연구 전반에 걸쳐 그가 채택한 준칙이 되었다. 말하자면, 바르부르크는 단순히 서적들이나 자료들을 수집만 하려고 하지 않았다. 그는 '살아있는 형식들'을 수집하는 일, 특히 서구 문화의 뿌리라고 할 수 있는 그리스의 문화, 예술, 종교, 신화에 의해 만들어진 그러한 생생한 형식들을 수집하는 일에 고취되었다. 그러한 살아있는 형식들은 서구 근대 문명 전체에 퍼져있는 하나의 '살아있는 힘'으로서, 영구적인 에너지들의 흐름으로 작용하였다. 바르부르크는 이러한 세계에 대한 완전한 이해와 인식은 이 세계의 근원을 '기억(記憶)'하고, 이를 '재구성(再構成)'하는 데서 비롯된다는 점을 인식하고 있었던 것이다. 이 같은 바르부르크의 학문하는 태도와 방법론을 카시러는 자신의 문화철학에도 그대로 수용하였다.[36]

양식 등에 관한 연구를 수행했다. 특히 그의 "호피 족의 뱀 의식에 관한 연구"는 20세기의 위대한 민족학적 기록들 중의 하나가 되었고, 상징적 실천에 정향된 문화학을 위한 이정표의 역할을 하고 있다. 『문화학』, 104-15쪽 참조.

36 신응철, 『카시러의 문화철학』, 한울출판사, 2000, 34쪽 참조.

카시러는 역사에 대한 논의에서 바르부르크의 방법론을 활용한다. 역사 탐구에 있어서 역사가의 탐구방식은 과학자와 똑같이 엄밀한 규칙에 매여 있음은 틀림없는 사실이다. 역사가는 모든 경험적 탐구 방법들을 이용해야만 한다. 또한 구할 수 있는 모든 증거들을 수집하고, 그 모든 자료를 비교 분석하여 비판해야만 한다. 그리고 그 어떤 중요한 사실도 망각하거나 무시해서는 안 된다. 이 과정에서 카시러는 역사가에게서 나타나는 최후의 결정적인 행위는 언제나 '생산적인 상상의 행위(*act of the productive imagination*)'라고 주장한다. 이 말은 역사가의 탐구 방식의 마지막 부분에서는 결국 상징들에 대한 '해석', 혹은 그것에 대한 '의미부여' 행위가 들어간다는 뜻이다.[37] 그런 맥락에서 역사가란 지나간 과거의 사실들을 우리들에게 말해주는 한갓 해설자(*narrator*)가 아니라, 과거의 우리들의 삶에 대한 '발견자(*discoverer*)'요 '해석자(*interpreter*)'이다.[38] 카시러의 이 말은 어떤 특정한 시기 동안 발생했던 사건들을 연결시키려고만 하는 사람은 분석가이지 결코 역사가가 될 수 없다는 뜻이다. 카시러가 볼 때, 진정한 역사가라면 과거를 해설해 줄 뿐만 아니라 과거를 재구싱할 수 있어야만 한다. 그러니까 역사가는 과거 속에다 하나의 새로운 생명을 불어넣고 있는 것이다. 그런 의미에서 역사란 '삶의 재탄생(*rebirth of life*)'이며, 역사에 대한 해석이 없다면 인간의 삶은 매우 빈약하게 된다.[39]

서구 문화학에서 문화적 '기억'의 문제는 문화학의 연구 주제가

---

37 신응철, 『문화철학과 문화비평』, 철학과현실사, 2003, 158쪽 참조.

38 *SMC*, 138쪽 참조.

39 *SMC*, 139쪽 참조.

우리가 살아가는 당대의 문제들만을 연구 대상으로 하는 학문이라기보다는 과거 전통과 밀접한 관련이 있고, 또한 전통에 대한 올바른 이해와 그것과 현재와의 관계맺음이라는 측면에서 대단히 중요한 논의의 장이 되고 있다. 바르부르크에서 시작하여 카시러에게서 두드러진 문화적 기억의 논의가 갖는 의미는, 문화학의 경우에 순수이론이란 없으며, 다만 자료에 기초한 이론만 있을 뿐이라는 사실을 확인해 준다는 점이다. 그리고 바르부르크의 문화적 기억에 대한 논의는, 문화학에서 원천 자료의 영역을 내용적으로나 공간적으로 확장시켜 놓았다. 내용적 확장은 문화사를 심리역사, 종교학, 문화인류학, 예술학, 매체학으로 확장시키는 것을 말하는데, 이는 연구방식으로서 '학제간 연구'를 정초한다. 그리고 공간적 확장은 예컨대 문화사가가 상징과 기억형식의 이동운동을 각각의 문화지리적인 단위 너머로 확장시키는 것을 의미한다. 여기서 '비교문화학'의 기초가 다져진다.[40] 그런 의미에서 바르부르크와 카시러의 문화적 기억의 논의는 현재의 문화학 연구에서, 특히 현대의 문화가 지닌 문제점들을 파악하는 방식에 있어서 '원시문화(혹은 '전통문화')'에 대한 가치를 부여하고, 원시문화에서 현대문화에 대한 보완기능을 찾아내도록 하는 시사점을 주고 있다.

3) 문화철학은 어떻게 '실천적' 차원으로 나아갈 수 있는가?

이 물음은 문화학 연구가 우리의 삶의 문제, 생활세계의 문제,

---

40 『문화학』, 107쪽 참조

실천적 차원과 연결되어야 한다는 메시지를 카시러에게서 찾아보려는 의도에서 제기하였다. 카시러는 자신의 문화철학의 성격을 한마디로 '비판적 관념론'이라고 말한다. 칸트에 의해 충실히 수행된 인간의 이성과 이성능력에 대한 비판은 카시러에 오면서 '문화에 대한 비판'으로 모습을 넓혀 간다. 그가 말하는 비판적 관념론은 인간이 만들어 놓은 문화를 논의 대상으로 삼는다는 측면에서, 그것은 어쨌든 관념론의 영역에 속한다. 그렇지만 그 문화를 다룰 때, 단순히 문화현상들을 역사라는 끈에 묶어 내는 방식(경험적 방식)이나 그것들을 원인과 결과라는 연속적 관계에서 고려하는 방식(사변적 방식)을 취하는 게 아니다. 카시러는 다양한 문화현상들이 의존하고 있는 서로 다른 기능들의 본성을 탐구한 것이다. 그런 점에서 더 이상 예술작품들, 신화적 사고나 종교적 사고의 결과물들을 연구하는 것이 아니라, 이러한 작품들을 만들기 위해 요구되는 '작용하는 힘들', '정신적인 활동들'을 연구하였다. 또한 카시러는 문화와 윤리 문제를 연결시키면서, 특별히 책임(責任)의 문제를 유달리 강조하였다. 그런 의미에서 비판적 관념론에서 '비판적'이라는 말의 의미는 문화와 윤리의 상관성, 문화 생성의 주체인 인간의 자유의지와 반사회적 사회성에 대한 냉철한 반성을 암시하고 있다.

카시러는 자신의 비판적 관념론으로서의 문화철학이 칸트철학 전통에서 나뉘어지는 학술적 개념으로서의 철학, 즉 *Schulbegriff* 차원이 아니라, 세계(삶)와 관계된 실천적 개념으로서의 철학, 즉

*Weltbegriff*의 차원에 해당된다고 말한다.[41] 자신의 문화철학이 *Weltbegriff* 차원이라는 말은 문화철학이 충분히 실천적 요소와 윤리적 요소 그리고 책임의 요소를 담아낼 수 있어야 하고, 또 그 문제를 다루어야 한다는 뜻이기도 하다. 그런 점에서 카시러는 알베르트 슈바이처(Albert Schweitzer, 1875~1965)를 우리 시대의 진정한 문화철학자로 꼽는다. 슈바이처는 자신의 철학을 그의 삶 속에서 실천하는 모습을 그대로 보여주었기 때문이다. 카시러는 슈바이처의 다음 말에 전적으로 동의하였다.

> "철학이란 이성 일반의 안내자요 관리인이다. 철학은 우리의 문화가 기대고 있는 그 이념들에 대해 우리가 투쟁해야만 한다는 사실을 제시해주었어야 했다. … 훈련되었거나 훈련되지 못한 문화적 이념들의 문제를 연구하는 데 모든 노력들이 집중되었어야 했다. … 그러나 위험한 때에, 우리를 보호해 주어야 할 경비원은 졸고 있다. 그래서 결국 우리는 우리의 문화와 싸우지 못하게 되고 말았다."[42]

이제 카시러의 문화철학이 어떻게 실천적 차원으로 나아갈 수 있는지에 대해 살펴보자. 그는 문화철학 전체의 논의를 통해서 우리에게 일관되게 하나의 삶의 태도와 세계관을 제시한다. '상모적(相貌的, *physiognomical*)' 태도요, 상모적 세계관이 그것이다.

---

41 신응철, 『카시러의 문화철학』, 한울출판사, 2000, 55쪽 참조.

42 Cassirer, "Albert Schweitzer as Critic of Nineteenth Century Ethics," in *The Albert Schweitzer Jubilee Book*, A.A. Roback (ed), Cambridge, Mass: Sci-Art Publishers, 1946, 241쪽, 신응철, 『카시러의 문화철학』, 한울출판사, 2000, 57쪽 참조.

상모(相貌)라는 말에서도 확인할 수 있듯이 이 태도는 얼굴과 얼굴을 마주보는 방식이다. 얼굴을 마주본다는 것은 타자(他者)도 사물(事物)도 나와 같은 감정을 가지고 있다는 것을 인정하는 태도이며, 내가 생명(生命)을 가졌듯이 그들도/그것들도 모두 하나의 생명체라고 인정하는 태도이다. 여기에서는 생명의 연대성에 근거하여 생명사회가 형성된다. 그렇게 되면 나와 타인, 나와 사물 간에는 '단절'이나 '분리'보다는 '연결'이나 '연속', 그리고 '소통'이 있게 된다. 이 말은 나나 타인, 사물이 모두 똑같이 인격적 동등성을 가지게 된다는 뜻이다. 이러한 생명사회에서는 대부분의 일들이 공감적(共感的) 투시를 통해서 해결된다. 감정, 정서에 근거한 이러한 삶의 태도는 '도덕성', '윤리성'이 전제되지 않으면 지속하기 불가능하다고 할 수 있을 것이다. 카시러는 바로 현대인들, 현대인들이 만들어 놓은 문화에서 그 동안 망각되었거나, 잃어버렸던 측면, 다시 말해서 인간들 사이에서 '상모적' 태도를 회복시키려는 희망을 나타내고 있다.[43]

우리는 상모적 세계관이 나와 타자의 관계에서, 인간과 인간의 관계에서, 인간과 자연의 관계에서 통용되어야 한다는 바람을 카시러에게서 읽어낼 수 있다. 카시러의 그 같은 바람은 인류가 만들어 놓은, 그리고 계속해서 만들어 갈 문화의 장에서도 마찬가지다. 카시러의 상모적 세계관의 강조 속에는 인류의 문화를 낙관적(樂觀的)으로 바라보는 태도가 들어 있다. 대부분의 문화학 연구자

---

43 신응철, 『문화철학과 문화비평』, 철학과현실사, 2003, 61쪽 참조.

들은 문화의 비극적 관점 내지 비극적 요소를 강조했다. 특히 짐멜(G. Simmel, 1858~1918)은 비극을 문화에 내재한 운동법칙이라고 보았으며, 마르크스(K. H. Marx, 1818~1883)는 문화의 과잉공급 속에서 나타나는 사물화로 인해 개인들은 점차 방향감을 상실하게 된다고 보았다.[44] 이렇듯 문화의 비극성에 대한 강조는 유럽 문화의 자기 파괴적인 경향에서 비롯되었다. 무엇보다도 1차 세계대전을 경험하고, 대량살상을 목격하면서 문화민족이라고 자처하던 유럽인들이 심각한 회의에 빠지면서 점차 비관적으로 문화를 바라보게 된 것이다. 그렇다면 이러한 경향과 상반되게 카시러의 문화에 대한 낙관적 전망은 어떻게 가능했을까?

　카시러 문화철학의 전체 논의 속에는 칸트 식으로 문화의 기원을 이해하는 방식이 전제되어있다. 칸트는 「추측해 본 인류 역사의 기원」(1786)에서 문화의 기원에 대해 다음과 같이 말하였다. "인간이 이성에 의해 인류의 최초의 거주지로 생각되었던 낙원으로부터 나온 것은 결국 한갓된 동물의 조야한 상태로부터 인간성의 상태로, 또 본능의 유모차로부터 이성의 인도에로 옮아간 것을 의미한다."[45] 칸트의 이 말은 문화란 곧 자연의 보호 상태에서 자유 상태로의 이행을 뜻한다. 에덴동산에서의 인간의 타락을 칸트는 자유 상태로의 진보, 다시 말해 자연에서 문화로 이행하기 위한 필연적 과정으로 이해한다. 그런데 인간의 타락은 분명 악(惡)이었다. 그렇지만 그 악은 자연적 질서가 아닌 '이성의 질서'에 의

---

44 『문화학』, 88쪽 참조.
45 I. Kant, 『칸트의 역사철학』(이한구 편역), 서광사, 1993, 83쪽 참조.

해 시민사회를 형성하기 위해 인류가 필연적으로 내디뎌야했던 첫발걸음이기도 하다. 말하자면, 선악과를 따먹으라는 유혹은 뱀이라는 인간 외부의 존재에게서 시작되었지만, 선악과를 따먹는 그 선택 순간은 인간 자신이 결정한 것이다. 이 결정은 다름 아닌 인간의 이성적 행위다. 이러한 인간의 이성적 행위의 결과는 하나님의 입장에서 보면, 그것은 바로 악이요 죄인 셈이다. 그런데 역설적이게도 그러한 악에 근거한 인간의 이성적 행위가 없었다면, 인간에 의한 인간의 문화는 존재하지 않았을 것이다.

이러한 방식에서 칸트의 경우, 자연의 역사는 신의 작품이기에 선(善)으로부터 시작하고, 자유의 역사는 인간에 의해 만들어진 작품이기에 악(惡)으로부터 시작한다.[46] 이러한 칸트의 관점은 인간의 문화는 에덴동산에서의 인간의 타락에서 시작하고, 그 타락이 바로 인간 문화의 원동력이 된다는 의미다. 칸트는 「세계 시민적 관점에서 본 보편사의 이념」(1784)에서도 인간의 타락, 즉 악의 모습이 인간 문화의 원동력임을 다시 한 번 설명하고 있다. 여기에서는 인간의 '반사회적 사회성'을 예로 든다.[47] 만일 인간에게서 타인과의 끊임없는 경쟁심과 투쟁심, 소유욕, 지배욕, 명예욕이 없었다면, 문화의 진보는 생각할 수 없을 것이다. 이런 측면에서 본다면 인간의 반사회성의 요소가 문화 진보의 원천이며, 이러한 요소들에 의해 문화가 진행될 것이라고 예상할 수 있다. 그런데 칸트의 통찰은 여기에서 멈추지 않는다. 그러니까 인간은 자신이

---

46 I. Kant, 위의 책, 84쪽 참조.
47 신응철, 『문화철학과 문화비평』, 철학과현실사, 2003, 56-60쪽 참조.

가지고 있는 반사회성 때문에 늘 대립과 투쟁, 갈등을 초래하게 되는데, 타인과의 이러한 갈등은 결국 인간 전체를 파멸로 이끌어 가게 된다는 사실을 인간은 스스로 예측하기 때문에 타인과, 다른 존재자들과 더불어 살아가려는 욕망도 동시에 가지고 있다는 것이다. 말하자면 반사회성의 측면을 넘어서 사회성으로 말미암아 인간은 공동의 사회, 시민사회를 건설할 수 있다는 것이다. 이러한 사회성의 획득에 '교육의 중요성'이 새삼 확인된다. 그래서 칸트는 교육에서도 특히 도덕 교육을 강조하고 있다.

인간의 문화가 소유욕, 지배욕, 명예욕이라는 반사회성에 근거할 경우 문명화로 치달을 것이고, 그 결과는 앞서 살펴본 것처럼 문화의 비극성을 드러내게 될 것이다. 반면 인간의 문화가 사회성에 근거할 경우 도덕화를 겨냥하게 되고, 우리는 비로소 낙관적 문화를 기대할 수 있게 된다. 카시러의 경우 이러한 칸트의 관점을 전적으로 수용하면서, 인간의 삶에서 도덕화가 담보된 상태의 문화의 예로 원시인들의 삶의 문화를 들고 있다. 원시인들의 문화는 위에서 논의한 것처럼 상모적 태도와 세계관이 중심을 이룬다. 카시러의 문화에 대한 낙관적 태도는 달리 표현하자면 그래도 인간에 대한, 인간의 이성능력에 대한 강한 믿음에서 나온다. 카시러의 문화관을 그대로 계승한 네덜란드의 반 퍼슨(1920~1996)은 그의 문화철학 논의에서 인간들 사이에 더욱 벌어진 사회적 거리를 메꾸는 길은 얼굴과 얼굴을 맞대는 '*Face-to-Face* 관계'의 회복에 있음을 강조하기도 하였다.[48]

5. 나오는 말

지금까지 우리는 문화학의 연구 영역 및 그 특징을 문화철학과의 관련성에서 살펴보았다. 이 과정에서 특히 카시러 문화철학의 핵심 주제인 문화와 상징의 관계, 문화적 기억, 상모적 세계관의 논의가 문화학 연구에 지대한 영향을 미치고 있다는 사실을 확인할 수 있게 되었다. 그런데 문제는 이러한 논의가 서구의 문화학 내지 서구의 문화철학에 국한되어 있다는 사실이다.

이제 이러한 논의 결과를 우리 내부로 돌려야 할 때가 되었다고 필자는 생각한다. 한국의 문화학과 문화철학을 포함한 동아시아의 문화학과 문화철학을 고민해야 할 시기가 임박했다고 할 수 있다. 이제 이런 관점에서 필자의 후속 연구 과제이면서 동시에 우리 모두가 고려해야 할 몇 가지 문제를 짚어 보면서 논의를 마무리하고자 한다.

우선 동아시아 문화학 정립을 위해서는 서구 문화학과의 비교 연구가 필수적일 것이다. 문화학에 대한 서구에서의 논의가 1851년에 처음 등장하여 19세기 중반부터 활발하게 전개되는 양상을 2절에서 확인하였다. 그렇다면 동아시아의 형편은 어떠했을까? 문화학은 차치하더라도, 동아시아의 근대 형성기를 살펴보면 중국의 경우는 1842년 남경조약(南京條約)으로 서양에의 개방이 시작되고 1860년 북경조약(北京條約)을 통해 완전한 개방이 이루어졌다. 일

---

48 C. A. 반 퍼슨, 『급변하는 흐름 속의 문화』(강영안 역), 서광사, 1994, 250쪽. 신응철, 『문화철학과 문화비평』, 철학과현실사, 2003, 62쪽 참조.

본의 경우 1853년 페리(Matthew C. Perry) 제독의 무력시위 이후 美日 화친조약 체결 이후 본격적인 개방이 이루어졌다. 우리나라는 1860년경 동학(東學) 운동의 태동을 통해서 서구와의 교류가 가능하였다. 이런 정황으로 미루어 볼 때, 적어도 문화학에 관한한 동아시아의 형편은 서양에 비해 상당히 뒤늦은 감이 없지 않다.

여기서 우리가 동아시아의 문화학을 염두에 둘 때, 동양과 서양의 문화정신에는 근본적인 차이가 있다고 말하는 장파(張法)의 지적을 새겨봄직하다. 장파에 의하면, 서구의 경우 사상적으로는 그리스 정신과 히브리 정신으로 이루어졌다면, 중국 문화의 경우는 유가(儒家)와 도가(道家)의 상호 보완 관계로 이루어져 있다.[49] 그리고 세계를 파악하는 방식과 관련하여 서구 문화는 'Being(있음, 존재), God(신), Idea(이념), Matter(물질), Substance(실체), Logos(로고스)' 등의 개념을 가지고 있는 반면, 중국 문화는 '도(道), 천(天), 무(無), 이(理), 기(氣), 진여(眞如)' 등의 개념을 가지고 있었고, 양자의 문화적 차이를 가장 잘 드러내 주는 것으로 'Being'과 '무'를 제시한다.[50] 이런 관점에서 서구의 문화가 실체(實體)의 세계라면, 중국의 문화는 기(氣)의 세계라고 할 수 있고, 서구 문화가 변증법(辨證法)의 원리에 의해 논의된다면, 중국의 문화는 음양론(陰陽論)의 원리에 의해 논의되는 특징이 있다. 이러한 특징으로 인해 문화관의 차이가 생겨나게 된다. 다시 말해 한 쪽에서는 '발전'과 '진보'의 눈으로 문화를 이해하고, 다른 쪽에서는 '정체'와 '순환'의 관

---

49 장파, 『동양과 서양, 그리고 미학』(유중하 외 역), 푸른숲, 1999, 32-33쪽 참조.
50 장파, 위의 책, 38쪽 참조.

점에서 파악하게 된다. 문화관의 차이는 문화적 이상에서도 그대로 나타난다. 중국 문화의 경우 화해(和諧)나 조화(調和) 의식이 강했고, 이는 보존형 문화를 발달시켰다. 반면에 서구 문화의 경우 비극의식이 강했으며, 이는 진취형 문화를 발달시켰다.

장파의 논의를 염두에 둘 때, 동아시아 문화학은 동아시아적 특수성을 제대로 담아내어야만 한다. 동아시아만의 문화적 특수성이 있다면 그것은 서구 문화학과 비교되는 고유한 영역이 될 수 있을 것이며, 동시에 그것은 한계성이 될 수도 있다.[51] 물론 서구 문화학이 취했던 비교연구나 학제간 연구의 방식은 그대로 수용될 수 있을 것이다. 문화철학의 영역에서 다루어지는 논의에 국한해 보더라도, 문화의 기원, 문화의 전개, 문화의 과정, 문화의 미래 이상의 주제들을 동아시아적 관점에서 체계적으로 연구하여 제시할 필요가 있다. 특히 서구 문화학의 논의와 비교하여 동아시아적인 종교관(기독교/유교(불교)), 인간관(이성적/감성적), 자연관(대립·갈등/화해·공존), 역사관(종말론적/순환론적), 인생관(비극적·부정적/낙관적·긍정적)이 선명하게 제시되어야 함은 두말할 나위가 없을 것이다.

---

51 동아시아의 역사, 문화적 특성을 '한자문화권＝유교문화권'으로 규정하고, 동아시아의 정체성을 묻는 선구적인 연구 결과가 최근에 선보였다. 동아시아 문화학 연구 방법론과 관련하여 좋은 자료가 될 것으로 기대한다. 성균관대학교 동아시아 유교문화권 교육·연구단 편(최영진, 지준호 책임편집), 『동아시아 유교문화의 새로운 지향』, 청어람미디어, 2004.

:: 참고문헌 ——————————————

C. A. 반 퍼슨, 『급변하는 흐름 속의 문화』(강영안 역), 서광사, 1994.

신응철, 『카시러의 문화철학』, 한울출판사, 2000.

______, 『문화철학과 문화비평』, 철학과현실사, 2003.

장파, 『동양과 서양, 그리고 미학』(유중하 외 역), 푸른숲, 1999.

I. 칸트. 『칸트의 역사철학』(이한구 편역), 서광사, 1993.

파에촐츠, 하인츠., 『카시러』(봉일원 역), 인간사랑, 2000.

Böhme Hartmut · Matussek Peter · Müller Lothar., *Orientierung Kulturwissenschaft*, Rowohlt Taschenbuch Verlag GmbH, Reinbek bei Hamburg, 2000[『문화학이란 무엇인가』 (손동현 · 이상엽 역), 성균관대학교 출판부, 2004].

Cassirer, Ernst., *An Essay on Man, An introduction to a Philosophy of Human Culture*, New Haven: Yale University Press, 1944.

______, *Philosophie der Symbolischen Formen*. Vol.3: *Die Phänomenologie der Erkenntnis* (1929), reprint., Darmstadt: Wissenschaftliche Buchgesellschaft, 1964.

______, *The Problem of Knowledge: Philosophy, Science, and History since Hegel*, translated by William H. Woglom and Charles W. Handel, New Haven: Yale University Press, 1950.

______, "Albert Schweitzer as Critic of Nineteenth Century Ethics," in *The Albert Schweitzer Jubilee Book*, A.A. Roback (ed), Cambridge, Mass: Sci-Art Publishers, 1946.

Klemm, Gustav Friedrich., *Allgemeine Culturwissenschaft. Die materiellen Grundlagen menschlicher Cultur*, 2Bde, Leipzig 1854-1855, Band 2.

______, "Grundideen zu einer allegemeinen Cultur-Wissenschaft", In *Sitzungsberichte der kaiserlichen Akademie der Wissenschaften. Philosophische-historische Classe*, Band 7, Wien 1851.

Lazarus, Moritz/Steinthal Heymann., "Einleitende Gedenken über Völkerpsychologie", In *Zeitschrift für Völkerpsychologie und Sprachwissenschaft*. Band 1, Berlin 1860.

Niedermann, Joseph., *Kultur. Werden und Wandlungen eines Begriffs und seiner Ersatzbegriffs von Cicero bis Herder*, Firenze 1941.

Perpeet, Wilhelm., "kulturphilosophie", In *Archiv für Begriffsgeschichte 20*, 1976.

Stein, Ludwig., *An der Wende des Jahrbunderts. Versuche einer Kulturphilosophie*, Freiburg u.a. 1900.

Verene, Donald Phillip (ed)., *Symbol, Myth and Culture: Essays and Lectures of Ernst Cassirer 1935-1945*, New Haven and London, Yale University Press, 1979.

제 2 장

현대 문화의 본질과 위기

1. 들어가는 말

최근 우리사회는 경제발전과 더불어 문화에 대한 관심이 증폭되고 있다. 경제적 풍요와 더불어 문화에 대한 갈망은 삶의 질의 차원에서도 중요하기 때문이다. 학계에서도 이와 연관하여 문화학, 문화철학 분야에 걸쳐 다양한 연구가 지속적으로 이루어지고 있는 상황이다.

우리가 문화학이나 문화철학 분야에 관심을 갖다 보면, 문화 연구의 계보를 반드시 확인해야 한다. 이미 잘 알려져 있듯이, 독일의 문화철학과 문화학 연구사에서는 에른스트 카시러(Ernst Cassirer, 1874~1945)를 대표적인 학자로 간주한다. 카시러는 '문화철학' 혹은 '문화과학'이라는 표현을 통해서 이 분야의 연구를 분과

학문(즉, 문화철학)으로서 단단히 자리매김해 놓았다.[1] 그런데 카시러에 관한 연구를 진행하다 보면 그 보다 16살 연상의 게오르그 짐멜(Georg Simmel, 1858~1918)을 만나게 된다. 짐멜은 문화에 관한 논의를 체계화시켜 놓지는 않았지만, 문화에 관한 그의 언급은 카시러에게 많은 영향을 주었을 뿐만 아니라 문화철학의 핵심 주제들을 다루고 있다는 점에서 대단히 중요한 위치를 차지한다고 할 수 있다.[2]

이와 같은 중요성에도 불구하고 지금까지 우리 학계에 알려진, 혹은 소개된 짐멜은 사회학자의 모습, 그것도 비주류 사회학자로 등장하고 있을 뿐이다. 그나마 다행스러운 것은 최근 짐멜에 대한 새로운 조명과 연구가 문화이론 및 문화철학 분야를 중심으로 조금씩 진행되고 있으며, 그에 발맞추어 짐멜의 저서들이 번역되고, 연구서들이 단행본으로 출간되었다는 점이다. 이러한 일련의 일들에 결정적인 역할을 한 이는 짐멜 연구가로 잘 알려진 김덕영[3]

---

1 이와 관련하여, 신응철, 『카시러의 문화철학』, 한울출판사, 2004; 『카시러의 사회철학과 역사철학』, 철학과현실사, 2004. 참조할 것.

2 단적인 예로서, 짐멜이나 카시러 모두 '문화의 비극'이라는 표현을 한다. 짐멜은 현대 문화가 직면하고 있는 상황, 즉 주관문화에 대한 객관문화의 우위 현상, 노동 분업에 의한 문화의 위기가 결국 문화의 비극과 연관됨을 말한다. 이에 반해 카시러는 짐멜의 문화의 비극이라는 표현 속에 들어있는 숙명론적 견해를 비판하고자 짐멜과 대비되는 의미에서 문화의 비극을 말한다. 이러한 표현 속에서 우리는 문화를 읽는 두 사람의 시각, 즉 비관론적 견해와 낙관론적 견해를 마주하게 된다. 이 글은 문화철학 연구의 계보의 관점에서 짐멜과 카시러의 견해를 상호 비교하기 위한 한 시도로서, 「현대 문화의 구조와 본질 그리고 위기」라는 관점의 필자의 전체 연구에서 짐멜의 부분에 관련해서만 집중적으로 다루고 있음을 먼저 밝혀 둔다. 짐멜의 문화이해에 대한 카시러의 기본입장과 비판점 등은 다른 지면을 통해서 곧 발표할 예정에 있다.

3 김덕영 교수는 짐멜의 문화이론, 사회이론, 예술이론에 관한 선집을 번역하였고, 『게오르그 짐멜의 모더니티 풍경 11가지』, 『현대의 현상학』 등을 출간하여 짐멜 사상을 비교적

이다. 그 외에 최성환, 이상엽, 홍경자도 문화철학 분야에서 짐멜의 논의를 새롭게 선보이고 있는 중이다.[4]

필자는 몇 해 전부터 현대 문화의 본질과 구조 그리고 위기의 문제에 관심을 두고 연구해 오고 있는 중이다. 이 글은 문화철학과 문화학 분야의 초창기 인물인 짐멜의 문화철학의 윤곽을 드러내는 데 일차적 목적이 있다. 그래서 사회학자로서 뿐만 아니라 문화철학자로서의 짐멜의 면모를 확인하고, 그가 파악하는 현대 문화의 본질과 구조에 대한 논의, 그리고 문화갈등과 문화위기 상황을 돌파하려는 그의 전략을 확인해 봄으로써 오늘 우리가 처한 문화적 현실을 조망하는 데 하나의 지침으로 삼아보려는 것이다. 이러한 작업은 향후에 진행하게 될 필자의 연구, 즉 문화철학 형성사에서 짐멜과 카시러와의 문화철학적 계보, 문화관의 차이 등을 해명하는 데 있어서 대단히 중요한 기초 작업이 될 수 있을 것이다. 이런 관심에서 이 글에서는 짐멜의 문화담론이 들어있는 몇몇 문헌들을 알아보고, 주관문화와 객관문화로 대변되는 문화의 본질과 구조, 문화위기의 원인과 대응책 등을 짐멜의 시선을 따라 논의 하고자 한다.

상세하게 소개하는 데 큰 기여를 하고 있다.

4 문화철학 연구 분야에서 최근 최성환 교수는 '딜타이와 짐멜'의 관계를, 이상엽 교수는 '짐멜과 카시러'의 문화철학을 종합적으로 상호 비교하는 논문을, 홍경자 교수는 짐멜의 '비극적인 것'에 관한 논문을 발표하여 짐멜의 사상을 이해하는 데 큰 도움을 주고 있다. 필자가 본 논문을 포함하여 수행하고 있는 「현대 문화의 본질과 구조 그리고 위기」라는 전체 논의가 선행연구자들의 그것과 다른 것은, 이 주제에 집중하여 짐멜과 카시러의 기본 입장을 각각 정리하고, 이후 이를 심층적이고, 입체적으로 상호 비교 분석하여 이를 우리시대의 담론과 연결시킨다는 점이다.

2. 짐멜의 문화 담론의 출처와 문화 개념

짐멜의 문화에 관한 논의는 「현대 문화에서의 돈」(Das Geld in der modernen Kultur, 1896), 「인격문화와 물격문화」(Persönlich und Sachliche Kultur, 1900), 「여성문화」(Weiblich Kultur, 1902), 「문화의 본질에 대하여」(Vom Wesen der Kultur, 1908), 「우리 문화의 미래. 문화경향과 문화정책에 관한 견해」(Die Zukunft unserer Kultur. Stimmen über kultur-tendenzen und Kulturpolitik, 1909), 『돈의 철학』(Philosophie des Geldes, 1900), 『철학적 문화』(Zur Philosophie der Kultur, 1911), 「문화형식의 변동」(Wandel der Kulturformen, 1916), 「문화의 위기」(Die Krisis der Kultur, 1917), 『현대 문화의 갈등. 하나의 강연』(Der Konflikt der modernen Kultur. Ein Vortrag, 1918) 등과 같은 문헌에서 확인해 볼 수 있다. 이 중에서 『철학적 문화』(1911)는 문화의 개념과 문화의 본질, 문화의 변동, 문화의 갈등과 위기와 같은 문화철학적 주제를 심도 있게 다루고 있다.

인간은 동물과 달리 세계의 자연적 상태에 완전히 통합되지 않고, 자연에서 분리되어 대립하고 요구하고 투쟁하며, 자연에 폭력을 가하고 폭력을 당한다는 사실 — 이러한 최초의 거대한 이원론과 더불어 주체(Subjekt)와 객체(Objekt) 사이의 끊임없는 과정이 생겨난다. 이 과정은 정신 자체의 내부에서 두 번째 단계를 발견한다. 정신(Geist)은 무수한 구성물을 생산하는데 이들 구성물은 자신을 창조한 영혼(Seele)과 자신을 받아들이거나 거부하는 다른 영혼에게서 독립해 특유하게 자율적으로 존속한다. 이런 식으로 인간주체는 예술 및 법률, 종교 및 기술, 과학 및 관습과 대립한다. 인간주체는 때로 이들의 내용에 매혹되거나 반발하다가 마치 자아의 일부분인양 그것들과 융합되다 다시 멀어져 아무런 관계도 없게 된다. 또한 그러한 방식으로 객체가 된 정신은 부동성, 응고성, 및 지속적인 존재 형식과 더불어 주관적 영혼의 넘쳐흐르는 생동감, 내적인 자기 책임성 및 변화하는 긴장에 대항한다. 이러한 대립은 부단하지만 시간적으로 유한한 주관적 삶(subjektiven Leben)과 일단 창출되면 부동이지만 무시간적으로 타당한 삶의 내용(Inhalten) 사이의 대립을 가리킨다.[5]

짐멜은 바로 이러한 이원론 가운데 문화이념(Idee der Kultur)이 자리한다고 파악한다. 문화이념은 전체적으로 보아 단지 비유적으로 그리고 어느 정도 불명료하게 표현할 수밖에 없는 내적 사실에 기초한다. 그래서 짐멜은 문화란 "영혼이 자신에게 이르는 길(den Weg der Seele zu sich selbst)"[6]이라고 말하고, 또한 "폐쇄된 통일성에서 출발해 전개된 다양성을 거쳐 전개된 통일성에 이르는 길(der Weg von der geschlossenen Einheit durch die entfaltete vielheit zur entfalteten Einheit)"[7]이라고도 말한다.

---

5 게오르그 짐멜, 『게오르그 짐멜의 문화이론』(김덕영·배정희 옮김), 도서출판 길, 2007(이후 『문화이론』으로 표기함), 20쪽; Georg Simmel, *Gesamtausgabe, Band 14. Hauptprobleme der Philosophie. Philosophische Kultur*, Herausgegeben von Rüdiger Kramme und Otthein Rammstedt, Suhrkamp Verlag Frankfurt am Main 1966(이후 *GSG 14*로 표기함), 385쪽.
6 『문화이론』, 20쪽; *GSG 14*, 385쪽.
7 『문화이론』, 22쪽; *GSG 14*, 387쪽.

우리가 내부에 이런저런 개별적인 지식이나 능력을 형성했더라도 아직 문화화된 것은 아니다. 아니 이 모든 것이 문화와 연결되어 있기는 하나 그것과 일치하지 않는 정신적 중심성의 발전에 기여해야만 우리는 비로소 문화화 된다. 의식적이고 명시할 수 있는 우리의 노력은 특수한 관심사와 잠재력을 지향하며, 또한 그러한 이유로 모든 인간의 발전—그것을 명명할 수 있는 한—은 아주 다양한 방향을 가지고 아주 다양한 정도로 전개되는 다발적인 발전방향으로 나타난다. 그러나 이 발전방향의 개별적인 완성과 더불어서가 아니라, 무어라 정의할 수 없는 개인적인 통일성의 발전에 대해서 또는 발전으로서 지니는 의미와 더불어 인간은 비로소 문화화 된다. 즉 문화란 폐쇄된 통일성에서 출발해 전개된 다양성을 거쳐 전개된 통일성에 이르는 길이다.[8]

그렇다면 짐멜은 왜 이런 방식으로 문화를 정의하고 있는 것일까? 짐멜에 따르면, 한 개인에게 가능한 모든 지식과 기교, 세련됨은 그가 정말로 '문화화 되었다(Kultiviertheit)'고 간주하는 근거가 될 수 없다. 만일 이것들이 그에게 그저 외적이며 언제나 외적으로만 머무는 가치영역에서 주어진다면, 즉 그저 부가물로만 작용한다면 말이다. 이런 경우 인간은 비록 문화화된 것을 소유는 하지만, 이것이 문화화 되었다는 것을 의미하지는 않는다. 왜냐하면 후자는 오로지 초개인적인 것에서 받아들인 내용이 신비로운 조화를 통해 영혼(Seele) 속에서, 바로 영혼의 가장 고유한 추진력으로서, 그리고 영혼의 주관적 완성의 내적 밑그림으로서 영혼에 이

---

8 『문화이론』, 22쪽; *GSG 14*, 387쪽.

미 존재하는 것을 발전시키는 경우에만 가능하기 때문이다.[9]

그렇기 때문에 가장 순수하고 심원한 의미에서의 '문화화'(Kultiviertheit)는 영혼이 자신에게서 자신에게로, 가능성에서 현실로 이르는 길을 전적으로 주관적이고 개인적인 힘으로 걷는 경우에는 주어지지 않는다. 이 모든 것은 문화가 영혼의 절대적이고 최종적인 가치가 아니라는 사실을 입증하고 있다. 그러므로 문화의 특수한 의미는 인간이 영혼의 발전에 인간에게 외적인 어떤 것을 포함시키는 경우, 영혼의 길이 주관적으로 개인의 정신적 세계에 머물지 않는 가치와 계열을 경유하는 경우에 성취된다. 예술과 관습, 과학과 유용한 대상, 종교와 법률, 기술과 사회적 규범과 같은 정신적인 구성물들은 주체가 그의 문화라고 불리는 독특한 자기가치를 얻기 위해 거쳐야 하는 단계이다. 주체는 이들 구성물을 자신의 내부로 통합시켜야한다. 그러나 그는 동시에 이들 구성물을 자신의 내부로 통합시켜야 하며, 단순히 객관적 가치로 존재하도록 내버려두어서는 안 된다.[10]

3. 문화의 본질: 주관문화와 객관문화

짐멜은 문화를 주체와 객체의 상호관계와 상호작용의 관점에서 파악하기 때문에 「문화의 본질」(1908)에서는 '주관문화'(subjektive

---

9 『문화이론』, 23쪽; *GSG 14*, 388쪽.
10 『문화이론』, 24쪽; *GSG 14*, 388쪽.

Kultur)와 '객관문화'(objektive Kultur)로 구분하였다. 이후 다른 글에서는 '인격문화'(persönliche Kultur)와 '물격문화'(sachliche Kultur)로 구분[11]하기도 하였다.

먼저 짐멜은 교화되고 고양되며 완성된 사물을 가리켜 '객관문화'라 규정한다. 이 객관문화는 인간 영혼을 자체의 고유한 완성의 길로 인도하거나, 개별 인간이나 전체 사회가 더 높은 존재로 나아가면서 통과하는 도정의 일부분을 구성한다. 이에 반해 '주관문화'는 그렇게 달성된 개인적인 발전의 정도를 가리킨다.[12] 객관문화와는 달리 외화된 개인들의 정신적 영혼의 에너지가 주체적 존재인 이들에 대하여 일정한 자율성과 자체의 고유한 가치와 의미를 획득하고서, 여러 세대에 걸쳐 유전된 물질적 또는 정신적 객체를 의미한다. 객관문화와 주관문화의 구분에서 중요한 것은 대상의 존재론적 구별이 아니라, 단지 인간의 문화적 삶이라는 경험적 현상과 과정의 두 측면에 대한 개념적 분리일 따름이다. 그것은 어디까지나 인식 근거일 뿐 실제 근거는 아니다.[13]

객관문화의 의미는 그것 없이는 주관문화의 존재가 불가능하다는 사실에 있다. 왜냐하면 주체의 발전이나 상태는 그렇게 가공된 객체를 자신에 이르는 도정에 포함시켜야만 문화가 되기 때문이

---

11 짐멜이 말하는 인격문화와 물격문화에서 먼저 '인격문화'에서의 인격은 인간의 품격을 가리키고, 물격문화에서의 물격이란 사물이 마치 인간처럼, 그리고 인간의 품격과 상관없는 고유한 품격을 지닌다는 의미이다.

12 『문화이론』, 74-75쪽; Georg Simmel, "Vom Wesen der Kultur(1908)", in *Georg Simmel Gesamtausgabe, Band 8. Aufsätze und Abhandlungen 1901-08*, Suhrkamp Verlag Frankfurt am Main 1993, 371-373쪽 참조(이후 *GSG 8*로 표기함).

13 김덕영, 『게오르그 짐멜의 모더니티 풍경 11가지』, 도서출판 길, 2007, 194쪽.

다. 또한 객관문화는 주관문화와 더불어 개인의 삶의 양식과 행위 방식을 결정한다. 개인의 삶과 행위는 결국 객관문화와 주관문화의 종합으로 구성되는 것이다. 짐멜은 현대사회 질서에서는 노동 분업을 통해 주관문화와 객관문화가 점점 분리되고, 객관문화가 형식면에서나 내용면에서 점점 더 빨리 증가하면서 주관문화를 압도하고, 또한 이에 대해 우월한 지위를 차지하게 된다고 지적하고 있다.

무엇보다 고도로 발전하고 노동 분업에 기반을 두는 시기에, 문화적 성취물들은 충분히 성장하여 스스로 존재하고 서로 밀접하게 결합된다. 사물은 더욱 완전하고 정신적으로 되며, 점점 더 유순하게 합목적성의 객관적인 논리를 따른다. 그러나 결정적인 문화, 즉 주체의 문화는 그와 동일한 정도로 발전하지 않는다. 또한 사물의 객관적 영역이 크게 확장되는 상황에 직면해 주관문화는 수많은 기여자에게 분산되므로 발전할 수 없다. 적어도 역사적 발전은 실제로 창조적인 문화 업적을 개인의 전체적 문화 상태에서 점점 더 분리시키는 방향으로 흐른다. 현대적 삶의 부조화는 주로 사물이 점점 더 문화화 됨에도 불구하고, 인간은 그보다 적게 객체의 완성에서 주관적 삶을 완성시킬 수 있다는 사실에서 연유한다.[14]

결국 문화의 본질이란, 상호작용에, 구체적으로 주체와 객체의 상호작용에 존재하는 것이다. 짐멜은 이러한 주체와 객체의 관계를 인간 문화의 형이상학적 전제조건으로 간주한다. 아니 그는 한

---

14 『문화이론』, 75-76쪽; *GSG* 8, 363쪽 이하.

걸음 더 나아가 인간 사회의 형이상학적 전제조건도 바로 거기서 찾는다. 상호작용은 짐멜에게는 세계원리 바로 그것이다. 주체와 객체의 상호적인 구성은 발달사적인 측면에서 개체발생과 종족발생 모두에, 그리고 인간과 세계의 관계라는 측면에서는 이론적 측면과 실천적 측면 모두에 적용되는 원리이자 논리이다.[15] 문화라는 객체에는 개별 영혼의 의지와 지성, 개성과 정서, 역량과 정취가 집적되어 있다.[16]

짐멜은 이런 현상을 '문화의 역설(Paradoxon der Kultur)'이라 말한다. 그러니까 우리가 그 연속적인 흐름 속에서 느끼고 자발적으로 내적 완성을 추구하는 주관적 삶(subjektive Leben)은 이 완성을 문화의 이념에서 보면 결코 스스로 달성할 수 없고, 오로지 삶의 형식에 이질적으로 되어버린, 그리고 자족적이고 폐쇄적인 구조로 결정화된 것들을 경유해야만 달성할 수 있다는 말이다. 짐멜에 따르면 문화는 두 요소가 만남으로써 생성되는데, 이 둘 가운데 어느 것도 자체적으로 문화를 포함할 수가 없다. 여기서 두 요소란 주관적 영혼(subjektive Seele)과 객관적 정신의 생산물(objektiv geistige Erzeugnis)을 뜻한다.[17]

짐멜은 문화를 논의할 때, 항상 종합 혹은 통일의 관점을 유지한다. 왜냐하면 문화란 어떠한 의미에서든 주체의 외부에 존재하는 초개인적인 구성물을 받아들이거나 이용함으로써 실현될 수

---

15 김덕영(2007), 같은 책, 187쪽.
16 『문화이론』, 29쪽; *GSG 14*, 392쪽.
17 『문화이론』, 25쪽; *GSG 14*, 389쪽.

있는 개인적인 완성의 방식이기 때문이다. 주체는 객관적으로 정신적인 실재를 경유하지 않고는 문화화의 특별한 가치에 접근하거나 도달할 수가 없다. 그리고 객관적으로 정신적인 실재 그 자체는 영혼이 자신으로부터 자신에 이르는 길, 즉 우리가 영혼의 자연상태(Naturzustand)라고 부를 수 있는 것으로부터 영혼의 문화상태(Kulturzustand)로 이르는 길이 바로 그것을 관통하는 경우에만 문화가치(Kulturwerte)가 된다.[18]

그렇기 때문에 짐멜은 문화개념의 구조를 다음과 같이 설명하고 있다. 즉 단지 문화가치일 수 있는 문화가치란 존재하지 않는다. 오히려 문화가치의 의미를 얻으려면 모든 것은 동시에 객관적 계열의 가치여야 한다. 그러나 이러한 의미의 가치가 존재해 우리의 어떠한 관심이나 능력을 촉진시키더라도, 이 가치는 이러한 부분적인 발전이 동시에 총체적인 우리의 자아를 통일적인 완성에 한 단계 더 가까이 가도록 하는 경우에만 문화가치가 된다. 예를 들어 '해돋이' 장면을 생각해 보자. 인간의 눈으로 보지 않은 해돋이는 결코 세상을 더 가치 있고 고상하게 만들지 않는다. 그러나 일단 어느 화가가 이 해돋이 그림에 그의 정취와 형식감각과 색채감각, 그리고 표현능력을 쏟아 붓고 나면, 우리는 이 작품을 존재 일반을 풍부하게 만들고 그것의 가치를 고양시키는 것으로 간주하게 된다. 모든 가치의 원천, 즉 인간의 영혼을 동시에 객관적인 세계에 속하는 이 같은 사실에 쏟아 부을 경우, 세상은 우리에게

---

18 『문화이론』, 33쪽; *GSG 14*, 395쪽.

더욱 존재할 가치가 있어 보이고 그 의미에 더 가까워 보인다. 자연적 해돋이와 그림은 모두 실재로서 존재한다. 그러나 자연적 해돋이는 정신적 주체에서 지속적으로 살아 있음으로써 비로소 가치를 갖게 된다. 이에 반해 그러한 삶을 이미 내부로 흡수하여 객체로 형성한 그림의 경우 우리의 가치감각은 마치 주관화가 전혀 필요하지 않은 최종적인 상태라도 되듯이 정지된다.[19]

따라서 짐멜이 말하는 문화의 공식(Formel der Kultur)은 다음과 같다.

> 주관적이고 정신적인 에너지는 객관적이고 창조적인 삶의 과정에서 독립적인 형식을 획득하며, 이 형식 자체는 삶을 살아가는 개인의 중심적인 존재를 온전하게 발전시키고 완성시키는 방식으로 주관적인 삶의 과정에 편입된다.[20]

결국 문화란 인간 영혼의 행위와 거기로부터 생산되는 것의 총합을 의미한다. 문화는 과학, 종교, 예술, 윤리, 경제 또는 기술과 같은 인간 삶과 행위의 전반적인 영역을 포괄한다. 그리고 이러한 변증법적 과정을 통해서 주체는 객체를 문화화 함으로써 자기 자신을 문화화 한다. 달리 말해서 주체는 객체의 가치를 증식시킴으로써 자기 자신의 가치를 증식시킨다. 결국 문화화의 과정이란 '가치증식의 과정'인 것이다.[21]

---

19 『문화이론』, 32쪽; *GSG 14*, 394쪽.
20 『문화이론』, 46쪽; *GSG 14*, 388쪽.
21 김덕영(2007), 『게오르그 짐멜의 모더니티 풍경 11가지』, 188쪽.

우리는 사물을 문화화 함으로써, 다시 말해 그것의 가치를 자연적
인 메커니즘을 통해 우리에게 주어진 정도를 넘어 고양시킴으로써,
우리 자신을 문화화 한다. 이는 우리로부터 출발하여 우리에게로 되돌
아오는 동일한 가치증식 과정으로서, 우리 외부의 자연이나 우리 내부
의 자연에 적용된다.[22]

그런데 짐멜은 이와 같은 문화화의 과정에서 개인에게 독특한
현상들이 일어난다고 말한다. 주체가 객체를 통해 주체로 발전해
가는 이러한 흐름은 이제 연속성을 상실할 수 있다. 객체는 지금
까지 암시된 것보다 더 근본적인 방식으로 매개하는 활동과 의미
에서 멀어지며, 그럼으로써 그것이 문화화의 길로 건너가는 다리
를 파괴할 수 있다.[23]

이를테면, 개인들은 교화되고 더 합목적적으로 되며, 더 많이
향유하고 더 많은 능력을 얻으며, 또한 어쩌면 더 많은 교양을 갖
추게 된다. 그렇다고 그것에 비례하여 문화화 되는 것은 아니라는
것이다. 왜냐하면 우리는 비록 그렇게 낮은 단계의 소유와 능력에
서 더 높은 단계로 나아가지만, 낮은 존재로서의 우리 자신에게서
더 높은 존재로서의 우리 자신에게로 나아가지는 않기 때문이다.
달리 말해서 개인적 존재가 문화적으로 의미 있는 발전을 이룬다
는 것은 순전히 주체에 존재하는 상태지만, 동시에 이 상태는 어
떠한 경우에도 객관적인 내용을 수용하고 이용함으로써만 달성될

---

22 Georg Simmel, *Georg Simmel Gesamtausgabe, Band 6. Philosophie des Geldes*, Suhrkamp
Verlag Frankfurt am Main 1989(이후 *PdG*로 표기함), 618쪽.
23 『문화이론』, 46쪽, 83쪽; *GSG 14*, 405쪽.

수 있기 때문이다. 그러므로 어떤 점에서 보면, 진정한 의미의 문화화는 무한한 과업(unendlichen Aufgabe)이라고 할 수 있다. 왜냐하면 개인적 존재의 완성을 위해 객관적 요소를 이용하는 과정은 결코 종료된 것으로 간주할 수 없기 때문이다.[24] 이렇게 본다면, 개인의 문화화의 과정에서 주관문화와 객관문화 사이에 분열 혹은 모순이 일어난다고 할 수 있다. 짐멜은 문화화의 과정뿐만 아니라 문화 구조 내부에서도 이러한 분열이 일어나는데, 이 분열은 이미 문화적 토대에 그 단초가 주어져 있다고 분석한다. 그래서 주체-객체의 종합, 즉 문화 개념의 형이상학적인 의미에서 모순, 아니 비극이 발생하게 된다는 것이다.[25]

4. 문화의 갈등과 위기: 진단과 양상

그렇다면 문화화의 과정에서 주체와 객체의 균열, 부조화, 갈등이 일어나는 궁극적인 원인은 무엇 때문인가? 먼저 짐멜에 따르면, 객체가 창조적인 주체에 직면해 이처럼 고립, 소외되는 것은 무엇보다도 '노동 분업(Arbeitsteilung)'에서 기인한다.

분업의 결과로 사실상 모든 대상은 이미 대중적 노동의 산물이다. 현대의 노동 조직은 개인의 영혼을 여러 다양한 에너지와 활동으로

---

24 『문화이론』, 42쪽; *GSG 14*, 401쪽.
25 『문화이론』, 43쪽; *GSG 14*, 402쪽.

분해한 후, 이를 다시금 하나의 객관적인 문화생산물로 결합하도록
한다. 결과적으로 어떤 특정한 문화생산물에 더 많은 영혼이 참여하면
할수록 거기에는 더 적은 개인의 영혼이 존재하게 된다.[26]

이처럼 노동 분업의 결과로 현대세계에서는 노동과정, 노동수
단, 노동생산물이 노동하는 주체로부터 완전히 분리되고 독립해
서 그 자체의 고유한 논리와 법칙 및 동력을 가지고 존재하며 기능
한다. 결과적으로 객체에 투자된 개인의 주체적 영혼은 자기 자신
에 이르는 길을 잃어버린다. 그리하여 객체화되고 물화된다. 짐멜
은 마르크스가 분석한 노동의 물상화 과정과 상품화 과정을 현대
세계의 광범위한 문화적 분화과정의 특정한 부분적 측면으로 간
주하고 있다. 다시 말해 현대 문화의 분화과정이란, 구체적으로
개인의 인격으로부터 그 개별적 내용을 분리해내어, 이를 독립적
인 규정과 운동을 지닌 객체로서 개인의 인격과 대립시키는 과정
을 가리킨다.[27]

또한 짐멜은 '오케스트라의 연주'를 한 예로 설명한다.[28] 오보에
또는 팀파니 연주자는 바이올린이나 첼로의 음조에 대해 알지 못
하지만, 지휘자의 지휘봉에 의해 오케스트라는 완벽하고 통일적
인 소리를 낸다. 오케스트라의 연주에서 볼 수 있듯이, 상이한 개
인들의 활동을 통해 전체로서, 그리고 존재하며 특별한 작용을 하

---

26 Georg Simmel, *PdG*, 618쪽.
27 Georg Simmel, *PD*, 632쪽.
28 『문화이론』, 47쪽; *GSG 14*, 405쪽.

는 통일성으로서 단 한사람의 생산자도 갖지 않는 문화객체가 형
성되는 것이다. 이러한 문화객체는 한 사람의 정신적 주체에 상응
하는 통일성에 출현하지 않는다. 문화객체의 요소들은 객관적인
실재로서 자체에 내재하는, 즉 창조자가 부여하지 않은 논리와 형
성의지를 따르듯이 서로 결합된다. 정신적인 내용을 모든 수용됨
과 수용되지 않음에서 독립시키는 객관성은 생산의 측면에 귀속
된다. 개인이 무엇을 의도했거나 그렇지 않았거나 전혀 상관없이,
완성된 구성물은 순수하게 물질적인 형식으로 실현되어 정신으로
부터 아무런 의미를 얻지 못하지만, 그래도 의미를 가지며 이를
문화과정에 전달할 수 있다.[29]

짐멜은 노동 분업의 현상을 통해서 문화의 비극, 문화의 비극적
숙명을 예견하고 있다. 그러니까 노동 분업에 의한 과도한 전문화
(Spezialisierung)는 다음과 같은 문화요소가 가진 일반적인 운명의
특수한 양상이라고 말한다. 객체는 자체의 고유한 발전논리를 가
지며―이는 개념적이거나 자연적인 논리가 아니라, 어디까지나
인간이 만들어낸 문화적 창작물의 발전논리이다―그 결과 인간
영혼의 발전에 편입될 수 있는 방향에서 벗어난다. 여기에서는 사
물을 문화적으로 형성하는 내재적인 논리가 중요하다. 그래서 인
간은 이제 그저 이 논리가 발전을 지배하고 궤도를 벗어나서 지속
시킬 수 있도록 강제하는 존재가 되고 만다. 사실은 바로 이 궤도
에서 사물의 문화적 발전이 다시금 생동하는 인간의 문화발전으

---

29 『문화이론』, 48쪽; *GSG 14*, 406쪽.

로 회귀할 수 있는 것이다. 이러한 현상을 짐멜은 '문화의 비극(Tragödie der Kultur)'이라고 말한다.

이것이야말로 문화의 비극이 아닐 수 없다. 우리는 다음과 같은 사실을 비극적인 숙명이라고 규정하기 때문이다. 어떤 존재를 절멸시키는 힘이 바로 이 존재의 가장 심층적인 지층에서 유래한다는 사실이 그것이다. 그가 파괴되면, 그의 내부에 애초부터 설계되어 있던 운명은 완성된다. 또한 운명은 존재가 그 곳에 근거해 고유한 긍정성을 구축한 바로 그 구조의 이른바 논리적인 발전이기도 하다.[30]

모든 문화 개념은 다음과 같다. 정신은 독립적이고 객관적인 것을 창조하며, 주체는 그것을 통해서 자신으로부터 나와 자신에게 이르는 길을 걷는다. 그러나 바로 이와 더불어 통합을 이루고 문화를 조건 짓는 요소는 독립적으로 발전되도록 예정되는 바, 이 발전은 여전히 주체들의 역량을 소비하고 주체들을 동일한 위치로 고양시키지 않으면서 여전히 자신의 궤도 안으로 끌어들인다. 이제 주체의 발전은 객체의 발전이 택하는 길을 갈 수 없다. 그렇지만 후자의 길을 따르면서 전자는 막다른 골목에 이르거나 가장 내적이고 고유한 삶에서 유리된다.[31]

그러면 문화의 비극 상황이 초래된 근본 원인은 노동 분업 이외에 또 다른 이유는 없는 것일까? 둘째로, 짐멜은 '돈'을 현대 문화의 갈등과 비극의 원인으로 간주하고 있다. 짐멜은 『돈의 철학』

---

30 『문화이론』, 54쪽; *GSG 14*, 410쪽.
31 『문화이론』, 55쪽; *GSG 14*, 411쪽.

(1900)에서 다음과 같이 설명하고 있다. 사물의 문화는 비로소 돈을 통해 자연 상태에 대하여 자주적이고 독립적인 세력과 질서가 될 수 있었다. 돈은 문화과정의 관절체계로서 한편으로는 이 과정을 구성하는 요소들을 분리하고 이동시키며 새롭게 결합시키는 것을, 다른 한편으로는 이들 요소가 서로서로 의존하고 서로서로 다양하고 지속적인 자극과 충동을 주고받을 것을 가능케 해준다. 여기에서 돈은 동시에 주관문화의 발전을 위하여 긍정적인 기능을 하기도 한다. 돈은 주체와 객체 사이에 끼어들어 이들 사이에 거리를 만듦으로써 개인으로 하여금 사물과의 직접적인 관계에서 해방되어 사물에 대한 지배자가 되며 우리에게 가능한 것을 선택할 수 있도록 해준다. 객관정신과 주관정신의 관계를 상호간의 고양과 성숙의 관계로 이끌어줌으로써, 현대적 삶의 양식에 대한 돈의 문화의의는 지양되는 것이 아니라 상승되는 것이며, 반증되는 것이 아니라 입증되는 것이다. 짐멜은 그 좋은 예로 타자기를 든다. 타자기의 표준화되고 객관화된 활자로는 개인적 필체를 표현할 수 없지만, 다른 한편 우리는 타자기라는 객관문화를 수단으로 하여 자기 자신의 심층적 영혼이 이룩한 업적과 더불어 자기 자신의 주체적 개인적 인격을 표출시킬 수가 있다.[32]

이러한 과정에서 돈이 문화위기와 관련되는 것은, 바로 수단의 자립화 현상과 관련된다. 그러니까 원래 돈은 교환과 가치보상을 위한 수단이었다. 그런데 돈이 대다수 문화인간의 목표 중의 목표

---

32 Georg Simmel, *PdG*, 651-654쪽; 김덕영(2007), 197-198쪽 참조.

가 되어 버렸다. 합리적인 이성에 비추어보면 정당화될 수 없는 일이지만, 목적을 달성하기 위한 노력은 대체로 돈을 가짐으로써 종결된다. 결과적으로 객관문화는 마치 하나의 자율적인 세계와도 같이 주관문화와 특정한 관계를 갖지 않으면서 존속하고 발전할 수 있게 되며, 궁극적으로는 객관문화가 주관문화에 대한 우위를 차지하게 된다. 돈은 이처럼 현대 문화의 갈등과 비극을 초래한다.

셋째로, 짐멜은 문화의 비극 혹은 비참함은 주관정신과 객관정신의 관계에서 주관정신에 대한 객관정신의 우위 현상, 또는 주체에 대한 객체의 우위 현상이 그 주된 이유라고 주장한다.

> 객관화된 정신은 전체적으로 그 무형식성 덕분에 주관적 정신을 재빠르게 앞지르는 발전 속도를 가진다. 그러나 주관정신은 객관적 '사물'과의 접촉, 그것의 유혹과 그것이 일으키는 왜곡에 대항해 자신의 형식의 배타적인 완결성을 완전히 보존할 능력이 없다. 객체는 일반적으로 세계가 진행되는 과정에서 주체에 대해 우위를 점하게 되었는데, 문화에서 양자의 관계는 적절한 균형 상태로 지양되었다. 그러다가 주체에 대한 객체의 우위(Übermacht des Objekts über das Subjekts)는 이제 문화 내부에서 객관정신의 무제한성을 통해 다시 한 번 감지할 수 있게 되었다.[33]

넷째로, 짐멜은 주관정신과 객관정신의 관계에서 특히 객관정신의 해방(Emanzipation des objektivierten Geistes) 현상을 주된 이유로

---

[33] 『문화이론』, 60쪽; *GSG 14*, 414쪽.

꼽고 있다. 그러니까 객관정신이 해방된다 함은, 문화의 내용 (Kulturinhalt)이 궁극적으로 문화의 목표(Kulturzweck)에서 독립되고 거기에서 점점 더 멀어지는 논리를 따른다는 사실을 의미한다.[34] 그렇다고 주체의 길이 질적으로나 양적으로 부적합해진 이 모든 것에서 벗어나는 것은 아니다. 오히려 이 길은 문화적 길로서 정 신적 내용이 독립되고 객관적으로 된다는 사실에 의해 결정되기 때문에 문화의 비극적 상황이 발생한다는 것이다. 즉 문화는 원래 처음 존재하는 순간 이미 내부에 그 내용의 형식을 포함하는데, 이 형식은 문화의 내적인 본질 — 영혼이 미완성된 자신에게서 완 성된 자신에게 이르는 길 — 을 마치 내재적인 법칙에 따라 불가피 한 것처럼 미혹시키고 무거운 짐을 지우고 어찌할 바 모르게 만들 며 분열시키도록 결정되어 있다. 그래서 짐멜은 「문화의 개념과 비극」의 마지막 부분에서 다음과 같이 말하고 있다.

> 자신을 객체로 창조하고 이러한 창조를 통해 더욱 풍부해진 상태로 자신에게로 되돌아가고자 하는 정신의 위대한 기획은 성공하는 경우 가 수없이 많다. 그러나 정신은 자기완성의 대가로 다음과 같은 비극 적인 대가를 치러야만 한다. 즉 자신이 창조한 세계의 자체적 법칙성, 이 정신의 자기완성을 결정하는데 바로 거기서 문화의 내용을 점점 더 빠르게, 그리고 점점 더 멀리 문화의 목적에서 끌어내는 논리와 역동성이 생성되는 것을 목격해야 한다.[35]

---

[34] 『문화이론』, 60쪽; *GSG 14*, 415쪽.
[35] 『문화이론』, 61쪽; *GSG 14*, 415-416쪽.

짐멜은 현대사회에서 주관문화와 객관문화가 점점 더 분리될 뿐만 아니라, 객관문화가 주관문화를 압도하는 현상을 문화의 비극을 통해 밝혀내었다. 그렇다면 현대사회에서 문화를 향유하고 있는 현대인에게도 이런 현상이 그대로 나타난다고 보아야 하지 않을까? 짐멜은 현대인이 직면한 전형적인 문제를 다음과 같이 묘사하고 있다.

> 무한히 증가하는 객관정신의 재고는 주체에게 무언가 요구하고, 어렴풋한 의욕을 일깨우며, 자기가 부족하고 무기력하다는 감정을 심어 주고, 그를 개별적인 내용을 정복하지 않고는 피해갈 수 없는 총체적 관계로 얽어 넣는다. 그리하여 현대인에게 전형적인 문제 상황이 발생한다. 먼저 그에게 의미가 없지는 않지만, 근원적으로 보면 의미가 있지 않은 무수한 숫자의 문화요소에 둘러싸여 있다는 감정이 바로 그것이다. 또한 현대인은 자신을 내리 누르는 어떤 것에 질식당하고 있다. 즉 그는 모든 개별적인 요소를 내적으로 동화시킬 수 없지만, 그렇다고 해서 이를 기피할 수도 없다. 왜냐하면 모든 것은 이른바 잠정적으로 현대인의 문화적 발전 영역에 속하기 때문이다.[36]

이와 같이 현대인이 처한 상황을 정확히 드러내기 위해서 짐멜은 재미있는 표현을 인용한다. 초기 프란체스코 수도사들을 묘사하던 말, 즉 "아무것도 갖지 않는 것이 모든 것을 갖는 것이다(*Nihil habentes, omnia possidentes*)."라는 말을 되새기고 있다. 그러니까 그들은 영혼의 길을 어떻게든 자신을 통과해서 가라고 강요해 이 길을

---

36 『문화이론』, 56쪽; *GSG 14*, 412쪽.

간접적인 길로 만들어버리는 경향이 있는 모든 사물에서 완전히 해방되었다. 하지만 이에 반해 과도한 문화를 가진 현대인은 "모든 것을 가졌지만 아무것도 갖지 못하였다(*omnia habentes, nihil possidentes*)."라고 표현될 수 있다는 것이다.[37]

5. 나오는 말: 되새겨 보는 짐멜 문화철학의 현재적 의미

그렇다면 오늘 우리는 짐멜의 문화철학의 의미를 어떤 측면에서 찾아낼 수 있을까? 현대 문화이해에 있어서 어떤 지침을 얻을 수 있을까?

첫째로, 짐멜의 문화철학은 현대의 경제적—문화적 토대를 떠나지 않으면서 동시에 모든 인간을 평준화하고 탈인격화하는 현대 문화로부터, 달리 말하면 주관문화에 대한 객관문화의 우위와 지배로부터 개인과 그의 삶을 구하려는 광범위한 실천적 동기의 한 부분으로 이해할 수 있다.[38] 짐멜은 1909년 「우리 문화의 미래. 문화경향과 문화정책에 대한 견해」라는 글에서, 현대 세계에서 주관문화를 보존하고 발전시킬 수 있는 유일한 대안은 '개인'을 주체적인 인격체로 교육시키는 일이라고 주장한 바가 있다.[39] 주

---

37 『문화이론』, 56쪽; *GSG 14*, 412쪽.

38 『문화이론』, 240쪽.

39 Georg Simmel, "Die Zukunft unserer Kultur. Stimmen über Kulturtendenzen und Kulturpolitik(1909)", in *Georg Simmel Gesamtausgabe 17*, Frankfurt a. M.: Suhrkamp, 2005, 79-83쪽(이후 *GSG 17*로 표기함).

관문화와 객관문화의 부조화와 갈등에서 그 차이를 줄일 수 있기 위한 문화정책을 강구해야 한다. 이 일은 개인에게 우리가 체험하는 다양한 객관적 문화의 내용을 지금보다 더 신속하고 효과적으로 자신의 주관적 문화의 바탕과 재료로 삼을 수 있도록 해줌으로써 가능하다.[40] 이러한 문화정책의 이념은 궁극적으로 문화의 출발점과 준거점, 그리고 목표점이 인간의 주체적 영혼에 있다는 짐멜의 기본적인 생각을 반영한다. 짐멜에 의하면, 문화란 자아의 통일적 중심점에 집적된 주관적인 영혼의 에너지가 객관적인, 역사적인, 또는 이상적인 가치영역과 맺는 관계에 다름 아니다.[41] 예를 들어 돈이라는 객관문화가 얼마만큼 주체의 세련됨, 특징과 내면화에 이바지할 수 있는가, 아니면 그와 정반대로 객체가 인간 위에 군림하는 지배자가 될 수 있는가 하는 문제는 돈 자체가 아니라 인간에게 달려있다.

둘째로, 짐멜은 『철학적 문화』에서 개인이 단순히 '문화를 소유하는 것'과 '문화화 되는 것', 즉 문화인간이 되는 것을 구분하였다. 말하자면 소유(Haben)와 존재(Sein)의 구분이다. 현대사회가 가져다주는 물질의 풍요 속에서 진정한 문화인이란 무엇인지를 다시금 반성하도록 하는 계기를 우리에게 제공하고 있는 셈이다. 먼저 '소유'는 인간이라는 주체와 문화생산물이라는 객체가 단순히 기계적 병렬관계에 있음을, 즉 주관문화와 객관문화가 유기적이고 화학적으로 결합되지 못한 상태를 가리킨다. 이에 반해 '존재'는

---

40 *GSG* 17, 83쪽.
41 *GSG* 17, 92쪽.

객체가 주체와의 내적 결합으로 개인적-주체적 인격의 한 부분을 이룬 상태를 일컫는다. 존재의 경우, 객관적 문화의 산물이 개인의 주체적 인격을 연장해 주는 기능을 한다. 여기서 주체와 객체는 인격 또는 영혼의 중심과 주변의 관계를 이룬다. '문화를 소유하는 것'이 단순한 소유론적 범주라면, '문화화 되는 것' 또는 '문화인간이 되는 것'은 소유와 존재가 결합된 범주라 할 수 있다.

셋째로 짐멜의 문화철학은 문화갈등과 문화위기를 극복하기 위하여, 주체적 인간을 만들기 위하여 교육의 중요성을 재차 언급하고 있다. 그렇다면 그가 생각하는 주체적 인간이 되기 위한 교육이란 어떤 것인가? 짐멜은 개인을 주체적인 인격체로 교육시키는 것만이 현대세계에서 주관문화를 보존하고 발전시킬 수 있는 유일한 대안이라는 입장을 피력하고 있다. 짐멜에 따르면, 18세기와 19세기는 모두 개인주의 이론을 발전시켰지만, 개인과 사회와의 관계를 어떻게 보느냐에 따라 두 세기는 근본적인 차이점을 보여준다는 것이다. 18세기가 '양적 개인주의' 혹은 개체성의 개인주의 철학을 발전시켰다면, 19세기는 '질적 개인주의' 혹은 유일성의 개인주의 철학을 발전시켰다. 전자에 의하면 개개인은 보편타당한 이성적 존재로서 다른 이성적 존재들과 평등하기 때문에 자유(自由)로운 존재가 된다. 따라서 평등하고 자유로운 양적 개인들의 삶과 행위는 반드시 사회의 존재를 전제조건으로 한다. 이와 반대로 후자는 개인의 존재근거와 의미는 다름 아닌 자기 자신만의 개성, 특성 그리고 특질에 달려있다고 본다. 질적 개인들에게 중요한 것은 사회적 관계가 아니라 자신의 주체적 인격(人格)의 발달인데, 이것의 의미는 궁극적으로 개인이 인류의 발달에 기여한 정도에 달려있다. 전자의 대표적 이론가로 칸트와 피히테를 들 수 있다면, 후자의 대표적인 이론가로는 낭만주의자들, 슐라이어마허, 괴테, 니체를 들 수 있다.[42]

그렇다면 개인의 내적인 인격체의 발달을 촉진할 수 있는, 말하자면, 성숙과 교양을 쌓을 수 있는 새로운 교육체제는 어떻게 가능한 것인가? 짐멜은 서구 유럽의 18세기적 교육이념과 19세기적 교육이념의 결합을 통해서 실현가능하다고 보았다. 그러니까 18세기의 인문주의적－이상주의적 교육이념은 원칙적으로 인간의 내적－인격적 가치 형성과 발전을 지향하였다. 이에 반해 19세기 교육의 이념은 일차적으로 객관적 전문적－기능적 지식과 능력의 축적 및 전수를 지향함으로써 18세기 교육이 추구한 인문주의적 이상주의적 가치를 상실하게 되었다. 이러한 19세기 교육의 이념은 교육의 이념과 체제 변화가 삶의 영역에서 객관문화가 급속히 확산되고, 궁극적으로는 객관문화가 주관문화에 대해 우위와 지배적 관계를 갖는 데 매우 중요한 역할을 했다는 것이다.[43] 그래서 이제 짐멜은 18세기적 교육이념과 19세기적 교육이념 간의 양자택일이 아니라, 이 둘을 한 차원 높은 통일체로 결합시키는 게 현대 문화를 위한 유일한 대안이라고 확신하는 것이다.[44]

---

42 Georg Simmel, *Grundfragen der Sozilogie. Individuum und Gesellschaft*, Berlin 1970. 68쪽 이하. 김덕영, 『현대의 현상학』, 나남출판사, 1999, 55-56쪽.
43 특히 김덕영, 『현대의 현상학』(1999), 제2장 3장(76-83쪽)을 참고할 것.
44 『문화이론』, 240-243쪽 참조 인용.

:: 참고문헌 ─────────────────

게오르그 짐멜, 『게오르그 짐멜의 문화이론』(김덕영·배정희 옮김), 도서출판 길, 2007.

김덕영, 『현대의 현상학』, 나남출판사, 1999.

______, 『게오르그 짐멜의 모더니티 풍경 11가지』, 도서출판 길, 2007.

신응철, 『카시러의 문화철학』, 한울출판사, 2004.

______, 『카시러 사회철학과 역사철학』, 철학과현실사, 2004.

이상엽, 「짐멜과 카시러의 문화철학 비교 연구」, 『철학논총』 50집, 제4권, 2007.

최성환, 「딜타이와 짐멜의 삶의 개념과 이해 개념」, 『철학탐구』 25집, 2009.

홍경자, 「짐멜의 비극적인 것」, 『해석학연구』 8집, 2001.

______, 「짐멜과 야스퍼스의 삶과 정신의 문제」, 『동서철학연구』 35집, 2005.

Simmel, Georg., *Grundfragen der Sozilogie. Individuum und Gesellschaft*, Berlin 1970.

______, *Georg Simmel Gesamtausgabe, Band 6. Philosophie des Geldes*, Suhrkamp Verlag Frankfurt am Main 1989.

______, "Vom Wesen der Kultur(1908)", in *Georg Simmel Gesamtausgabe, Band 8. Aufsätze und Abhandlungen 1901-08*, Suhrkamp Verlag Frankfurt am Main 1993.

______, *Gesamtausgabe, Band 14. Hauptprobleme der Philosophie. Philosophische Kultur*, Herausgegeben von Rüdiger Kramme und Otthein Rammstedt, Suhrkamp Verlag Frankfurt am Main 1966.

______, Georg Simmel, "Die Zukunft unserer Kultur. Stimmen über Kulturtendenzen und Kulturpolitik(1909)", in *Georg Simmel Gesamtausgabe 17*, Frankfurt a. M.: Suhrkamp, 2005.

제3장

문화와 상징

1. 들어가는 말: 문화철학의 계보에서 본 카시러

‘문화철학(Kulturphilosophie)’이란 용어는 오늘날 그것이 지닌 분과학문으로서의 위상과는 달리, 처음에는 철학의 특정분과를 지칭하는 용어가 아니었다. 문화철학이란 말이 세상에 통용되기 시작한 것은 1910년 게오르크 멜리스(Georg Mehlis)가 창간하고, 1912년부터 리하르트 크로너(Richard Kroner)와 함께 편집한 잡지 『로고스』(Logos) 출간 덕분이다. 이 잡지의 부제는 ‘문화철학을 위한 국제 잡지(Internationale Zeitschrift für Philosophie der Kultur)’였다.[1]

---

[1] Hartmut Böhme · Peter Matussek · Lothar Müller, *Orientierung Kulturwissenschaft*, Rowohlt Taschenbuch Verlag GmbH, Reinbek bei Hamburg, 2000; 하르트무트 뵈메 · 페터 마투섹 · 로타 뮐러, 『문화학이란 무엇인가』(손동현 · 이상엽 역), 성균관대학교 출판부, 2004, 85쪽.

『로고스』는 이 부제를 단 채로 1932년까지 간행되었으며, 1933년부터는 '독일의 문화철학 잡지'라는 부제로 1944년까지 간행되었다. 이 잡지는 민족주의(民族主義)로 향하는 당시 유럽의 일반적인 경향과는 거리를 두고 있었다. 우리는 이런 경향을 이 잡지의 편집 방향에서 확인해 볼 수 있다. 말하자면, 이 잡지는 두 경계를 넘어서는 것, 즉 '지리적 경계'와 '학문적 경계'를 넘어서는 것에 초점을 맞추었다. 그래서 어떤 특정한 철학적 방향도, 결코 어떤 학파도 대변하지 않겠다고 천명하였다. 이런 편집 방향은 1차 세계대전과 학문의 실증주의화의 분위기 속에서 결코 당연한 것은 아니었기에 주목할 필요가 있다. 그리고 이 잡지가 유명하게 된 것은 처음부터 기고자로 참여한 이들의 면면 때문이기도 하다. 종교사가인 에른스트 트뢸치(Ernst Troeltsch), 1908년 노벨문학상 수상자이며 생철학자였던 루돌프 오이켄(Rudolf Eucken), 현상학의 창시자인 에드문트 후설(Edmund Husserl), 신칸트학파의 빌헬름 빈델반트(Wilhelm Windelband)와 하인리히 리케르트(Heinrich Rickert), 사회학자 막스 베버(Max Weber)에 이르기까지 다양하게 포진하고 있었다.[2] 이런 측면에서 '문화철학'이라는 용어는 처음부터 전문적인 개별 학문분과들을 가로질러 소위 '학제 간 연구의 성격'을 띠고 화려하게 등장하고 있었음을 알 수 있다.

이렇게 태동하게 된 문화철학은 오늘날 분과학문으로서 위상을 확고하게 갖추게 되었고, 사실상 학문의 여러 영역에서 가장 활발

---

2 같은 책, 86쪽.

하게 논의되고 있는 상황에 이르게 되었다. 문화철학의 계보학적 측면을 살펴보면 거기에는 두 개의 중요한 뿌리가 있다. 하나는 니체, 딜타이, 베르그송을 계승하면서 '인식(認識)'이 아닌 '체험(體驗)'에 가치를 두는 경향이고, 다른 하나는 자연과학적 객관성의 가치를 제한하면서 문화적 현상의 가치를 규정하는 현상학적이고 신칸트주의적인 단초이다.[3] 양쪽은 자연과학의 귀납적 논리에 대항하여 '문화적 삶의 고유한 논리', 즉 문화과학의 논리를 드러내 보이려는 공통의 관심사에서는 서로 하나가 된다. 그리고 문화철학을 정초하려는 시도들은 일반화나 합법칙성을 지향하지 않고 '개성(個性)'과 '우연성(偶然性)'을 지향하고 있었다. 전자를 대표하는 이로는 문화철학의 비극적(悲劇的) 관점을 설득력 있게 제시한 게오르크 짐멜(G. Simmel, 1858~1918)[4]을 들 수 있으며, 후자를 대표하는 이로는 문화철학의 낙관적(樂觀的) 관점을 제시한 에른스트 카시러(E. Cassirer, 1874~1945)를 들 수 있다.

카시러는 이미 1923년부터 1929년까지 3권으로 된 자신의 『상징형식의 철학』(*Philosophie der Symbolischen Formen*)을 통해서 정신의 표현형식에 관한 광범위한 이론을 제시하였다. 여기에서 그는 문화의 영역들과 삶의 영역들을 이들 각각이 지닌 고유한 기능의 원칙들에 따라 분석하고, 다시 이것들의 조화 속에서 유기적 전체로

---

3 같은 책, 85쪽.

4 문화철학의 계보학에서 차지하는 짐멜(Georg Simmel)에 대한 연구는 국내에서 전혀 이루어지지 않았다. 필자는 문화철학의 비극적 관점에서 짐멜이 차지하는 중요성을 인식하고 있으며, 그의 영향은 벤야민, 아도르노, 호르크하이머, 블로흐, 겔렌, 레비―스트로스, 부르디외, 클리포드 기어츠까지 미치고 있다는 사실에 주목하고 있다.

파악하였다. 카시러는 이 책에서 상징형식들을 인간학적인 구조 원리로 간주하고 있다. 이 인간학적 구조원리는 인간이 모든 역사적 변양들을 거쳐서 궁극에는 자기해방(自己解放)에 이를 수 있게 만드는 것이다. 1933년 나치 정권의 등장에 항거하여 독일을 떠나 망명생활의 길을 선택했던 그에게서 이와 같이 문화철학의 낙관적인 전망이 제시되고 있다는 점은 당시 대부분의 문화철학자들이 비극적인 관점을 제시한 것에 비추어 비교해 보면 대단히 흥미롭고도 우리의 주목을 끌기에 충분하다고 하겠다.

그렇다면 카시러는 어떤 인물이었을까? 카시러는 우리들에게 신칸트학파 가운데 마르부르크학파의 대표적인 학자로 알려져 있다. 널리 알려져 있듯이, 신칸트학파는 칸트 철학의 수용방식에 따라 빈델반트와 리케르트를 중심으로 하는 바덴학파(일명 하이델베르크학파)와 코엔과 나토르프를 중심으로 하는 마르부르크학파로 나누어진다. 두 학파는 인간 경험 속의 보편성을 추구하고, 무비판적인 과학지상주의를 거부하며, 헤겔의 절대적 관념을 비판하고, 칸트철학의 선험주의를 심리학적이고 생리학적으로 수용하기보다는 초월적 의미로 받아들이려 한다는 점에서 칸트 철학을 자신들의 철학의 출발점으로 삼고 있다는 공통점을 갖고 있다.

카시러는 마르부르크학파의 코엔이 주장하는 '과학적 인식론'의 한계들, 즉 인간의 정신과 실재를 파악함에 있어서 논리적 사고만을 통해서 해명하려는 방식에 문제를 제기하고, 이에 덧붙여 상상력, 느낌, 의지 등의 영역에 의해서도 이 관계가 해명될 수 있다는 사실을 주장하게 된다. 그 점에서 카시러는 코엔의 인식론을 토대로 신화, 예술, 언어, 역사, 과학 등의 문화현상들에까지 인식론의 논의를 확대 적용하고 있다. 그와 같은 맥락에서 카시러는 『상징형식의 철학』[5] 제1권에서, 칸트의 세 가지 비판은 인간 정신의 서로 다른 측면을 다루고 있다는 점을 설명하면서, 칸트에 의해서 수행된 '이성에 대한 비판'이 자신에게서는 '문화에 대한 비판'이 된다고 분명하게 밝히고 있다.[6] 그 점에서 특히 자신의 문화철학이 학술적 차원에만 머무르는 것(관념론)이 아니라, 인간의 구체적인 삶의 영역에 적용되고 영향을 미칠 수 있는 실천적 차원(비판적 관념론[7])임을 강조하고, 나아가 자신의 문화철학은 세계(世界)와 관계되고, 세계와의 관계 속에서 '책임(責任)'의 문제를 수행하고 있다고 말한다.[8]

카시러의 문화철학에 대한 본격적인 논의는 신칸트주의자로서 자신의 철학의 여정에서도 후반부에 이르러 시작되고 있다. 카시러의 학문 활동의 여정은 크게 세 시기로 나누고 있다. 먼저 첫 시기는 1903년에서 1919년까지 베를린대학에 있던 때로서 이때는 데카르트에 관한 박사학위 논문과 라이프니츠에 관한 연구, 그

---

5 Ernst Cassirer, *Philosophie der Symbolischen Formen* (1923), Wissenschaftliche Buchgesellschaft, Darmstadt, Reprint, 1973(이후 *PdSF*로, 영어번역은 *PSF*로 표기함).

6 Cassirer, *PdSF*, vol. 1, 11쪽; *PSF*, vol. 1, 80쪽.

7 신응철, 『카시러의 문화철학』, 한울출판사, 2000. 제2장: 카시러 문화철학의 철학적 위상, 29-61쪽 참조.

8 Donald Phillip Verene(ed), *Symbol, Myth, and Culture: Essays and Lectures of Ernst Cassirer 1935-1945*, New Haven and London, Yale University Press, 1979, 60쪽(이후 *SMC*로 표기함).

리고 과학적 인식론에 대한 칸트적 접근의 문제를 주로 다루었다. 두 번째 시기는 1919년부터 1933년까지 함부르크에 있던 시기로서 이때는 인식론에서 문화철학으로 자신의 관점을 확대 변경하면서 신칸트주의의 입장으로부터 결별하게 되는 시기이다. 카시러의 본격적인 문화비판, 문화철학에 대한 연구는 마지막 시기인 1935년에서 1945년 사이 영국, 스웨덴, 미국 등에서 망명 생활을 하던 기간에 이루어지고 있는데, 이 시기에 자신의 사회철학적 경향도 함께 나타나고 있다.[9]

이 글에서는 카시러 문화철학의 주요 주제들 가운데, 상징과 문화의 관계를 적극적으로 해명하고자 한다. 특히 카시러가 상징을 문화의 본질로 간주하는 입장과 인간을 상징적 존재로 파악하는 방식, 그리고 상징을 자연과학의 논의에까지 확대하는 방식에 대해 하나씩 규명해 보고자 한다. 이런 논의를 통해서 우리는 문화철학의 계보학에서 카시러의 입장을 분명하게 확인해 볼 수 있고, 문화이해 방식의 한 단초를 얻어낼 수 있을 것이다.

2. 상징적 존재로서 인간, 상징체계로서 문화

카시러는 고대 그리스 철학으로부터 19세기의 진화론에 이르기까지의 인간의 '자기인식(自己認識)'과 관련한 인간관의 변천 과

---

9 J. M. Krois, *Cassirer: Symbolic Forms and History*, Yale University Press, New Haven and London, 1987, 13-32쪽.

정을 살펴보고 있다. 현대에 들어와서도 인간의 사상과 의지의 메커니즘 전체를 움직이게 하는 숨은 추진력을 발견하기 위한 노력들은 계속되었다. 니체는 '힘에의 의지', 프로이트는 '성적 본능', 마르크스는 '경제적 본능'을 인간의 모든 행동의 근본동기라고 주장하였다. 이렇듯, 인간에 대한 현대의 이론은 그 지적 중심을 상실해 버렸고, 그 대신 사상의 완전한 무정부 상태에 직면하게 되었다고 카시러는 지적한다.

현대에는 자연과학과 인문과학이 세분화되어 크게 발달하였고, 그에 따라 과학자들과 사상가들은 각기 자기의 전문분야의 입장에서 인간을 바라보게 되었다. 그 결과 오늘날에는 인간관의 초점이 사라지게 되었다. 이러한 상황은 인간의 '윤리적 생활'과 '문화적 생활'에 커다란 위기를 가져다주었다고 카시러는 파악한다. 그래서 그는 현재까지 진행된 인간의 자기인식에 관한 논의는 심각한 위기에 직면하게 되었다고 단정한다. 그래서 그는 풍부한 자료들과 개량된 기술들을 통해서 이제 인간 문화의 일반적 성격을 규명하려고 시도하는 것이다. 카시러의 이러한 일련의 계획에서 가장 중요한 것은 그 중심적인 관점이다. 말하자면, 문화의 성격을 규명하기 위한 하나의 잣대를 카시러는 제시하고 있다. 그는 문화를 만들어낸 인간, 그 인간을 다시 규정함으로써, 문화에 대한 새로운 이해를 하려고 한다. 인간에 대한 새로운 규정, 그것은 바로 인간이 더 이상 '이성적 동물'이 아니라, '상징적 동물'이라는 것이다. '상징적 동물'이라는 새로운 정의를 토대로 카시러는 인간의 자기인식, 자기이해, 나아가 인간이 만들어 놓은 정신활동의 총체인 문화이해를 시도하고 있는 것이다.

그렇다면 카시러가 '상징적 동물'로서의 인간을 말할 때, 그가 사용하고 있는 '상징(symbol)'이라는 개념은 어떻게 나온 것일까? 카시러는 생물학자이자 해부학자였던 윅스퀼(Johannes von Uexküll, 1864~1944)의 견해를 받아들이고 있다. 윅스퀼은 매우 독창적인 생물학적 세계의 도식을 전개시킨 인물인데, 그는 객관적이고 행동주의적인 방법에 따라 비교 해부학의 사실들을 가지고 생명에 대한 견해를 펼쳤던 학자이다. 윅스퀼은 해부학적 구조에 따라 모든 생명체에는 '메르크네츠(Merknetz)'와 '비르크네츠(Wirknetz)', 즉 '인지계통'과 '작용계통'이 있다는 주장을 하였고, 이 두 계통의 협동과 평형이 없으면 유기체는 살아남을 수 없게 된다고 말하였다.[10] 그러니까 이 두 계통은 사실상 동물들에게 있어서 기능 고리 역할을 하는 것이다.

그렇다면 윅스퀼이 제안한 이 도식이 인간에게도 그대로 적용될 수 있는가? 카시러는 인간 세계도 기본적으로는 인지계통과 작용계통으로 이루어져 있지만, 인간의 세계에서만 나타나는 하나의 독특한 면이 있다고 주장한다. 그것은 바로 '상징계통'이라는 제3의 연결물이다. 상징계통을 통해서 인간은 다른 동물보다 더 넓은 세계에서 살아갈 수 있고, '새로운 차원' 속에서 살 수 있게

---

10 J. von Uexküll, *Theoretische Biologie*, 제2판, Berlin, 1938; *Umwelt und Innenwelt der Tiere* (1909), 제2판, Berlin, 1921; Ernst Cassirer, *An Essay on Man*, Yale University Press, 1944, 24쪽[번역서, 『인간이란 무엇인가』(최명관 역), 서광사, 1988(이후 원문은 *EoM*으로, 번역서는 '인간'으로 표기함), 48쪽].

되었다는 것이다. 생물들에게서 나타나는 반작용(reaction)과 인간에게서 나타나는 반응(response) 사이에는 분명한 차이가 있다고 카시러는 말한다. 생물의 반작용의 경우에는 외부로부터의 자극에 대해서 직접적이고 즉각적인 응답이 주어지는데 비해, 인간의 반응의 경우에는 느리고 복잡한 사고 과정에 의해 응답이 지체된다고 한다. 이런 현상은 무엇을 말해주는 것일까? 인간은 상징계통을 통해서 비로소 한갓 물리적인 우주에만 머물러 사는 것이 아니라, 이제 상징적인 우주에서도 살 수 있게 되었다는 것이다. 언어, 예술, 종교, 역사, 과학은 이러한 상징적 우주를 이루고 있는 것들로서, 이것들은 상징의 그물을 짜고 있는 가지각색의 실이자, 인간 경험의 엉클어진 거미줄이라고 카시러는 파악한다.[11]

인간은 언어적 형식, 예술적 심상, 신화적 상징, 종교적 의식에 깊게 둘러싸여 있기 때문에 이러한 인위적인 매개물의 개입에 의하지 않고서는 아무 것도 볼 수 없고 또 알 수 없다고 카시러는 말한다. 인간의 이러한 형편은 이론의 영역과 실천의 영역에서도 마찬가지라고 한다. 실천의 영역에서도, 인간은 딱딱한 사실들의 영역에 살지 않으며, 혹은 그의 직접적인 요구와 욕망을 따라 살지도 않는다. 오히려 상상적인 감정들 한 가운데에서, 희망과 공포 속에서, 환상과 환멸 속에서, 공상과 꿈속에서 살아간다는 것이다.

그런 점에서 카시러는 인간의 지식도 본성상 '상징적 지식'이라

---

11 Cassirer, *EoM*, 24쪽(인간, 49쪽).

고 말한다.[12] 이 상징적 지식이 인간의 인식의 힘과 그 한계를 특징짓고 있다. 상징적 사고에 있어서 현실적인 것과 가능적인 것, 실제로 있는 사물과 이상적인 사물 사이에 날카로운 구별을 짓는 것은 불가피한 일이다. '상징'은 물리적 세계의 일부로서의 현실적 실존을 갖고 있지 않다. 그것은 '의미'를 가지고 있다. 원시인의 사고에 있어서는 아직 존재와 의미의 두 영역 사이를 구별 짓는 것이 매우 어렵다. 거기에서는 이 두 영역이 끊임없이 혼동되고 있으며, 상징은 마치 마력 혹은 물리적인 힘이 부여되어 있는 것처럼 생각되고 있다. 그러나 인간 문화가 좀 더 진보하면 사물과 상징 사이의 차이가 분명히 느껴지는데, 이것은 현실과 가능 사이의 구별이 또한 더욱더 뚜렷하게 된다는 것을 의미한다. 카시러에 있어서 인간의 자연적 타성을 극복하고 그에게 새로운 능력, 자신의 우주를 끊임없이 재형성하는 능력을 부여하는 것은 바로 이러한 '상징적 사고'이다.

한편 카시러는 '이성적 동물'로서의 인간에 대한 정의가 아직도 그 힘을 잃지 않고 있고, '합리성' 개념이 인간 활동의 고유한 모습으로 전해오고 있다는 사실도 인정한다. 그렇지만 예를 들어, 언어의 경우, 그것은 가끔씩 이성이나 이성의 원천과 동일시되어 왔음을 카시러는 지적한다. 그런데 이러한 정의가 전 분야에 걸쳐서 고루 들어맞는 것은 아니라고 그는 말한다. 왜냐하면, 개념적 언어와 더불어 정서적 언어가 있고, 논리적 혹은 과학적 언어와 더

---

12 Cassirer, *EoM*, 57쪽(인간, 95쪽).

불어 시적 상상의 언어가 있기 때문이다. 이러한 사실들로부터, 카시러는 본래 언어란 사고나 사상을 표현하는 것이 아니라, 감정과 감동을 표현하는 것이라고 주장한다. 이 주장은 '이성'만으로는 인간의 문화생활의 여러 형태들을 그 모든 풍부함과 다양성에 있어서 전체적으로 이해하는 데 매우 부적당하다는 의미이기도 하다. 카시러가 볼 때 인간 문화의 여러 형태들은 '상징적 형태'로 되어 있다. 그렇기 때문에 카시러는 인간을 '이성적 동물'로 정의하는 대신, '상징적 동물(animal Symbolicum)'로 새롭게 정의하고, 그것에 근거해서 인간의 문화현상들을 이해하고 있는 것이다. 이상과 같은 카시러의 인간에 대한 새로운 정의는, 자신의 문화철학의 세부 논의 주제들, 즉 신화, 예술, 언어, 역사, 과학에 대한 논의의 근간이 되고 있다.

3. '문화' 개념, 칸트와 카시러의 관계

카시러의 문화 개념은 칸트와 헤르더(J. G. Herder, 1744~1803)에게서 연유하고 있다. 헤르더는 문화를 '인간 정신의 산물'로 파악했다. 때문에 헤르더에게서 문화란, '정신의 도야(陶冶)', '정신의 형성(形成)'을 뜻하며, 인류의 '개화', '계몽', 그리고 '인간화', '문명화'를 의미한다.[13] 그래서 우리는 헤르더에게서 비로소 객관적인

---

13 강영안, 「문화 개념의 철학적 배경」, 『문화철학』, 한국철학회, 철학과현실사, 1996, 201쪽.

문화, 즉 인간 정신의 산물로 나타난 문화(언어, 역사, 풍습, 종교) 개념이 형성되고 있음을 발견할 수 있다. 이는 고전적인 인문주의적 문화 개념, 즉 파이데이아(Paideia)가 근대의 객관적(客觀的) 문화 개념으로 전환되었음을 뜻한다.[14]

칸트의 경우, 사람은 문화를 통해서 비로소 사람이 된다고 믿었고, 자연 속에 주어진 소질과 가능성을 완벽하게 개발, 발전시키는 것이 문화, 그러니까 인간 교육(敎育)의 목적이라고 보았다. 그렇지만 칸트는 문화를 자연의 체계 속에서, 즉 자연 속에 내재된 유기적 힘에 의존해서 이해하려 하지 않았다. 칸트는 인간 존재의 고유한 의미와 인간 문화는 자연 질서 속에서 설명될 수 없다고 생각하였다.[15] 오히려 인간이 자연을 떠나 자연을 노동의 대상으로 삼을 때 비로소 인간의 '내적 문화(말하자면, 지성, 판단력 등 자연적 소질의 개발)'와 '외적 문화(인간 활동의 산물로서의 문화)'가 가능하다고 보았다. 이렇듯 칸트는 문화가 자연 속에 내재된 유기적 힘에 의해 이루어지는 것이 아니라 전적으로 인간 자신이 스스로 만든 결과임을 강조하였다. 그러기에 칸트에게서 문화는 인간이 스스로 만든 작품이고, 인간은 이러한 문화를 통해서 자신의 삶을 만들어간다. 인간의 문화는 한 개인에 그치지 않고, 세대에서 세대로 인류 공동체의 공동 노력을 통해서 축적될 수 있다.[16] 요약하자면, 칸

---

14 J. Niedermann, *Kultur: Werden und Wandlungen des Begriffs und seiner Ersatzbegriffe von Cicero bis Herder*, Firenze: Biblipolis, 1941, 214쪽; 강영안(1996), 202쪽.
15 임마누엘 칸트, 『칸트의 역사철학』(이한구 편역), 서광사, 1993, 61쪽.
16 칸트, 같은 책, 27쪽.

트에게서 문화란 "자연(自然)의 보호 상태에서 자유(自由) 상태로의 이행"을 말한다.[17]

　이런 관점에서 칸트는 에덴동산에서의 인간의 타락을 자유 상태로의 진보의 과정, 즉 자연에서 문화로 이행하기 위한 필연적(必然的) 과정으로 파악하였다. 그러니까 역설적이게도, 인간의 타락의 사건이 없었다면, 과거로부터 현재까지의 "인간의 문화"는 불가능했다는 말이다. 그런 맥락에서 자연의 역사는 신(神)의 작품이기에 선(善)으로부터 시작하고, 자유의 역사는 인간의 작품이기에 악(惡)으로부터 시작한다[18]고 칸트는 말한다. 되풀이하자면, 인간의 문화는 에덴동산에서 선악과를 따먹은 타락사건에서 시작하고 있으며, 인간의 타락은 결국 (역설적으로 비춰질지 모르지만) 인간 문화의 원동력이 되었다고 할 수 있다.

　칸트는 「세계 시민적 관점에서 본 보편사의 이념」(1784)에서 문화의 기원에서 나타나는 선·악의 문제를 인간이 지닌 '반사회적 사회성(ungesellige Geselligkeit, 反社會的 社會性)'과 관련시켜 설명하고 있다. 그가 말하는 반사회적 사회성이란 무엇인가? 인간은 한편으로는 끊임없이 사회를 파괴하고 자신을 사회로부터 고립시키고자 하는 성향을 가지고 있다. 동시에 다른 한편으로는 바로 그와 같은 성향으로 인해 타인과의 갈등을 조장할 수 있는 위험을 예측할 수 있는 능력이 있기에 오히려 타인과 함께 사회를 이루어 살고자하는 성향이 있는데, 이를 반사회적 사회성이라고 말한다. 칸트

---

17 칸트, 같은 책, 83쪽.
18 칸트, 같은 책, 84쪽.

에 따르면, 타인과의 끊임없는 경쟁심과 투쟁심, 자신의 명예욕(名譽慾)과 지배욕(支配慾), 소유욕(所有慾)을 만족시키고자 하는 욕구·욕망이 인간에게 없었다면, 인간 문화의 발전은 불가능했다는 것이다.[19]

한편 칸트는 인간의 문화가 반사회성, 그러니까 문화발전의 원동력인 인간의 경쟁심, 투쟁심, 소유욕, 명예욕, 지배욕에 의존하게 될 경우, 인간의 문화의 미래는 학문과 예술, 법질서와 도덕체계를 갖춘 '문명화된 상황'을 맞이할 수도 있을 것이라고 예상하였다. 그런데 우리가 문화를 논의하면서 칸트를 대단히 높게 평가하고 중요하게 다루는 측면은, 그가 인간 문화의 최종 종착점은 '문명화'를 향하기보다는 오히려 '도덕화(Moralisierung, 道德化)'를 겨냥해야 한다고 주장한 부분 때문이다. 칸트는 이런 맥락에서 자신의 『교육론』(1803)을 통해 인간 심성의 도덕적 훈련의 중요성을 특히 강조하였던 것이다.[20]

이상의 칸트의 문화 개념을 정리하자면, 첫째 문화는 인간의 활동의 산물, 즉 정치, 경제, 법률, 예술, 종교 등 이 모두를 일컫는 것이며, 둘째 문화는 '과정적(過程的)' 성격을 가지고 있으며, 셋째 문화의 발전은 인간의 자기보존의 욕망과 밀접한 관계에 놓여있다는 점이다.

신칸트학파의 카시러의 경우도, 문화를 바라보는 기본 관점에서는 칸트와 동일하다고 해야 할 것이다. 다만, 칸트가 인간 문화

---

19 칸트, 같은 책, 29쪽.
20 칸트, 같은 책, 37쪽.

의 미래상과 연관하여, 인간 심성의 도덕적 훈련을 강조하였다면, 카시러는 상징(Symbol) 개념을 통해서 문화를 이해하고, 나아가 인간의 자기해방의 과정을 강조하였다고 할 수 있다.

4. 문화의 한 요소로서 과학, 상징과의 관련성

1) 두 종류의 지각

카시러가 문화의 본질로 상징 개념을 제시하고 있는데, 그렇다면 상징 개념은 인간 문화의 한 부분인 과학에서도 여전히 유효한 것일까? 카시러는 먼저 "현상학적인 분석"을 통해서 인문과학과 자연과학의 연구 대상을 구분하면서 '지각(知覺)'의 문제를 다룬다.[21] 그의 현상학적인 분석은 두 가지 종류의 기본적인 지각 형태가 있음을 보여주고 있는데, 말하자면, "사물－지각(Perception of Thing)"과 "표현－지각(Perception of Expression)"이 그것이다. 전자는 사물들을 죽은 것으로, 활력이 없는 것으로 파악하는 세계 지각을 말하며, 후자는 표현적인 특질의 관점에서, 예컨대, 신뢰할 만한, 풍성한, 친밀한, 무서운 등의 표현적 특질에서 파악하는 세계 지각을 말한다. 카시러에 따르면, 과학적 사고의 기본적인 경향은

---

21 Cassirer, *Zur Logik der Kulturwissenschaften*(1942)[번역서로는 『문화과학의 논리』(박완규 역) 도서출판 길, 2007, 145-149쪽 참조] 영역 본으로는 *The Logic of the Humanities*, Translated by Clarence Howe, New Haven: Yale University Press, 1961, 97-101쪽(이후 *LH*로 표기함).

전자에 속하며, '세계' 개념에서 '인격적인 것'을 제거하려고 부단히 애쓰고 있다는 것이다.[22]

카시러는 '사물―지각'과 '표현―지각'의 설명에 덧붙여, 지각 속에서는 항상 '대상'을 중심으로 하는 축(Object-Pole)과 '자아'를 중심으로 하는 축(Ego-Pole)이 있다고 말한다.[23] 그래서 자아가 만나게 되는 세계는 사물세계(Thing-World)와 인격세계(Person-World)로 나누어진다. 사물세계와의 만남은 '그것(It)'으로써 특징지을 수 있고, 인격세계와의 만남은 '너(Du)'로써 특징지을 수 있다. 전자의 경우에, 우리는 세계를 완전한 '공간적 대상'으로서, '시간적 변형의 총체'로서 인식한다. 반면, 후자의 경우에 우리는 세계를 마치 "우리 자신들과 같은" 어떤 것으로서 인식하게 된다. 세계를 '그것'으로서 지각할 경우, '세계'는 전적 타자(Absolute Other)가 되지만, 반면에 '너'로서 지각할 경우, 세계는 타아(Alter-Ego)가 된다. 이것이 카시러가 말하는 우리 인간들의 지각의 구조이다.[24] 여기에서 카시러는 인간의 지각의 구조에서 '표현―지각'이 '사물―지각'보다 우선한다는 점을 주장한다.[25] 그의 말을 인용해 보자.

"우리가 지각의 근원을 추구해 나가면 나갈수록, 지각 속에서 '너 (Du)'라고 하는 형태는 '그것(Es)'이라고 하는 형태에 대하여 더욱 우위를 두게 된다. 즉 더욱더 명백하게 그의 순수한 표현성격이 사실성격

---

22 Cassirer, *LH*, 104쪽.
23 Cassirer, *LH*, 93쪽.
24 Cassirer, *LH*, 93쪽.
25 Cassirer, *LH*, 94쪽.

과 사물성격을 능가하게 된다. '표현의 이해'는 본질적으로 '사물의 지식'에 선행한다."[26]

이 주장은 대단히 중요하다고 할 수 있다. 그 이유는 표현지각은 신화적 세계관을 특징적으로 설명해 주고 있기 때문이다. "우리가 파악하는 모든 현실은 그 근원적 형식에 있어서 우리들에게 향하여 있고 대립하여 있는 '사물세계'가 아니라, 오히려 살아 있는 활동의 확실한 사실이다. 현실에 대한 이와 같은 접근은 감성적 소여로서의 감각에 의해서가 아니라, 표현의 원현상(Urphänomen des Ausdrucks)에서 우리에게 주어진다. 일정한 지각 체험에서 '표현-의미'가 드러나지 않으면, 현존재는 우리에게 아무 말도 하지 않는다."[27] 이상의 카시러의 말은, 사물지각에 국한되어 있는 과학적 인식의 한계를 지적하는 것이면서, 동시에 신화적 인식보다 과학적 인식의 우월성을 주장하는 입장에 대한 비판이라고 필자는 생각한다. 왜냐하면 카시러는 인간의 현실파악 내지 현실인식은 대상 혹은 현존재의 표현적 성격에 의하여 지배되고 있음을 강조하고 있기 때문이다. 이런 측면에서 카시러는 어린아이들이 인지발달 과정에서 단순히 '색깔'보다는 사람의 '얼굴'에 미리 관심을 갖고 반응한다는 사실, 즉 상모적(physiognomic, 相貌的)[28]

---

26 Cassirer, *PsF* Ⅲ, 74쪽.

27 Cassirer, *PsF* Ⅲ, 86쪽.

28 먼저 상모(相貌)라는 말은 상(相)과 모(貌)가 합해진 말이다. 상(相)이라는 한자에는 ① '서로' 라는 뜻이 들어 있고, 덧붙여 ② '얼굴'이라는 뜻이 있다. 모(貌)라는 한자에는 '얼굴'이라는 뜻이 들어 있다. 그렇게 본다면, 서로 서로 얼굴을 마주하는 관계, 혹은 얼굴과 얼굴을 마주하는 관계가 바로 상모적 관계다. 이제 중요한 것은 얼굴이다. 얼굴은 한 개인의 건강

으로 반응한다는 사실을 언급하고 있는 것이다. 여기서 상모적 반응은 원시인들의 신화적 사유, 상징적 사유의 가장 큰 특징들이며, 상징적 존재로서의 인간에게서 나타나는 전형적인 측면임을 확인할 수가 있다.

상태나 인격, 품격, 지적 능력이 드러나는 장소다. 또한 그 사람의 다양한 감정이 표출되는 통로이기도 하다. 여기서 상모적 태도란, 내가 얼굴을 가지고 있듯이, 타인도 얼굴을 가지고 있다고 간주하는 태도를 말한다. 내가 얼굴을 가지고 있다는 말 속에는 내 자신이 생명(生命)을 지닌 존재라는 의미가 들어 있다. 그런데 그러한 태도가 신화적 사고에서는 무한히 확장되고 있다. 우리 현대인들은 기껏해야 인간과 살아있는 몇몇 종들만 얼굴을 가지고 있는 것으로 간주하겠지만, 원시인들은 이 세상의 모든 존재자들이 얼굴을 가지고 있다고 생각한다. 길가의 풀 한 포기, 바닷가의 조약돌, 거리의 가로수 한 그루, 이름 모를 들꽃, 바위, 나무, 해와 달 그리고 별 이 모든 것들은 얼굴을 가지고 있다는 것이다. 얼굴을 가지고 있다는 말은 이 세상의 모든 것에는 생명이 들어 있다는 의미이다.

이러한 상모적 태도를 지니게 되면, 인간이 이 세계 속에서 특별한 위치를 차지하지 않게 된다. 생명의 연대의식은 모든 생명 자체를 같은 혈연(血緣)이라고 간주한다. 때문에 신화적 사고방식에서는 동물이나 식물들의 생명과 인간의 생명이 구별되지 않고 서로 넘나드는 것으로 생각한다. 거기에서는 자연이 하나의 큰 사회, 그러니까 '생명의 사회'를 이루고 있다. 이러한 생명의 사회에서는 가장 낮은 형태의 생명도 가장 높은 형태의 생명과 똑같은 종교적 존엄성을 갖는다. 인간과 동물, 동물과 식물은 모두 동일한 수준에 있다(EoM, p. 83). 이러한 상모적 태도는 원시인의 자연관을 통해 그대로 나타난다. 원시인의 자연관은 한마디로 공감적(共感的)이라 할 수 있다. 그렇다면 상모적 태도는 원시인에게서만 볼 수 있는 것일까?

카시러는 오늘날도 '어린아이들'과 '시인'에게서 상모적 태도를 찾아볼 수 있다고 귀띔한다. 천진난만한 어린아이들의 장난감은 어른들의 눈에는 한갓 플라스틱 조각에 지나지 않는다. 하지만 아이들은 그 장난감 인형에게 말을 걸고 함께 놀이한다. 여자아이들은 목욕할 때조차도 인형을 품 안에 꼭 품고 다닌다. 목욕이 끝난 후에는 예쁜 옷으로 갈아입히고, 머리를 가지런히 빗겨 준다. 어린아이들은 그림과도 대화한다. 어린아이들의 눈에 비친 이 세상은 모두 동무요, 친구이다. 시인도 마찬가지다. 시인의 눈에 들어온 모든 사물은 생명을 지닌 존재로 '탈바꿈' 한다. 서정시를 읽어갈 때, 우리는 세계와 나 자신이 동화됨을 경험하게 된다. 시인은 자연 사물에 공감적 전이를 가장 잘 할 수 있는 부류의 사람이다. 시인의 눈에 비친 세상의 모든 사물은 아름다운 빛을 발하는 고귀한 생명체들이다. 철학자로서 카시러는 우리 현대인들이 잃어버린 상모적 세계를 다시금 회복할 것을 강력하게 주장하고 있는 것이다.

2) 과학적 진리

표현지각이 사물지각보다 우선한다는 카시러의 주장은 과학적 진리에 대한 논의와 연결되어 있다고 필자는 생각한다. 어떤 측면에서 그럴까? 먼저 과학에서 말하는 진리란 무엇인가?

카시러는 '과학적 진리'를 설명해 주는 세 가지 유형의 과학적 진술들을 구분하고 있다. 첫째 유형은 '측정의 결과'에 관한 진술들, 둘째 유형은 '법칙'에 관한 진술들(예컨대, "만일 x라면, y이다"라는 문장들), 마지막 유형은 '원리들'에 관한 진술들 혹은 '법칙을 발견하기 위한 규칙들'에 관한 진술들(예컨대, 인과성의 원리)이다.[29] 카시러는 우리가 어떻게 해서 첫 번째 유형의 진술에서 두 번째 유형의 진술로 나아가는지, 혹은 첫 번째에서 세 번째 유형의 진술로 나아가게 되는지를 귀납논리로써 설명할 수 없다고 말한다. 왜냐하면, 두 번째 유형의 진술은 '분류'에 관한 진술로서, 이 진술은 보통 수 없이 많은 요소들로 이루어져 있고, 또한 특수한 진술을 사용하는 그 어떤 귀납적 절차도 그와 같은 보편적 진술을 확립할 수가 없기 때문이다.

카시러는 과학적 탐구 방식들은 특별한, 고정된 규칙 체계를 따르고 있지 않아서, 여전히 '절차적 한계'를 지니고 있다고 지적한다. 이 절차적 한계는 과학적 진술의 본질을 통해, 그리고 기본적으로 오류 가능한 성격을 통해 규정된다고 한다. 카시러에 의하

---

29 Cassirer, *Determinism and Indeterminism in Modern Physics*(1936), Translated by O. T. Benfey, New Haven: Yale University Press, 1956, 40쪽(이후 *DI*로 표기함).

면, 과학적 발견은 결과에 대한 일종의 '본능적인 비약'에 의존해 있다.[30] 과학적 발견이 본능적 비약에 의존해 있다는 사실을 카시러는 메이어(Robert Mayer)의 경우를 통해 제시한다. 메이어가 물리학에서 에너지 보존의 원리를 주장했을 때, 그는 단 한 가지 관찰을 토대로 하여 그런 주장을 펼쳤으며, 이 관찰이 다른 분야에서도 행해지게 되었다고 한다. 우리는 아래의 예에서 그 점을 확인해 볼 수 있다. 메이어는 체열(Body Heat)은 연소 과정을 통해 생겨난다는 라브와지에(Lavoisier)의 이론을 회상하면서, 남쪽 기후에서는 체열의 감소가 덜하고, 따라서 거기에서는 체열을 만들어내기 위한 강한 연소 과정이 필요 없게 된다는 사실에 주목하였다. 이와 같은 사실에서, 그는 불현듯 에너지 보존의 일반원리를 찾아내었다고 한다. 카시러는 이런 종류의 개요를 모든 과학적 발견의 토대로 보고 있다. 말하자면, 측정에 관한 진술에서 법칙에 관한 진술로 나아갈 필요가 있고, 또한 측정에 관한 진술에서 원리에 관한 진술로 나아갈 필요가 있었던 것이다.[31] 이 예는 과학적 발견이 가지고 있는 본능적인 '비약(飛躍)의 측면'을 잘 드러내고 있다고 말할 수 있다.

카시러는 과학이론의 검증은 '논리적'으로나 '실천적'으로 모두 불가능하다고 말한다.[32] 과학이론의 검증이 논리적으로 불가능한 이유는, 일반적인 '법칙' 진술들, 예컨대, "만일 x 라면, y 이다"

---

30 J. M. Krois, *Cassirer: Symbolic Forms and History*, New Haven and London: Yale University Press, 1987, 111쪽.

31 Cassirer, *DI*, 57쪽.

32 J. M. Krois, 같은 책, 112쪽.

는 형태의 특징 때문이다. 이 진술들은 무수히 많은 내용들을 가진 부류들을 나타내고 있다. 말하자면, 만일 이런 형태의 어떤 진술이 참이라는 것을 알기 위해서는 그러한 형태에 속하는 모든 경우들을 검토해야 하는 무한정의 노력이 필요하게 되는데, 사실상 그와 같은 일은 불가능하다는 것이다. 그리고 과학이론의 검증이 실천적으로도 불가능한 이유는, 검증 개념의 토대가 되는 '예견(Prediction)'이 실제적인 세계 안에서 깔끔하게 이루어지지 않기 때문이다. 만일 인과성이 '확실성'으로 예견될 수 있는 것처럼 규정된다면, 심지어 고전 물리학조차도 문제점을 노출하게 된다. 그 이유는 "단 한 가지의 예에서 하나의 물리적 사건을 실제적으로 분명하게 예견하는 일은 가능하지 않기 때문이다."[33] 그렇기 때문에 카시러는 과학적 진보는 검증에 의존하지 않고 있다고 생각한다.[34]

마지막으로 공간(空間)에 대한 카시러의 논의를 살펴보자. 여기에서는 공간 개념에 대한 칸트와 카시러의 차이가 드러나게 된다.

우리는 보통 자연과학이 객관적 실재, 즉 공간 안에 존재하는 사물들에 관한 인식을 제공한다고 생각한다. 사실상 공간 자체는 기하학의 중심 개념이다. 그런데 비유클리드 기하학의 발전은 이러한 상식적인 견해와 모순되었다. 카시러는 이러한 새로운 기하학은 철학자들, 특히 칸트주의자들에게 '대단한 충격'을 던져주었다고 말한다.[35] 어떤 측면에서 그러한가? 칸트는 공간을 하나의

---

33 Cassirer, *DI*, 65쪽.
34 J. M. Krois, 같은 책, 112쪽.
35 *SMC*, 276쪽.

'순수 직관의 형식', 즉 '경험의 선천적 조건'이라고 주장[36]함으로
써 기존의 경험론적 견해, 즉 공간은 하나의 주어져있는, 절대적
실재라는 견해를 뒤집어버렸다. 칸트는 직관 형식의 구조는 유클
리드 기하학을 통해서 설명될 수 있다고 가정하였다. 이러한 칸트
의 가정은 아무런 무리가 없어 보였다. 왜냐하면 하나의 선천적
형식으로서의 공간은 어떤 종류의 일정한 구조를 가지고 있어야
만 한다는 주장은 당시에 분명한 것으로 보였기 때문이다. 그런데
비유클리드 기하학의 출현은 두 가지 가정에 대해 의문을 제기하
였다. 유클리드 기하학의 평행선 공리에 따르면, 하나의 평행선은
하나의 선에 대해서 다음의 한 점을 통해서만 그려질 수 있다. 그
런데 비유클리드 기하학에 따르면 이 사실은 부정된다. 왜냐하면
기하학의 기본 공리에 의존한다면, 무한대의 평행선을 그리는 것
이 가능하기도 하고(Lobachevsky, Bolyai의 주장), 또는 전혀 그렇지 않
을 수도 있게 된다(Riemann의 주장).[37] 이런 측면에서, 비엔나 학파
창시자인 쉴릭(M. Schlick)은 칸트가 말하는 순수 직관과 같은 어떤
것이 존재한다는 주장을 거부하였다. 그 이유는 기하학에서 말하
는 공간은 완전히 고정되어 있거나 직관적인 것이 아니라, 하나의
'구성(Construction)'이라고 생각했기 때문이다.[38] 그래서 쉴릭은 칸
트의 순수 직관으로서의 공간 이론을 수학적 공리에서 사용되는
"함축적 정의" 개념에 근거해 있는 하나의 '방법론적 개념'이라고

---

36 I. Kant, 『순수이성비판』, A 25 / B 40쪽.

37 J. M. Krois, 같은 책, 117쪽.

38 Moritz Schlick, *General Theory of Knowledge*, 2d ed., trans. Albert E. Blumberg(1927; re-
print, New York and Vienna: Springer-Verlag, 1974), 352쪽.

제시하였다. 쉴릭이 칸트의 공간 이론을 비판하는 주된 이유는, 칸트가 일상에서 일어나는 ‘심리적인 경험으로서의 공간’과 유클리드 기하학에서 말하는 ‘물리학적 공간’ 사이의 유추(Analogy)로부터 자신의 공간이론을 전개하는 점 때문이다. 그런 점에서 칸트가 말하는 ‘순수 직관’으로서의 공간은 半심리학적(Semipsychological) 성격을 가지게 된다는 것이다. 왜냐하면 기하학으로부터 완전하게 심리학적인 요소를 제거할 수 있는 ‘유일한 방법’이 칸트 당시에는 알려져 있지 않았기 때문이라고 쉴릭은 말한다.[39]

3) 두 종류의 공간

카시러는 쉴릭의 주장을 수용하여 칸트의 공간이론을 나름대로 수정하고 있다. 카시러에 따르면, 공간과 시간은 모든 현실이 관계를 가지고 있는 ‘틀’ 이다.[40] 그는 공간과 시간의 조건에서가 아니라면 그 어떤 현실적인 사물의 개념도 가질 수 없다고 말한다. 그런데 이러한 공간 경험은 여러 유형이 있고, 이런 경험의 모든 형태가 다 동일한 수준에 있지는 않다고 말한다. 그러면서 카시러는 두 가지 종류의 공간에 대해 설명한다. 하나는 동물들에게서 보이는 ‘유기적 공간(Organic Space)’이고, 다른 하나는 인간에게서 보이는 ‘지각적 공간(Perceptual Space)’이다. 벌, 개미, 철새의 방위 측정 능력은 대단히 정확한데, 이는 동물들의 특별한 신체적 충동

---

39 Schlick, “Kritische oder empirische Deutung der neuen Physik?” *Kant Studien* 26, 1921, 108쪽; J. M. Krois, 같은 책, 118쪽.

40 Cassirer, *EoM*, 42쪽(인간, 74쪽).

에 의해서 이루어지는 것이지, 공간에 대한 심상이나 관념이 들어가는 것은 아니다. 이에 반해, 지각 공간은 단순한 감각의 소여가아니다. 그것은 매우 복잡한 성질을 가지고 있는데, 말하자면 서로 다른 온갖 종류의 감각경험들 예컨대 시각, 촉각, 청각, 근육감각의 요소들을 포함하고 있다.[41] 카시러는 여기서 공간지각의 기원, 발생 문제에 관심을 두지 않고, 인식론적 관점과 인간학적 관점에서 공간의 성질에 주목한다. 그래서 카시러는 인간에게서의공간의 특성에 대해 논의한다.

카시러는 인간의 지각적 공간의 특성을 '상징적 공간(Symbolic Space)' 혹은 '추상적 공간(Abstract Space)'이라고 말한다.[42] 카시러는이러한 이해방식을 철학사에서도 쉽게 찾아볼 수 있다고 말하면서 몇몇의 예를 들고 있다. 데모크리토스는 공간을 '비존재(Non-being)'로, 플라톤은 '혼합개념(Hybrid Concept)'으로 설명하였고, 뉴턴은 수학적 공간인 '추상적 공간'과 '감각경험의 공간'을 구별할것을 주장하였고, 버클리는 뉴턴이 말하는 참된 '수학적 공간'은하나의 '공상적 공간', 인간 정신의 허구에 불과한 것이라고 주장한 바 있다.[43] 여기에서 카시러는 추상적 공간은 물리적 혹은 심리적 현실 속에서 그 대응물이나 근거를 가지고 있지 않다고 말한다. 그래서 그는 기하학에서 말하는 '점' 또는 '선'은 물리적인 사물도, 심리적인 사물도 아닌, 추상적 관계들에 대한 상징일 뿐이라

---

41 Cassirer, *EoM*, 42-43쪽(인간, 76쪽).
42 Cassirer, *EoM*, 43쪽(인간, 76쪽).
43 Cassirer, *EoM*, 44쪽(인간, 77쪽).

고 말한다.

한편, 카시러는 과학적인 기하학의 공간 개념의 특징을 드러내기 위해서 원시인의 생활에서 보이는 공간에 대해서 설명하기도 하였다. 카시러의 견해에 따르면, 원시인의 생활에서는 '추상적 공간' 관념을 찾아볼 수가 없다. 왜냐하면 원시인의 공간은 '행동의 공간'이며, 이 행동은 여러 가지 직접적인 실제상의 요구와 관심에 집중되어 있기 때문이다. 카시러는 하인츠 베르너(Heinz Werner)의 글을 인용하면서 이런 측면을 설명하고 있다.

> (원시인에게서) 공간 관념은 진보된 문화를 가진 인간의 '추상적 공간'보다 훨씬 '감정적'이고 '구체적'인 개념이다. … 그것은 성격상 그다지 객관적인 것, 측정할 수 있는 것, 또 추상적인 것이 못된다. 그것은 자기중심적인 혹은 의인관적인 여러 가지 특징을 보여주고 있으며, 또 상모적－역동적으로서 구체적이고 실체적인 것에 뿌리박고 있다.[44]

카시러는 과학적인 공간 개념, 즉 기하학에서의 공간 개념에서는 우리의 '지접적인 감각 경험'의 모두 구체적인 차이가 사라지게 된다는 점을 지적한다. 거기에서는 더 이상 시각적, 촉각적, 청각적 혹은 후각적 공간을 가지지 못하게 된다. 왜냐하면, 기하학적 공간은 우리 감각들의 고르지 못한 성질에 의하여 우리에게 강요된 모든 다양성과 이질성으로부터 '추상(抽象)'하기 때문이다. 이와 거의 비슷한 맥락에서, 카시러는 "신화적 공간, 미적 공간, 이론적

---

44 Cassirer, *EoM*, 45쪽(인간, 79쪽).

공간"이라는 제목의 강연을 통해서, 어떻게 하여 공간이 철저하게 그리고 서로 다르게 객관화의 방식을 드러내주는지를 제시한 적이 있다. 그의 견해에 따르면, 신화에서의 공간은 '분위기', 즉 '감정의 분위기(Aura of Feeling)'에 의해서 규정된다. 예컨대, 신화적 사유에서 해가 솟아오르는 '동쪽'이라는 지리적 개념은 '빛', '생명'의 방향으로 느껴지고, 반면에 해가 지는 '서쪽'은 '몰락', '죽음'의 방향이다. 그리고 미적 인식에서 보이는 공간은 예술가가 어떤 종류의 상상적 내용을 표현하는 하나의 수단이다. 마지막으로 현대 물리학에서의 공간은 비직관적인, 순전히 의미 있는 '질서 체계(System of Order)'일 뿐이라고 말한다.[45]

이상에서 우리는 지각, 과학적 진리, 공간에 대한 카시러의 논의를 살펴보았다. 카시러는 표현지각이 사물지각보다 앞선다는 사실, 그리고 과학적 진리 속에는 본능적인 비약의 측면이 들어있다는 사실, 나아가 인간의 지각적 공간의 특징을 상징적 공간으로 파악함으로써, 과학적 인식에서의 상징적인 요소들을 부각시키고 있다. 그런 측면에서 카시러는 '과학적 사실'은 항상 '이론적 요소'를 포함하고 있는데, 이 이론적인 것은 다름 아닌 '상징적인 것'이라고 주장한다.[46] 과학사의 흐름 전체를 변화시킨 과학적 사실들의 대부분은 아니라 하더라도, 많은 부분은 그것들이 '관찰될 수 있는 사실'이기 이전에 '가설적인 사실'이었다는 점을 카시러는 지적하고 있다. 그래서 그는 인간의 인식은 그 본성에 있어서 '상징

---

45 J. M. Krois, 같은 책, 120쪽.
46 Cassirer, *EoM*, 59쪽(인간, 98쪽).

적 인식'이라고 주장하고 있는 것이다.[47] 이러한 특성이 인간의 인식의 힘과 그 한계를 특징짓고 있다는 것이다. 앞서 언급했듯이, 상징은 물리적 세계의 일부로서의 구체적 '실존(實存)'을 갖지 않지만, 그것은 '의미(意味)'를 가지고 있다. 상징의 이러한 면을 카시러는 '상징적 회임(懷妊), (Symbolischen Prägnanz)'[48]이라 부르고 있는데, 이 개념은 지각 체험, 즉 감성적 체험이 동시에 일정한 비직관적 의미를 내포하게 되고, 그 체험을 직접적인 구체적 표상이 되게 하는 것이다. 이와 같은 정신의 활동에 있어서는 대상의 다양이 그저 지각적으로 주어지고 거기에 통각의 작용이 덧붙여지는 것이 아니라, 오히려 지각 자체가 그 자신의 내부적 조직에 의하여 일종의 정신적 분절화를 획득한다. 이것은 지각이 이미 의미 속에서 산다는 것을 뜻한다. 이처럼 지각 현상이 의미를 내포하는 전체에 관계하는 것을 회임이라 한다. 간단히, 상징적 회임은 감성적인 것이 '의미'를 지니게 되고, 이 관계를 의식이 직접 표상하는 것을 말한다.

5. 나오는 말: 상징을 통한 문화 이해의 길

카시러에 따르면, 인간의 고유한 특성, 다시 말해 인간의 실제적인 특성은 인간의 형이상학적인 본성이나 물리적 본성에서가

---

47 Cassirer, *EoM*, 57쪽(인간, 95쪽).
48 Cassirer, *PsF* Ⅲ, 235쪽.

아니라, 언어, 신화, 종교, 예술, 과학, 역사와 같은 문화형식에서 나타나는 인간의 활동에서 찾아야 한다.[49] 따라서 철학사의 궁극적인 물음인 '자기인식'의 문제, 즉 '인간이란 무엇인가?'에 대한 대답은 '문화'라는 우회로를 통해서, 특히 '상징'이라는 우회로를 통해서 간접적으로 이루어져야 한다는 것이다.

이상에서 살펴본 카시러의 '문화' 개념과 '상징' 개념의 의미를 잠깐 되새겨보고자 한다.

먼저 카시러가 파악한 '문화' 개념 속에는 인간 정신의 점차적인 해방과정이 들어있다. 언어, 예술, 종교, 과학은 이 과정의 갖가지 국면들이다. 문화 일반이란 밖으로부터 주어진 세계를 인간 정신의 자발적 행위를 통해 그 자신의 세계로 만들어 낸다는 점에서, 인간이 수동적인 세계로부터 능동적인 세계를 향해 나아가는 점차적인 해방과정이다. 그리고 상징적 기능의 발전 단계에 따른 신화, 언어, 과학에로의 진행은 감각적인 것 혹은 밖으로부터의 영향이 절대적인 원시적 지각으로부터 정신의 순수 사고로의 발전이라는 점에서 또 다른 인간의 해방과정을 이룬다고 할 수 있다. 카시러는 이러한 문화 일반의 인간 해방적 성격이 안정화와 진화, 전통과 혁신, 재현적 세력과 창조적 세력, 자유와 형식 사이에서 갈등과 균형을 통해 이루어진다고 말한다.

다음으로 카시러가 사용하는 '상징' 개념 속에는 '의미 세계의 발견'이라는 측면이 들어있다. 모든 동물들에게서 볼 수 있는 인

---

49 Ernst Cassirer, *Versuch über den Menschen. Einführung in eine Philosophie der Kultur*, Frankfurt / M. 1990, 110쪽.

지계통과 작용계통 이외에 오직 인간에게서만 나타나는 상징계통을 통해서 인간은 한갓 물리적인 우주뿐만 아니라 상징적인 우주에서도 살 수 있게 되었다. 여기서 상징계통이란 한마디로 문화를 뜻하며, 신화, 예술, 언어, 과학, 종교 등은 이런 상징계통의 그물을 짜고 있는 가지각색의 실인 것이다. 이때 상징이란 물리적 존재를 가리키는 한갓 기호(Sign)가 아닌, 인간의 '의미의 세계'를 뜻하고 있다. 헬렌 켈러의 경우를 살펴보면, 그녀는 낱말들을 사용하되, 단순히 기계적 기호나 신호로서가 아니라 하나의 전혀 새로운 사고의 기구, 즉 상징으로 사용할 줄 알게 됨으로써 그녀는 새로운 빛 속에서 세계를 보게 되었다. 이처럼 상징(성)의 원리는 그 보편성, 타당성 및 일반적 적용성과 더불어 특별히 인간의 세계, 인간의 문화 세계에 접근할 수 있는 열쇠가 되었다고 카시러는 말하고 있다.

마지막으로 카시러의 문화철학의 논의 속에는 간접적이고 매개적인 자기인식이 강조되고 있다. 인간은 언어적 '형식', 예술적 '심상', 신화적 '상징', 종교적 '의식'에 깊게 둘러싸여 있기 때문에 이러한 인위적인 매개물을 통하지 않고서는 아무 것도 볼 수 없고 또 알 수 없다고 카시러는 말한다. 결국 인간은 상징이라는 매개를 통해서, 또 상징적으로 자기 자신을 인식하게 되는 것이다. 이러한 카시러의 독특한 관점은 인간 주체에 대한 확신을 가졌던 데카르트적 인식론이나, 무전제적인 자기이해를 추구한 후설의 현상학적 방법과는 달리 '해석학적 방식'에 가깝다고 말할 수 있다. 이는 텍스트(특히 문화 혹은 상징)를 통해서, 텍스트 앞에 펼쳐진 자기이해를 추구하는 방식이라 할 수 있다.

　최근 가장 활발하게 활동하고 있는 독일의 문화철학자 랄프 콘너스만(Ralf Konersmann)은 자신의『문화철학』에서 문화의 혼란을 진지하게 받아들이지만 이 혼란을 '절망'의 근거로 삼는 것이 아니라 오히려 문화 개념의 새로운 구상을 위한 '기회'로 파악한 것은 카시러의 진정한 업적이라고 평가하고 있다.[50] 카시러 이후 문화는 어떤 간접적인 것이 되었다. 그러니까 문화는 '의미'와 같은 것을 비로소 가능하게 하는 '은유(隱喩)'가 되었다는 것이다. 카시러의 어법을 따르면, 문화는 인간 스스로가 만든 지성적 상징물의 총체로서 나타난다. 오늘날 문화철학적 전환에 의해 일어난 새로운 변화의 중심에는 의미(Bedeutung, 意味) 문제가 있다는 것이다. 문화적 전환이 이루어지고 나면, 문화 없이 의미는 결코 존재하지 않게 된다. 따라서 문화는 잠재적인 문화적 대상인 문화적 사실 속에서 "무엇인가를 사유하라" 내지 "무엇인가를 사유해야만 한다"는 요청을 가리키는 은유가 된다고 콘너스만은 말한다. 그렇다면 이제 우리 자신의 현실 문화 속에서 우리는 무엇을 사유할 것인가? 우리는 무엇을 사유해야만 하는 것일까? 나아가 우리는 무슨 상징을 만들어 내야 하는 것일까? 문화시대, 특히 다문화시대를 살아가는 오늘 우리 자신이 카시러를 염두에 두면서 대답해야 할 항목들이다.

---

50 랄프 콘너스만,『문화철학이란 무엇인가』(이상엽 역), 북코리아, 2006, 134쪽.

강영안, 「문화 개념의 철학적 배경」, 『문화철학』, 한국철학회, 철학과현실사, 1996.

신응철, 『카시러의 문화철학』, 한울출판사, 2000.

칸트, 임마누엘., 『칸트의 역사철학』(이한구 편역), 서광사, 1993.

콘너스만, 랄프., 『문화철학이란 무엇인가』(이상엽 역), 북코리아, 2006.

Böhme Hartmut · Matussek Peter · Müller Lothar, *Orientierung Kulturwissenschaft*, Rowohlt
Taschenbuch Verlag GmbH, Reinbek bei Hamburg, 2000. 뵈메 · 페터 마투섹 · 로
타 뮐러, 『문화학이란 무엇인가』(손동현 · 이상엽 역), 성균관대학교 출판부, 2004.

Cassirer Ernst., *Philosophie der Symbolischen Formen*(1923), Wissenschaftliche
Buchgesellschaft, Darmstadt, Reprint, 1973.

______, *Zur Logik der kulturwissenschaften*(1942)(번역서로는 『문화과학의 논리』 (박완규 역)
도서출판 길, 2007.) *The Logic of the Humanities*, Translated by Clarence Howe,
New Haven: Yale University Press, 1961.

______, *Determinism and Indeterminism in Modern Physics*(1936), Translated by O.T. Benfey,
New Haven: Yale University Press, 1956.

______, *An Essay on Man*, Yale University Press. 1944.

______, *Versuch über den Menschen. Einführung in eine Philosophie der Kultur*, Frankfurt / M.
1990.

Krois, J. M., *Cassirer: Symbolic Forms and History*, Yale University Press, New Haven and
London, 1987.

Niedermann, J., *Kultur: Werden und Wandlungen des Begriffs und seiner Ersatzbegriffe von Cicero
bis Herder*, Firenze:Biblipolis, 1941.

Verene, Donald Phillip.,(ed), *Symbol, Myth, and Culture: Essays and Lectures of Ernst Cassirer
1935-1945*. New Haven and London, Yale University Press, 1979.

Schlick, Moritz., *General Theory of Knowledge*, 2d ed., trans. Albert E. Blumberg(1927; reprint,
New York and Vienna: Springer-Verlag, 1974).

______, "Kritische oder empirische Deutung der neuen Physik?" *Kant Studien* 26(1921).

Uexküll, J. von., *Theoretische Biologie*, 제2판 (Berlin, 1938); *Umwelt und Innenwelt der Tiere*
(1909), 제2판 (Berlin, 1921).

제4장

현대 문화와 돈

1. 들어가는 말

최근 이루어지고 있는 문화철학과 문화이론 분야의 논의를 들여다보면, 주로 독일철학의 관념론 전통, 특히 신칸트학파에서 본격적으로 다루어지고 있는 문화 개념이 당연하게 받아들여지고 있는 분위기이다. 칸트에서 비롯하여 카시러에게서 정점에 이르는 문화 개념, 즉 정신적 행위나 활동, 정신적 생산 혹은 정신적 표현 영역을 강조하는 문화 개념이 자연스럽게 통용되고 있는 현실이다. 그러면 이러한 차원의 문화 개념이 오늘날과 같은 자본주의 시대의 현대 문화를 진단하고 이해하는 데에도 여전히 유효할 것인가에 대해 다시 한 번 되물어볼 필요가 있다. 말하자면, 자본주의 시대의 문화 이해에 있어서 문화를 정신적 차원에 국한하여 볼 것인지 아니면 돈과 같은 물질적인 차원까지도 포함해야 하는지가 우리의 고민거리이다.

문화의 문제를 적어도 물질적인 차원에까지 확장시키고, 특히 돈과 연결시킨 이가 있으니 그가 바로 게오르그 짐멜(Georg Simmel, 1858~1918)이다. 그는 우리에게 일반적으로 당대에 빛을 보지 못한 한 사람의 사회학자로서 소개되고 있지만, 짐멜은 문화연구의 계보학적 관점에서 보면 분명한 철학자, 특히 문화철학자였다. 짐멜은 칸트의 인식이론을 연구하여 철학박사학위를 받았으며, 이후 문화철학, 미학, 사회학 등의 분야로 연구 영역을 확장시켰다. 그는 문화에 관한 논의를 비록 체계화시켜 놓지는 않았지만, 문화에 관한 그의 언급은 그보다 18살 연하의 문화철학자 에른스트 카시러(Ernst Cassirer, 1874~1945)[1]에게 많은 영향을 주었을 뿐만 아니라 문화철학의 핵심 주제들을 다루고 있다는 점에서 대단히 중요한 위치를 차지한다고 할 수 있다.

그래서 이 글은 짐멜의 문화철학 혹은 문화관을 통해 자본주의 시대의 문화의 본질을 밝혀내고, 그 속에서 돈과 문화 그리고 개인과의 관련성을 해명하는 데 일차적인 목적이 있다. 이를 위해서 필자는 먼저 짐멜의 문화철학의 사회학적 착상을 살펴본다. 다음으로 그의 대표적인 문화철학 관련 저서인 『돈의 철학』을 집중적으로 분석하여 돈과 문화의 관련성을 해명하도록 한다. 여기에서는 주관문화와 객관문화의 갈등 관계, 노동 분업을 통한 객관문화

---

1 카시러의 문화철학 전반에 대한 논의는 신응철, 『카시러의 문화철학』, 한울출판사, 2009. 참조 바람.

의 우위 현상, 이에 따른 현대인의 소외 문제 등을 다루도록 한다. 마지막으로는 짐멜의 돈의 철학에 나타나는 문화관의 현재적 의미를 되짚어 보면서 전체 논의를 갈음하도록 한다.

2. 짐멜 문화철학의 사회학적 착상[2]

1) 짐멜에게서 사회학적 인식의 대상(對象)은 무엇인가?

짐멜은 사회학의 인식 대상이라는 관점에서 콩트(Comte, Auguste, 1798~1857)나 스펜서(Spencer, Herbert, 1820~1903) 그리고 마르크스(Marx, Karl, 1818~1883)와는 근본적으로 다른 입장을 취하고 있다. 지금 언급한 이들은 '사회'를 하나의 '실체적 존재'로 파악하고, 인간 사회 전반의 보편적이고 일반적인 구조와 그 변화에 일차적인 인식관심을 가지고 있었다. 그런데 이들이 염두에 두고 있었던 '사회'는 구체적으로 말해서 서구 근대시민계급의 자본주의적 산업사회이다. 콩트는 프랑스혁명이라는 대역사적 상황에 처해서 인간의 삶과 행위의 새로운 질서와 진보를 밝힐 수 있는 새로운 과학적 인식의 범주와 형식의 필요성과 의미를 절감하게 되었다. 그래서 그는 바로 이것을 '사회학'이라고 이름 붙였던 것이다. 콩

---

2 짐멜 문화철학의 사회학적 착상 부분은 일찍이 짐멜의 이론을 우리학계(사회학 혹은 철학)에 소개하고 다양한 분야의 논의로 확대시키고 있는 김덕영의 논의에 터하고 있다. 특히 『논쟁의 역사를 통해 본 사회학』(한울아카데미, 2003)은 대단히 명료하게 짐멜 사회학의 기본 명제를 제시하고 있기에 이 부분을 발췌 정리하였음을 밝혀 둔다.

트에 의하면, 사회학이라는 새로운 과학적 인식의 형식과 범주는
사회정학과 사회동학을 함께 아우르는 것이어야 한다. 콩트가 사
회학이라는 새로운 과학의 인식대상으로 염두에 두고 있던 것은,
프랑스 사회나 중국 사회 또는 고대 그리스 사회나 원시 사회와
같이 구체적이고 특수한 사회가 아니라 포괄적이며 추상적인 인
간사회 전반이다. 바로 이러한 사회학의 인식 대상의 성격 때문에
그는 경험적이고 실증적인 인식 방법보다는 사변적이고 형이상학
적인 인식 방법을 택하게 된 것이었다. 결국 콩트는 사회학을 인
간 사회 전반에 대한 보편적인 일반이론 또는 보편과학으로 이해
하였다. 이러한 방식으로 스펜서의 경우에, 사회는 실체적인 존재
를 의미하며, 사회학은 인간사회 전반에 대한 보편적인 일반이론
또는 보편과학을 의미한다. 마찬가지로 마르크스는 자본주의사회
전반과 사회주의사회 전반에 대한 인식관심을 가지고 있었다. 그
래서 그는 변증법과 유물론의 토대 위에서 자본주의의 몰락, 사회
주의의 도래 및 이에 따른 프롤레타리아트의 해방을 논하고 있다.
따라서 마르크스의 이론은 변증법적이고 유물론적인 토대 위에서
구축된 보편적 사회이론 또는 사회의 보편과학이라고 규정할 수
있는 것이다.[3]

　콩트나 스펜서 그리고 마르크스가 보편사회이론으로서 사회학,
다시 말해 실체론적 존재로서의 사회에 대한 보편이론으로서 사
회학을 추구했다면, 짐멜은 이들과는 근본적으로 다르다고 할 수

---

[3] 김덕영(2003), 같은 책, 207-208쪽.

있다. 그러니까 짐멜은 '사회'를 "다수 개인들 사이에 이루어지는 다양한 상호작용의 합"이라는 기본전제에서 출발한다. 따라서 상호작용이 존재하는 곳에서는 어디에서나 사회가 존재한다. 심지어 두 사람이 가볍게 차를 마시는 것도 상호작용이며, 따라서 여기에도 사회는 존재하는 것이다. 이로써 고정적이고 실체적인 사회는 유동적이고 과정적이며 상대적인 상호작용으로 대체된다. 결국 짐멜에게서 사회학이란 이러한 상호작용을 다루는 과학이다. 이제 사회학이라는 과학의 인식관심은 사회 그 자체에서 '사회적인 것'으로 이행하게 된다. 사회적 상호작용의 과학, 또는 사회화의 과학으로서의 사회학의 필요성과 의미성은 현대의 사회적 삶과 관계가 보여주는 특성에서 찾을 수 있다. 현대사회에서는 다름 아닌 "사람에서 사람으로 이동하는, 순간적인 또는 지속적인, 의식적인 또는 무의식적인, 일시적인 또는 중차대한 수많은 관계들", 또는 영원히 유동하고 고동치는 무수한 사회적 삶이 개인과 개인 사이를 결합시킨다.[4]

짐멜은 자신의 사회학적 인식의 대상을 결코 미시 세계의 현상과 과정에만 국한시키지 않고, 이른바 거시적이고 비교적 고정적인 성격을 띠는 제도, 조직, 구조 또는 시스템을 자신의 사회학 인식의 세계로 끌어들인다. 여기에서 중요한 것은 이들 대상을 다수 인간의 다양한 상호작용이라는 생생한 삶과 행위, 그리고 그

---

4 Georg Simmel, *Soziologie. Untersuchungen über die Formen der Vergesellschaftung*(1908): *Georg Simmel Gesamtausgabe* 11, Frankfurt am Main, 1992, 33쪽; 김덕영(2003), 같은 책, 208-209쪽 재인용.

과정이라는 관점과 시각에서 접근해야 한다는 사회학적 원리이자 입장이다. 이 모든 것들은 개인들이 상호작용을 하기 위한 기회나 수단 또는 도구로 보아야 한다. 따라서 사회학적으로 보면, 개인들 사이에 상호작용이 존재하지 않는 한, 사회제도나 조직 그리고 구조 및 시스템 역시 존재하지 않는다.

그리하여 짐멜은 상호작용의 형식을 그 내용으로부터 분리해서, 바로 이것을 사회학의 인식대상이라고 선언한다. 그렇다면 짐멜이 말하는 상호작용의 형식이란 무엇인가? 상호작용의 형식이란 일반적으로 다수 개인들 사이에 존재하는 사회학적 관계의 반복성, 규칙성, 고정성, 지속성 및 구조성을 지칭하는 개념이다. 달리 말해서 상호작용의 형식은 한편으로는 상호작용하는 구체적 개인들이나 상호작용의 구체적인 내용들에 대해서, 다른 한편으로는 상호작용의 구체적인 역사적－사회적 상황이나 구체적 범위, 지속성, 또는 강도에 대하여 일정한 선험적 독립성과 자율성을 지닌다. 상호작용의 형식이라고 하는 사회학적 개념과 범주는 개인의 심리상태나 객관적인 역사의 운동 또는 발전법칙 그리고 경험적으로 행위하는 인간을 초월하여 보편타당성을 지니는 그 어떤 형이상학적 영역에 환원시키지 않고 다양한 역사적－사회적 현상에 적용할 수 있다. 짐멜은 다음과 같은 상호작용의 형식들, 즉 갈등, 경쟁, 투쟁, 협동, 지배, 복종, 분업, 상호관계, 적대관계, 우호관계, 병존관계, 동시관계, 연속관계 등을 거론한다.[5]

---

5 김덕영(2003), 같은 책, 209-210쪽.

다수 개인들의 상호작용의 형식을 사회학의 인식대상으로 간주
하는 짐멜의 사회학은 일반적으로 '형식사회학'이라 불린다. 여기
서 형식사회학이 형식주의적 사회학으로 간주되어서는 안 될 일
이다. 그 이유는 짐멜의 형식사회학이 추구한 것은, 내용 없는 상
호작용의 형식이 아니라, 상호작용의 다양한 내용성을 일단 괄호
안에 집어넣음으로써, 다시 말해 판단중지 함으로써 사회적인 것
이 어떠한 인간 공동체적 삶의 영역에 존재하든, 어떠한 유형에
속하든지, 또는 구체적으로 어떠한 특징의 것이든지 간에 모두 동
일하게 사회학이라는 과학적 범주의 지위를 갖도록 하는 것이다.
어떠한 상호작용의 내용도 일정한 형식으로 접근할 수 있을 때에
만, 비로소 사회학적 인식의 대상이 되는 것이다. 형식은 내용을
보장하기 위한 개념적-이론적 그리고 방법론적 장치이지, 결코
내용을 버리기 위한 장치가 아니다. 이런 관점에서 보면, 짐멜의
사회학은 사회의 기하학이 아니라, 사회의 현상학, 그 중에서도
특히 현대 사회의 현상학을 추구한다고 규정할 수 있을 것이다.
이 점에서 짐멜의 형식사회학은 형식주의적 사회학이 아니라 방
법론적 형식주의라고 표현해 볼 수 있을 것이다.[6]

---

6 짐멜의 형식사회학에 대한 의미와 설명방식은 전적으로 김덕영의 견해에 동의해 따온
  것임을 밝혀 둔다. 한편 짐멜과 사회학 논쟁을 불러일으킨 막스 베버(Max Weber
  1864~1920)의 경우, 그에게서 사회학이란 사회적 행위를 해석적으로 이해하고, 이를 그
  원인과 영향을 통해서 인과적으로 설명하는 과학이다. 여기에서 행위(行爲)란, 주관적 의
  미가 부여된 인간의 자아 행태를 말하고, 사회적 행위(社會的 行爲)란 단수 또는 복수의
  타자의 행위에 지향된 개인의 행위를 가리킨다. 따라서 베버의 사회학의 기초범주이자
  출발점은 다름 아닌 '유의미한 인간행위' 또는 달리 표현해서 '인간행위의 유의미성'에
  있다. 이런 이유에서 베버의 사회학을 행위론적 사회학이라 부르는 것이다. 김덕영(2003),
  같은 책, 211쪽.

2) 짐멜의 사회학적 인식의 방법(方法)은 어떤 것인가?

　사회학 인식의 방법이라는 측면에서 짐멜은 엄밀한 사회학의 인식방법이나 그 위에 기초하는 엄밀한 개념이나 이론구성에 일단 큰 의미나 가치를 두지 않는다. 따라서 그는 체계적인 사회과학 방법론을 구축하고자 하는 시도를 한다든가, 기존의 문화과학이나 사회과학의 방법론과 대결하고자 하는 별다른 시도를 하지 않는다. 다만 짐멜이 관심을 가지고 있었던 것은, 어떻게 하면 칸트의 주체철학적 인식론에 입각해서 하나의 독립적인 분과과학으로서 사회학의 존재에 인식론적 근거와 정당성을 부여할 수 있을까 하는 문제였다. 사회학적 인식은 다른 여러 개별 분과학문과 마찬가지로 역시 총체적인 현실로부터 일정한 거리를 두고, 이를 일정한 방식으로 추상(抽象)함으로써 하나의 특수한 개별분과 과학으로 존재하게 된다. 이러한 사회학적 거리두기와 추상의 결과가 바로 상호작용과 그 형식인 것이다.

　짐멜이 구사한 사회학의 인식 방법은 한마디로 말하면 유추(類推)의 방법이다. '유추'란 구체적으로 말해서, 어느 특정한 상호작용의 형식에 기반해서 일견 아무런 관계도 없는 다양한 현상들과 내용들 사이를 자유롭게 넘나드는 인식 수단 및 절차를 가리키는 말이다. 유추의 방법은 다양한 사실의 교체, 대체, 그리고 교환가능성을 기본전제로 한다. 이와 같은 유추에서 중요한 것은 현상들 사이에 존재하는 인과관계에 대한 엄밀한 분석이나 설명이 아니라, 인간의 사회적 상호작용의 내용을 풍부하게 기술하는

일이다.[7]

그런데 베버는 짐멜이 사용하는 유추의 방법을 가리켜 비과학적인 수단과 틀이라고 통렬하게 비판한다. 그 이유는 어디에 있을까? 다음의 베버의 글에서 그 실마리를 찾아볼 수가 있다.

> 짐멜은 어느 특정한 사회학적 사실을 예증하기 위해서 수많은 논의의 맥락에서 아주 다양한 지식의 영역으로부터 다양한 실례를 끌어들이며, 더구나 원칙적으로 아주 의심스럽고 비판받을만한 유추의 형식에서도 그런 경우가 드물지 않다. 이제 자주 다음과 같은 현상이 발생한다. '유추'는 짐멜이 추구하는 특별한 목적을 위해서는 어느 정도의 효용성이 있을 수 있을지라도, 사회학적 현상들을 그 자체적인 법칙이나 특수한 관련성이라는 시각에서 고찰하는 전문가는 불가피하게 자신의 관점으로부터 유추적으로 끌어들인 현상의 측면을 피상적이라고 보아야한다. 다시 말해 유추의 방법을 이용함으로써 사회학적 현상이 그 본질에서 철저하게 잘못 파악되고 그 인과적 관계에서 오인된 것이라고 볼 수밖에 없는 것이다. 더구나 이 모든 것은 우연이 아니라, 짐멜이 자신의 목적을 위해서 유용하다고 간주하는 '유추'의 구성이라는 접근방법의 종류에 필연적으로 주어져 있다.[8]

이 인용문에서도 알 수 있듯이, 베버는 사회과학은 한편으로는 사회적 현상의 내적 특성과 연관관계를 이해하고, 다른 한편으로는 그 역사적 인과관계를 설명하는 현실과학이라는 명제를 내세

---

7 김덕영(2003), 같은 책, 214쪽.

8 Max Weber, "Georg Simmel als Soziologe und Theoretiker der Geldwirtschaft(1908)", in *Simmel Newsletter* 1, 1991, 10-11쪽; 김덕영(2003), 224쪽.

우고 있다. 그러니까 베버에게서 사회학은 우리가 처해 있는 삶의 현실을 그 특성이라는 관점에서 이해하는 학문이다. 다시 말해 한 편으로는 현재의 모습을 구성하고 있는 개별적인 현상들 간의 연관관계와 그 문화의의를 이해하고, 다른 한편으로는 이 현실이 역사적으로 다른 모습이 아니라 바로 현재와 같은 모습을 취하게 된 역사적 근거를 이해하고자 하는 것이다. 바로 이것이 베버가 추구하는 현실과학 또는 경험과학으로서의 사회과학 혹은 사회학의 방법론적 이상이자 목표였다.[9]

이러한 관점에서 보면, 짐멜의 사회학적 접근방법에 관한 베버의 비판은 상당히 설득력을 지니고 있다. 그렇다고 해서 짐멜이 엄밀한 사회학적 인식방법의 중요성과 의미 그리고 그 가치를 부인하거나 부정했던 것은 결코 아니다. 유추의 방법은 당시 분과학문으로서 사회학이 명확하게 정립되지 않은 시점에서, 사회학에 일단 필요한 것은 체계화나 완성이 아니라 오히려 시작이라는 점을 강조하고 있는 것으로 보인다. 그래서 바로 이 때문에 사회학은 유추의 방법에 의존하게 되고, 다른 한편 내용적인 측면에서는 인간의 사회적 존재와 삶에 대한 다양한 예들과 단편들로 채워가게 된다.

지금까지 살펴본 바와 같이, 짐멜에게서 사회란 상호작용을 하는 다수 개인들의 합이며, 이것은 행위하고 삶을 영위하는 개인들의 주체적이고 인격적인 차원을 통해 자연세계와 근본적으로 구

---

9 김덕영(2003), 같은 책, 225쪽.

분된다. 결국 짐멜에게서 사회는 다름 아닌 주체적 영혼들의 객관화된 형식이다. 그리고 그에게서 사회학은 상호작용의 특수한 형식들을 인식대상으로 하는 과학인 셈이다. 이러한 짐멜의 사회학적 논의방식은 자신의 문화철학과 돈의 철학에서 문화를 파악하는 방식, 특히 문화와 돈의 관련성을 해명하는 부분에서도 그대로 적용되고 있음을 확인할 수가 있다.

3. 짐멜의 『돈의 철학』과 「현대 문화에서의 돈」(1896)에 나타난 문화와 돈의 관계

1) 먼저 짐멜은 문화를 어떻게 정의하고 있는가?

짐멜이 말하는 현대 문화와 돈의 관계를 언급하기 전에, 우선 그가 문화를 어떻게 파악하고 있는지를 잠시 살펴보도록 하자. 짐멜은 문화란 "영혼이 자신에게 이르는 길(den Weg der Seele zu sich selbst)"[10]이며, 또한 "폐쇄된 통일성에서 출발해 전개된 다양성을 거쳐 전개된 통일성에 이르는 길(der Weg von der geschlossenen Einheit durch die entfaltete vielheit zur entfalteten Einheit)"[11]이라고도 말한다.

우리가 내부에 이런저런 개별적인 지식이나 능력을 형성했더라도 아직 문화화된 것은 아니다. 아니 이 모든 것이 문화와 연결되어 있기

---

10 『문화이론』, 20쪽; *GSG 14*, 385쪽.
11 『문화이론』, 22쪽; *GSG 14*, 387쪽.

는 하나 그것과 일치하지 않는 정신적 중심성의 발전에 기여해야만 우리는 비로소 문화화된다. 의식적이고 명시할 수 있는 우리의 노력은 특수한 관심사와 잠재력을 지향하며, 또한 그러한 이유로 모든 인간의 발전—그것을 명명할 수 있는 한—은 아주 다양한 방향을 가지고 아주 다양한 정도로 전개되는 다발적인 발전방향으로 나타난다. 그러나 이 발전방향의 개별적인 완성과 더불어서가 아니라, 무어라 정의할 수 없는 개인적인 통일성의 발전에 대해서 또는 발전으로서 지니는 의미와 더불어 인간은 비로소 문화화된다. 즉 문화란 폐쇄된 통일성에서 출발해 전개된 다양성을 거쳐 전개된 통일성에 이르는 길이다.[12]

그렇다면 짐멜은 왜 이런 방식으로 문화를 정의하고 있는 것일까? 짐멜에 따르면, 한 개인에게 가능한 모든 지식과 기교, 세련됨은 그가 정말로 '문화화 되었다(Kultiviertheit)'고 간주하는 근거가 될 수 없다. 만일 이것들이 그에게 그저 외적이며 언제나 외적으로만 머무는 가치영역에서 주어진다면, 즉 그저 부가물로만 작용한다면 말이다. 이런 경우 인간은 비록 문화화된 것을 소유하지만, 이것이 문화화 되었다는 것을 의미하지는 않는다. 왜냐하면 후자는 오로지 초개인적인 것에서 받아들인 내용이 신비로운 조화를 통해 영혼(Seele) 속에서, 바로 영혼의 가장 고유한 추진력으로서, 그리고 영혼의 주관적 완성의 내적 밑그림으로서 영혼에 이미 존재하는 것을 발전시키는 경우에만 가능하기 때문이다.[13]

그렇기 때문에 가장 순수하고 심원한 의미에서의 '문화화

---

12 『문화이론』, 22쪽; *GSG 14*, 387쪽.
13 『문화이론』, 23쪽; *GSG 14*, 388쪽.

(Kultiviertheit)'는 영혼이 자신에게서 자신에게로, 가능성에서 현실로 이르는 길을 전적으로 주관적이고 개인적인 힘으로 걷는 경우에는 주어지지 않는다. 이 모든 것은 문화가 영혼의 절대적이고 최종적인 가치가 아니라는 사실을 입증하고 있다. 그러므로 문화의 특수한 의미는 인간이 영혼의 발전에 인간에게 외적인 어떤 것을 포함시키는 경우, 영혼의 길이 주관적으로 개인의 정신적 세계에 머물지 않는 가치와 계열을 경유하는 경우에 성취된다. 예술과 관습, 과학과 유용한 대상, 종교와 법률, 기술과 사회적 규범과 같은 정신적인 구성물들은 주체가 그의 문화라고 불리는 독특한 자기가치를 얻기 위해 거쳐야 하는 단계이다. 주체는 이들 구성물을 자신의 내부로 통합시켜야 한다. 그러나 그는 동시에 이들 구성물을 자신의 내부로 통합시켜야 하며, 단순히 객관적 가치로 존재하도록 내버려두어서는 안 된다.[14]

2) 짐멜은 문화를 어떻게 구분하는가?

짐멜은 문화를 주체와 객체의 상호관계와 상호작용의 관점에서 파악하기 때문에 「문화의 본질」(1908)에서는 '주관문화(subjektive Kultur)'와 '객관문화(objektive Kultur)'로 구분하고 있다. 또 다른 곳에서는 '인격문화(persönliche Kultur)'와 '물격문화(sachliche Kultur)'로 구분하기도 하였다.

먼저 짐멜은 교화되고 고양되며 완성된 사물을 가리켜 '객관문

---

14 『문화이론』, 24쪽; *GSG 14*, 388쪽.

화'라 규정한다. 이 객관문화는 인간 영혼을 자체의 고유한 완성의 길로 인도하거나, 개별 인간이나 전체 사회가 더 높은 존재로 나아가면서 통과하는 도정의 일부분을 구성한다. 이에 반해 '주관문화'는 그렇게 달성된 개인적인 발전의 정도를 가리킨다.[15] 객관문화와는 달리 외화된 개인들의 정신적 영혼의 에너지가 주체적 존재인 이들에 대하여 일정한 자율성과 자체의 고유한 가치와 의미를 획득하고서, 여러 세대에 걸쳐 유전된 물질적 또는 정신적 객체를 의미한다. 객관문화와 주관문화의 구분에서 중요한 것은 대상의 존재론적 구별이 아니라, 단지 인간의 문화적 삶이라는 경험적 현상과 과정의 두 측면에 대한 개념적 분리일 따름이다. 그것은 어디까지나 인식 근거일 뿐 실제 근거는 아니다.[16]

객관문화의 의미는 그것 없이는 주관문화의 존재가 불가능하다는 사실에 있다. 왜냐하면 주체의 발전이나 상태는 그렇게 가공된 객체를 자신에 이르는 도정에 포함시켜야만 문화가 되기 때문이다. 또한 객관문화는 주관문화와 더불어 개인의 삶의 양식과 행위 방식을 결정한다. 개인의 삶과 행위는 결국 객관문화와 주관문화의 종합으로 구성되는 것이다. 짐멜은 현대사회 질서에서는 주관문화와 객관문화가 점점 분리되고, 객관문화가 형식면에서나 내용면에서 점점 더 빨리 증가하면서 주관문화를 압도하고, 또한 이에 대해 우월한 지위를 차지하게 된다고 지적하고 있다.

---

15 『문화이론』, 74-75쪽; Georg Simmel, "Vom Wesen der Kultur(1908)", in *Georg Simmel Gesamtausgabe, Band 8. Aufsätze und Abhandlungen 1901-1908*, Suhrkamp Verlag Frankfurt am Main 1993, 371-373쪽 참조(이후 *GSG* 8로 표기함).
16 김덕영, 『게오르그 짐멜의 모더니티 풍경 11가지』, 도서출판 길, 2007, 194쪽.

　　무엇보다 고도로 발전하고 노동 분업에 기반을 두는 시기에, 문화
적 성취물들은 충분히 성장하여 스스로 존재하고 서로 밀접하게 결합
된다. 사물은 더욱 완전하고 정신적으로 되며, 점점 더 유순하게 합목
적성의 객관적인 논리를 따른다. 그러나 결정적인 문화, 즉 주체의 문
화는 그와 동일한 정도로 발전하지 않는다. 또한 사물의 객관적 영역
이 크게 확장되는 상황에 직면해 주관문화는 수많은 기여자에게 분산
되므로 발전할 수 없다. 적어도 역사적 발전은 실제로 창조적인 문화
업적을 개인의 전체적 문화상태에서 점점 더 분리시키는 방향으로 흐
른다. 현대적 삶의 부조화는 주로 사물이 점점 더 문화화 됨에도 불구
하고, 인간은 그보다 적게 객체의 완성에서 주관적 삶을 완성시킬 수
있다는 사실에서 연유한다.[17]

　　결국 문화의 본질이란, 상호작용에, 구체적으로 주체와 객체의
상호작용에 있다. 짐멜은 이러한 주체와 객체의 관계를 인간 문화
의 형이상학적 전제조건으로 간주한다. 아니 그는 한걸음 더 나아
가 인간 사회의 형이상학적 전제조건도 바로 거기서 찾는다. 상호
작용은 짐멜에게는 세계원리 바로 그것이다. 주체와 객체의 상호
적인 구성은 발달사적인 측면에서 개체발생과 종족발생 모두에,
그리고 인간과 세계의 관계라는 측면에서는 이론적 측면과 실천
적 측면 모두에 적용되는 원리이자 논리이다.[18] 문화라는 객체에
는 개별 영혼의 의지와 지성, 개성과 정서, 역량과 정취가 집적되
어 있다.[19]

---

17 『문화이론』, 75-76쪽; *GSG 8*, 363쪽 이하.
18 김덕영(2007), 같은 책, 187쪽.
19 『문화이론』, 29쪽; *GSG 14*, 392쪽.

짐멜은 이런 현상을 '문화의 역설(Paradoxon der Kultur)'이라 말한다. 그러니까 우리가 그 연속적인 흐름 속에서 느끼고 자발적으로 내적 완성을 추구하는 주관적 삶(subjektive Leben)은 이 완성을 문화의 이념에서 보면 결코 스스로 달성할 수 없고, 오로지 삶의 형식에 이질적으로 되어버린, 그리고 자족적이고 폐쇄적인 구조로 결정화된 것들을 경유해야만 달성할 수 있다는 말이다. 짐멜에 따르면 문화는 두 요소가 만남으로써 생성되는데, 이 둘 가운데 어느 것도 자체적으로 문화를 포함할 수가 없다. 여기서 두 요소란 주관적 영혼(subjektive Seele)과 객관적 정신의 생산물(objektiv geistige Erzeugnis)을 뜻한다.[20]

그렇다면 주관적 영혼, 즉 개인의 영혼과 객관적 정신의 생산물인 문화는 어떤 관계일까? 개인의 영혼과 돈의 관계는 어떻게 설정되는 것일까? 나아가 문화와 돈의 관계는 어떻게 설정되는 것일까?

3) 중세에서 근대로의 이행, 돈을 매개로 문화변동을 설명할 수 있을까?

짐멜은 「현대 문화에서의 돈」[21](1896)이라는 짧은 글을 통해서 문화의 변동과 흐름 그리고 분화과정을 돈을 매개로 하여 비교적 상세하게 설명하고 있다. 짐멜에 의하면, 사회학에서는 중세(中世)

---

20 『문화이론』, 25쪽; *GSG 14*, 389쪽.

21 Georg Simmel, Das Geld in der modernen Cultur: *Zeitschrift des Oberschlesischen Berg-und Hüttenmännischen Vereins* 53(1896). 게오르그 짐멜, 『짐멜의 모더니티 읽기』(김덕영, 윤미애 역), 새물결, 2005(이후 『짐멜의 모더니티 읽기』로 표기함)의 제1부 1장에 번역되어 수록되어 있다. 이후 이 번역본을 토대로 인용하였음을 밝혀 둔다.

와 근대(近代)의 차이를 다음과 같이 나타낸다. 중세는 인간이 공동체나 토지, 봉건적 연합체 또는 길드에 매여 있었다. 그리하여 그의 인격은 실제적 또는 사회적 이해 집단에 용해되어 있었으며, 이러한 이해 집단의 특징은 직접적으로 거기에 참여하는 사람들에 의해서 결정되었다. 하지만 이 같은 조화는 근대에 들어오면서 파괴되었다. 이 시기는 인간을 자율적(自律的) 존재로 만들었으며, 그에게 이제까지와는 비교할 수 없을 정도로 커다란 내적·외적 이동의 자유를 부여했다. 다른 한편 근대는 실제적인 삶의 내용들에 역시 비교할 수 없을 정도의 객관성(客觀性)을 부여했다. 기술, 온갖 종류의 조직, 그리고 기업과 직업은 점차 사물의 내재적 법칙에 의해 지배받게 되었으며, 더 이상 개별 인격체들에 의해서 영향을 받지 않게 되었다. 이는 마치 자연에 대한 우리의 이미지에서 점차 인간화된 특징을 벗겨내고 자연에 객관적 법칙성을 부여하려고 시도한 것과 마찬가지 이치이다. 이렇게 해서 근대는 주체와 객체를 상호 독립된 존재로 만들었으며, 그 결과 양자는 더욱더 순수하고 완전하게 자체적인 발전의 길을 걷게 되었다. 짐멜은 「현대 문화에서의 돈」이라는 짧은 글은 이런 분화 과정의 두 측면이 화폐경제에서 어떠한 영향을 받았는가를 밝히는 데 주안점이 있음을 말하고 있다.[22]

짐멜의 분석에 의하면, 자연 경제 시대에 전형적으로 나타나는 '인격성'과 '사물'의 관계들 사이의 이러한 의존성은 화폐경제에 의

---

22 『짐멜의 모더니티 읽기』, 11-12쪽.

해 해체된다. 화폐경제는 인간과 일정한 특성을 지니는 사물 사이에 매 순간 완전히 객관적이며 그 자체로는 아무런 특성도 없는 돈과 화폐가치를 삽입시킨다. 화폐경제는 개인과 소유 사이의 관계를 일종의 매개된 관계로 만들어버림으로써 이 둘 사이에 거리가 생기도록 한다.

이런 식으로 화폐경제는 이전의 개인적 요소와 지역적 요소 사이에 존재하던 밀접한 결합관계를 분리시켰다. 그 결과 오늘날(짐멜 당시)에는 베를린에서도 미국철도, 노르웨이 저당권, 혹은 아프리카 금광으로부터 나온 수익을 받을 수 있게 되었다. 우리가 오늘날 당연시 하는 이러한 원거리 소유의 형식은 사실 돈이 소유와 소유자를 분리시키는 동시에 결합시키면서 이들 사이에 끼어들기 때문에 비로소 가능해졌다.[23]

이렇게 하여 돈은 한편으로는 모든 경제 행위에 미증유의 비인격성을 부여하고, 다른 한편으로는 그와 같은 정도로 개인의 독립성과 자율성을 고양시키게 된다. 그리고 인격이 사회적 결사체에 대해서 지니는 관계는 소유에 대해서 지니는 관계와 유사하게 발전한다. 중세의 길드는 인간을 전인격적으로 그 내부에 포괄하고 있었다. 이를 테면, 직조공 길드는 단순히 직조업의 이해관계를 추구하는 다수 개인들의 결사체라기보다는, 직업, 사고, 종교, 정치적 그리고 여타 다양한 측면들을 포괄하는 삶의 공동체였다.[24]

---

23 『짐멜의 모더니티 읽기』, 13쪽.
24 『짐멜의 모더니티 읽기』, 13쪽.

　이와 같은 통합성의 형식과는 정반대로, 화폐경제는 구성원들에게 경제적 기여를 요구하거나 또는 단순히 경제적 이해관계를 추구하는 수많은 사회적 결사체의 존재를 가능하게 했다. 이를 통해서 한편으로는 결사체가 추구하는 목적들이 순수한 객관성과 순수한 기술적 특성을 띠게 되고, 개인적인 채색으로부터 해방된다. 다른 한편으로는 주체가 그를 제한하는 구속들로부터 해방된다. 왜냐하면 그는 이제 더 이상 총체적인 것과 전인격적으로 결합되지 않고, 원칙적으로 돈을 주고받는 관계로 결합되기 때문이다. 개별적 참여자의 이해관계가 돈을 통해서 표현될 수 있게 된 후로, 돈은 마치 샌드위치처럼 결사체라고 하는 '객관적 총체'와 인격체라고 하는 '주관적 총체' 사이에 끼어들게 되었다. 소유와 소유자 사이에 끼어든 것과 마찬가지로 말이다. 돈은 결국 양자 모두에게 상호 독립성과 발전 가능성을 새롭게 제공해 주었다. 이러한 발전의 절정은 주식회사인데, 이 기업은 개별 주주에 대해서 완전히 객관적이며, 그로부터 전혀 영향을 받지 않고 존재한다. 반면 주주는 자신의 인격이 아니라 오로지 투자한 돈의 양을 통해서 회사에 참여한다.[25]

　이렇게 하여 돈은 우리에게 지금까지 모든 인격적인 것과 특수한 것을 절대적으로 유보한 채 개인들을 결합시킬 수 있는 유일한 가능성을 가르쳐 주었다고 짐멜은 말한다. 이것은 오늘날 우리에게는 너무나도 당연한 결합 형식이지만, 사실 가장 놀라운 문화변

---

25 『짐멜의 모더니티 읽기』, 14쪽.

동과 문화진보 가운데 하나이다.[26]

4) 현대 문화와 돈, 그리고 노동 분업의 상관성은 무엇인가?

돈의 이러한 특성과 위상이 왜 문화변동과 문화진보와 연결되는 것일까? 우리는 화폐에 의한 거래를 통해서 분리와 소외를 경험하면서도, 동시에 결합을 경험하게 된다. 그러니까 돈을 지불하고 그에 대한 필연적인 대가로서 일정하고 구체적인 가치를 받게 됨으로써 돈은 동일한 경제권의 구성원들을 매우 강력하게 연결시킨다. 돈은 직접적으로 소비되지 않는다는 바로 그 이유 때문에, 실제로 소비하고자 하는 것을 제공해 줄 수 있는 다른 사람들에게 우리를 연결시켜 준다. 따라서 현대인은 고대 게르만족의 자유인이나 그 후의 농노와는 비교할 수 없이 많은 공급자와 공급원에 의존한다. 그의 존재는 매 순간 돈에 대한 이해관계에 따라 창출된 수백 가지의 결합관계들에 의존한다. 이러한 결합관계가 없으면, 현대인은 마치 체액의 순환이 차단된 유기체의 일부분처럼 더 이상 존속할 수가 없다.[27] 그렇다면 현대인의 삶이 이처럼 돈과 얽히고 유착되는 근원적인 이유는 무엇 때문인가?

짐멜은 그 원인을 노동 분업[28]에서 찾고 있다.

---

26 『짐멜의 모더니티 읽기』, 15쪽.

27 『짐멜의 모더니티 읽기』, 16쪽.

28 게오르그 짐멜, 『돈의 철학』, 567-573쪽. 짐멜은 주관문화와 객관문화의 분리의 원인으로 분업을 말한다. 분업은 특히 생산과 소비 두 측면에서 동시에 나타나는 현상으로 이해하고 있다. 분업은 개인에게서 전문화로 이어지며, 전문화에 근거하여 주체와 그의 생산물의 점증하는 분리현상은 결국 문화의 객관화 과정이 된다고 짐멜은 말한다. 본문에서는 돈과 개인, 돈과 문화의 관계만을 집중적으로 언급하였음을 밝혀 둔다.

노동 분업은 물물교환 상태에서는 아주 보잘것없는 초보 단계 이상
으로는 발전할 수 없었다. 아주 다양한 사물들과 특성들을 위한 공통
적인 가치척도가 아직 존재하지 않던 시기에, 서로 교환할 개별 생산
물의 가치를 도대체 어떻게 측정할 수 있었겠는가? 돈은 생산의 분업
화를 가능케 함으로써 사람들을 필연적으로 결합시킨다. 왜냐하면 이
제 모든 사람은 다른 사람을 위해서 노동하고, 모든 사람이 참여하는
노동만이 비로소 개인의 일면적인 생산을 보충하는 광범위한 경제적
단위를 창출하기 때문이다. 화폐 임금의 경우 일반적으로 인간의 일면
적인 성과만이 돈으로 지불되기 때문에 노동 분업이 촉진된다. 돈이라
는 무특성의 추상적인 등가물은 오로지 인격으로부터 분리된 객관적
인 개별 생산물에만 상응한다. 돈은 인간 전체와 그가 지니는 다양성
에 대해서가 아니라, 노동 분업에 따른 성과에 대해서만 지불된다. 따
라서 노동 분업은 화폐 경제의 확산과 밀접한 관계를 갖고 발전한다.[29]

따라서 낭만주의자들이 그토록 찬양해 마지않던 중세 봉건시대
또는 자의적 결사체의 시대와는 비교할 수 없을 정도로 많은 인간
들 사이의 연결 관계를 창출한 것은 궁극적으로 돈이다. 그리고
돈은 모든 사람에게 통용되는 매우 광범위한 공통적인 수준의 이
해관계를 창출했는데, 이것은 자연 경제 시대에는 절대로 존재할
수 없었던 것이다. 돈과 더불어 직접적인 상호 이해의 토대가 마
련되고 누구에게나 평등한 행위 규정들이 제정되었으며, 이는 보
편적으로 인간적인 것에 대한 표상이 성립하는 데 결정적인 기여
를 했음에 틀림없다.[30]

---

29 『짐멜의 모더니티 읽기』, 17쪽.

한편 짐멜의 분석에 의하면, 돈이 일반적으로 자유와 구속 사이에 전혀 새로운 관계가 존재하도록 만든 것과 마찬가지로, 돈에 의해서 야기된 매우 밀접하고 불가피한 결합 관계는 다른 한편 개체성과 내적 독립성의 폭을 매우 크게 넓히는 독특한 결과를 가져왔다. 그 결과 우리는 모든 특정인으로부터 훨씬 더 독립적으로 되었고, 바로 이런 관계가 강력한 '개인주의'를 창출하게 되었다는 것이다. 왜냐하면 다른 사람들로부터의 고립이 아니라 그들과 맺는 관계가, 하지만 그들이 구체적으로 누구인가를 고려하지 않고 맺는 관계가, 그들의 익명성과 그들의 개체성에 대한 무관심이, 바로 이 모든 것이 사람들을 상호 소외시키고 모든 사람들로 하여금 스스로에게 의존하도록 만드는 메커니즘이기 때문이다. 다른 사람들과의 모든 외적 관계가 인격적인 특성을 지녔던 다른 시기들에 비해서, 오늘날의 돈의 존재는 인간의 객관적 경제 행위가 개인적 색채 및 고유한 자아로부터 더욱더 명확하게 분리될 수 있도록 만든다. 결국 인간의 고유한 자아는 외적인 관계들로부터 물러나서 그 이전의 어느 때보다 더욱더 자신의 가장 내면적인 차원으로 회귀하게 된다.[31]

그래서 짐멜은 현대 문화의 흐름은 일견 상충되어 보이는 두 개의 방향으로 진행한다고 주장한다. 하나는 수평화, 평등화, 그리고 아주 멀리 떨어져 있는 것까지도 동일한 조건하에 결합시킴으로써 더욱더 광범위한 사회 영역을 창출하는 방향이다. 다른 하

---

30 『짐멜의 모더니티 읽기』, 17쪽.
31 『짐멜의 모더니티 읽기』, 18쪽.

나는 가장 개인적인 것을 성취하고 개인의 독립성 및 인격 형성의 자율성을 보존하는 방향이다. 이 두 방향은 화폐 경제에 의해서 유지되는데, 이는 한편으로 어디서나 동일하게 통용되는 매우 보편적인 이해관계, 결합수단 및 의사소통의 수단을 제공해 주며, 또 다른 한편으로는 매우 현저한 인격의 보존, 개체성 및 자유를 가능하게 해 준다.[32]

돈에 대한 등가물의 범위가 증가함에 따라 돈의 가치가 닳아 없어지고 퇴락하는 것과 유사한 방향으로 화폐 체제의 보급이 지니는 또 다른 매우 중요한 결과가 나타난다. 말하자면, 다른 상품들을 획득하기 위한 단순한 수단에 불과한 돈을 독립적인 상품으로 인식하는 사실이 그것이다. 그래서 현대인의 다수는 일생동안 돈의 획득을 가장 소중한 목표로 추구해야 하기 때문에, 모든 행복과 삶에 대한 모든 확실한 만족은 일정한 양의 돈을 소유하는 것과 확고하게 연결되어 있다는 표상이 생겨난다. 단순한 수단과 전제조건이 심리학적으로 최종 목적으로 바뀌는 것이다. 짐멜은 이처럼 수단이 목적에 의해서 압도되는 현상은 모든 고등 문화의 근본적인 특성이자 문제라고 지적하고 있다.[33]

5) 현대 문화의 특성과 개인의 삶은 어떤 관련성을 갖는가?

그렇다면 돈은 개별 인간들의 삶을 어떻게 변화시켜 놓았을까?

---

32 『짐멜의 모더니티 읽기』, 18쪽.
33 『짐멜의 모더니티 읽기』, 24쪽.

돈이 그것을 통해서 획득할 수 있는 대상들의 범위가 광범위하게 확대됨으로써 차지하게 되는 중심적 지위는 현대의 삶이 지니는 일련의 다양한 개별적 특성들에서 나타난다. 돈은 개별 인간에게 자신이 바라는 바를 훨씬 더 가까운 주변에서 완벽하게 충족시킬 수 있는 기회를 제공해 주었다. 그래서 현대인들은 주변으로부터 더 많은 유혹을 받게 되었다. 돈은 가치 있어 보이는 것을 단번에 얻을 수 있도록 한다. 또한 돈은 인간과 그가 바라는 것들 사이에 일종의 매개 단계를, 둘 사이의 관계를 수월하게 해 주는 메커니즘을 삽입시킨다. 그리고 한 가지로 수많은 다른 것들을 획득할 수 있는 원리에 따라, 돈은 이 모든 것들을 다른 방법을 통해서보다 더 쉽게 획득할 수 있다는 환상을 자극하게 된다.[34]

그리고 현대인들의 삶에서 돈은 원칙적으로 어떤 순간에도 추구할 수 있는 절대적 목표가 된다. 현대인은 행위에 대해 지속적으로 박차를 가하게 된다. 그는 이제 하나의 목표를 가지고 있는데, 이것은 다른 목표들이 여지를 주기만 하면 즉각 주된 목표가 된다. 그래서 현대적 삶은 동요하고, 열광하며 휴식이 없다는 특성을 보이는데, 돈은 이 같은 삶에 멈출 수 없는 수레바퀴를 달아 준다. 이 바퀴는 결국 삶이라는 기계를 영구 기계로 만들어 버린다.[35]

짐멜은 돈이 현대인들의 감정을 자극하고 있다는 사실에도 주목한다. 그러니까 돈은 점점 더 모든 가치들을 충분하게 표현하는

---

34 『짐멜의 모더니티 읽기』, 26쪽.
35 『짐멜의 모더니티 읽기』, 27쪽.

등가물이 됨으로써 아주 추상적인 높이에서 객체들의 매우 광범위한 다양성을 초월하게 되며, 또한 아주 상반되고, 낯설며, 멀리 떨어져 있는 사물들이 자신들의 공통점을 발견하고 상호 접촉하는 중심이 된다. 이렇게 해서 돈은 우리들에게 개별적인 것을 초월(超越)하도록 해주며, 돈이 지닌 전능(全能)을 마치 하나의 최고 원리가 지니는 전능인양 신뢰하도록 하는데, 이 원리는 언제든지 개별적이고 비천한 것으로 전환될 수 있다. 따라서 돈의 소유가 허락해 주는 안전과 평온의 감정, 그리고 돈에서 가치들이 교차한다는 확신은 순수하게 심리학적으로 보면 돈이 우리 시대의 신(神)이라는 탄식에 대해 심층적인 근거를 제시해주는 방정식이다.

짐멜에 따르면 돈의 지배는 근대의 정신적·사회적 문화를 중세와 고대의 문화로부터 결정적으로 구분하도록 만들어 놓았다는 것이다. 그 단적인 예로 사물들 사이의 지속적인 평등화 과정과 교환 수단으로의 가속화 현상이 있다.

> 사물들은 어떠한 색깔도 갖지 않고 모든 특수한 규정성의 피안에 존재하는 교환수단에서 그 등가물을 발견하고, 또한 언제든지 그러한 수단과 교환됨으로써 닳아 없어지고 매끄러워지며, 그 마찰면들이 감소한다. 다시 말해서 사물들 사이에는 지속적인 평등화 과정이 진행되며, 이것들의 유통과 교환은 자연 경제 시대와는 전혀 다른 템포로 진행된다. 교환과는 아무런 상관없이 존재하는 듯이 보이는 사물들이 점점 더 많이 교환의 부단한 흐름 속으로 편입된다.[36]

---

[36] 『짐멜의 모더니티 읽기』, 32쪽.

짐멜은 돈의 지배 이후에 토지 소유가 처한 숙명을 예로 들기도 하였다. 안정성으로부터 불안정성으로의 이행은 전체적인 근대의 세계관을 특징짓는데, 화폐 경제의 도래와 더불어서 경제 영역 역시 안정성에서 불안정성으로 이행하게 되었다. 이 영역의 숙명들은 위와 같은 운동의 일부분을 구성하지만, 동시에 전체 운동의 상징이자 거울이기도 하다는 것이다. 이 점은 대단히 중요한 부분이라 할 수 있다. 짐멜은 화폐 경제의 현상을 동시대 문화 운동들 전체와 연관시켜 보고 있다. 그러니까 화폐 경제의 현상은 아무리 자체의 순수한 내적인 법칙들을 따르는 것처럼 보일지라도 동시대 문화운동들 전체를 규제하는 동일한 리듬을 따르고 있다.[37] 전체적인 문화과정을 경제적 조건들이 종속시키는 사적 유물론과는 달리, 돈에 대한 성찰은 경제적 삶의 구조가 시대의 정신적·문화적 상태에 실로 심대한 결과를 초래한다는 사실을 가르쳐줄 수 있다는 것이다.

이런 맥락에서 짐멜은 화폐 경제의 본거지인 대도시와 거기에서의 개인의 삶을 묘사하기도 하였다. 대도시에서 화폐 경제와 이성의 지배는 아주 깊은 연관이 있다. 양자는 사람과 물건을 취급함에 있어서 순수한 객관성이라는 공통점을 지닌다. 화폐는 모든 현상들에 공통적인 것, 즉 모든 성질과 특성을 단지 수량적인 문제로 평준화시키는 교환 가치만을 문제삼기 때문이다. 사람들 사이의 정서적 관계는 모두 그들의 개체성에 기초하는 반면, 이성적

---

37 『짐멜의 모더니티 읽기』, 32쪽.

관계는 사람들을 마치 숫자를 대하는 것처럼, 즉 객관적으로 평가 가능한 업적에 대해서만 관심을 가질 뿐, 그 자체로는 무관한 요소들처럼 다룬다.[38]

이런 식으로 화폐 경제는 우선 수많은 사람들이 하루하루를 저울질하고, 계산하고, 숫자로 규정하고, 질적 가치를 양적 가치로 환원하는 일로 소진하게끔 만들어 버렸다고 짐멜은 진단한다. 화폐가 지닌 계산적 본질을 통해 삶의 요소들 간의 관계에서 동일한 것과 동일하지 않은 것을 규정하는 정확성과 확실성, 약속과 협정의 명확성이 지배하게 되었다. 대도시 삶이 팽창하고 복잡해짐에 따라 필연적으로 요구되는 정확성, 계산 가능성, 치밀성은 대도시의 화폐 경제적, 지성주의적 성격과 밀접한 연관을 맺고 있을 뿐만 아니라, 삶의 내용들에도 반드시 일정한 색채를 부여한다. 또한 그것은 외부로부터 보편적이고 도식적인 정확성을 지닌 삶의 형식을 받아들이려 하지 않고 자기 스스로 삶의 형식을 규정짓고자 하는 비합리적, 본능적 그리고 지배적 기질과 충동들을 배제시키지 않을 수 없다.[39]

짐멜에 따르면, 도시들이 대규모화될수록 분업에 결정적인 조건들을 제공하게 되고, 각 개인들은 전문화·개별화된다고 한다. 그래서 도시에서의 개인의 삶은 생계를 위한 투쟁을 자연과의 투쟁으로부터 사람을 둘러싼 투쟁으로 전환시킨다. 보다 많은 수입을 위해서 개인들은 자기 자신을 끊임없이 전문화시켜야 하고, 일

---

38 『짐멜의 모더니티 읽기』, 38쪽.
39 『짐멜의 모더니티 읽기』, 40쪽.

반 대중들의 욕구는 분화되고 세련되어 더욱 풍부해진다는 것이다. 그 결과 대중들 내부에는 개별적 차이가 점점 커질 수밖에 없게 된다. 그런 점에서 도시는 크기에 비례해서 그러한 개별화를 촉구한다.[40] 이렇게 되면 대도시의 삶에서는 고유한 인격을 펼치기가 어렵게 된다. 의미와 에너지의 양적 고양이 어느 한도에 이르면, 사람들은 질적 특수화를 시도하게 되며, 이것은 차이에 대한 감수성을 자극함으로써 어떤 식으로든 주위의 사회집단이 자신을 주목하게 만들기 위해서이다. 궁극적으로 이런 사람들은 괴팍한 행동의 유혹을 받기에 이르는데, 이는 유별남, 변덕, 멋 부리기 등 대도시 특유의 과장된 행동으로 나타난다. 여기서 중요한 것은 자신은 다른 사람과 다르고 남보다 돋보이며 이로써 주목받는 존재라는 점이다. 이렇듯 짐멜은 대도시일수록 자신을 돋보이게 하고 상대에게 다가가 자신의 개성을 강조하려는 유혹이 훨씬 더 강하다고 말한다.[41]

그렇다면 개인적 존재가 되고자 하는 충동이 대도시에서 강하게 나타나는 궁극적인 원인은 무엇일까? 짐멜은 현대 문화의 발전에 있어서 객관정신이 주관정신보다 우위에 있기 때문에 그러하다고 진단한다. 예컨대 언어나 법률, 생산기술이나 예술, 과학이나 가정용품들에 구현된 정신의 총합은 나날이 발전하는데 비해 인간 주체들의 정신적 발전은 매우 불완전하며 점점 더 뒤처진다는 것이다. 이를 테면, 수백 년 전부터 사물과 인식, 제도 및

---

40 『짐멜의 모더니티 읽기』, 49쪽.
41 『짐멜의 모더니티 읽기』, 50쪽.

편의시설 등에 구현된 엄청난 문화를 조망해 보고, 이러한 문화를
동시대 개인들의 문화적 발전과 비교해 보면, 성장 속도에서 양자
의 놀라운 차이점이 드러난다. 많은 점에서 개인들의 문화는 지
성, 유연성, 이상주의에 있어서 오히려 퇴보하고 있다는 것이다.
이러한 차이는 근본적으로 분업이 늘어난 결과이다. 왜냐하면 분
업은 개인에게 점점 일면적인 업적만을 요구하게 되고, 그러한 일
면적 업적이 증대하게 되면 개인의 인격 전체를 위축시키기 때문
이다. 어쨌든 객관문화가 비대해지는 경우 개인은 점점 더 이를
따라잡을 수 없게 된다는 것이다.[42]

　　우리의 문화를 백 년 전의 문화와 비교해 보면, 많은 개별적인 예외
를 인정한다 하더라도, 우리는 도구, 수송수단, 과학, 기술, 예술의
산물 등과 같이 우리의 삶을 충족시켜 주는 사물들이 매우 세련되어졌
다는 것을 확실하게 말할 수 있다. 그러나 적어도 보다 높은 수준의
개인들의 문화는 똑같은 정도로 진보하지 못했거나, 심지어는 종종
퇴보하기도 하였다.[43]

4. 나오는 말: 짐멜의 문화관의 현재적 의미

　　첫째, 짐멜이 현대 문화의 특성을 분석하면서 특히 화폐 경제가

---

42 『짐멜의 모더니티 읽기』, 51쪽.
43 게오르그 짐멜, 『돈의 철학』, 560쪽.

중심이 되는 대도시의 삶을 분석하면서 그 속에서의 개인의 삶은 한편으로는 편리함으로 채워지고, 다른 한편으로는 비인격적 내용들로 채워짐을 제시한 바 있다. 객관문화의 우세로 인한 주관문화의 위축 현상은 개인의 삶의 가치를 되돌아보게 하는 계기를 제공하고 있다. 그러니까 대도시를 중심으로 한 현대 문화에서 나타나는 개인주의의 두 양상, 즉 '개인의 독립'과 '인격의 특이성'의 측면을 어떻게 조화시킬 수 있을까 하는 점이다. 18세기의 개인은 정치, 농업, 길드, 종교에서 억압적이고 무의미한 구속을 받아왔는데, 이러한 상황에서 '자유'와 '평등'에 대한 요구가 생겨나게 되었다. 한편 19세기의 개인은 경제적 노동 분업에 의해 역사적 구속으로부터 벗어나 각기 남과 다른 '구분되는 존재'가 되고자 하는 이상이 생겨났다. 이러한 이상은 객관적 전문적-기능적 지식과 능력의 축적 및 전수를 지향하게 되었고, 더 이상 모든 개인 안에 있는 보편적 인간이 아니라 질적 유일성과 대체 불가능성이 개인적 가치를 유지하게 되었다.[44] 여기서 짐멜은 우리 시대의 내적·외적 역사는 개인 주체가 전체 속에서 자신의 역할을 어떻게 규정하는가에 대한 두 가지 방식의 투쟁과 분규 속에서 진행되고 있다고 말한다.

그러므로 짐멜의 문화이론 또는 문화철학은 현대의 경제적-문화적 지반을 떠나지 않으면서 동시에 모든 인간을 평준화시키고 탈인격화시키는 현대 문화로부터, 또는 달리 표현해서 주관문화

---

44 『짐멜의 모더니티 읽기』, 52-53쪽. 18세기와 19세기의 교육이념에 관한 짐멜의 논의는 김덕영, 『현대의 현상학』(1999), 제2장 3장(76-83쪽)을 참조 바람.

에 대한 객관문화의 지배로부터 개인과 그의 삶을 구제하려는, 짐멜의 근본적인 실천적 동기의 한 부분으로 이해할 수 있다.[45] 짐멜은 1909년에 쓴 「문화의 장래」[46]에서 자신의 문화정책의 논리를 다음과 같이 개진한 바 있다.

> 매우 빠르게 그리고 무한정 증가하고 확장될 수 있는 객관문화와 이에 비해 단지 매우 천천히 발전할 수밖에 없는 주관문화 사이에 존재하는 비극적 부조화와 갈등을 근본적으로 치유할 수 있는 문화정책을 기대할 수는 없는 노릇이다. 하지만 우리는 최소한 그 차이를 줄일 수 있는 문화정책을 강구해야만 한다. 이는 다시금 각 개인들로 하여금 우리가 체험하는 다양한 객관적 문화의 내용들을 지금보다 더 신속하게 그리고 더 효과적으로 자기 자신의 주관적 문화의 바탕과 재료로 삼을 수 있도록 해줌으로써만 가능하다.[47]

이러한 문화정책의 이념은 궁극적으로 문화의 출발점과 준거점 그리고 목표점은 다름 아닌 인간의 주체적 영혼에 있다는 짐멜의 기본적 생각을 반영하고 있는 것이다. 예를 들어 돈이라는 객관문화가 얼마만큼이나 주체의 세련, 특성과 내면화에 이바지할 수 있는가, 아니면 그 반대로 객체가 다름 아닌 그 달성의 용이함을 바탕으로 인간 위에 군림하는 지배자가 될 수 있는가 하는 문제는 더 이상 돈이 아니라 바로 인간에게 달려 있다.

---

45 김덕영, 『현대의 현상학』, 나남출판사, 1999, 108쪽.

46 Georg Simmel, Die Zukunft unserer Kultur. Antwort auf eine Rundfrage(1909), in *Das Individuum und die Freiheit. Essais*, Frankfurt am Main 1993.

47 Goerg Simmel(1909), 같은 책, 92-93쪽.

둘째, 짐멜은 돈이 현대 문화와 현대인에게 가지는 '의미의 이중성'을 예리하게 포착해 내었다. 돈은 우리들에게 개별적인 것을 초월하도록 해주며, 돈이 지닌 전능을 마치 하나의 최고원리가 지니는 전능인양 신뢰하도록 하는데, 이 원리는 언제든지 개별적이고 비천한 것으로 전환될 수 있다. 돈은 그 자체로서는 아무런 성격이나 특성을 갖지 않는다. 많고 적음의 수량적 대소 관계가 돈의 유일한 규준이다. 돈은 질적 차이보다는 양적 차이를 중시한다. 따라서 돈이야말로 가장 객관적이고 비개성적이며 비인격적인, 그리고 가장 비천한 존재이다. 이러한 돈은 개인의 주관적-인격적 특징이나 특성을 완전히 무시하고 모든 인간을 단순한 수량적 관계로 환원시킴으로써 수평화하고 평준화하고 평균화한다. 결국 돈은 현대인을 탈개체화하고 탈인격화 함으로써 궁극적으로 그의 인간적 본질로부터 멀어지게 만든다.[48]

다른 한편 돈은 현대인의 사회적 삶과 문화적 삶의 물적-경제적 토대가 된다. 돈이 가지는 양적 논리는 일정한 정도를 넘어서면서 질적 논리로 비약한다. 돈을 소유한 개인은 생존을 위한 노동과 투쟁의 유물론적 단계를 벗어나 사회적인 것과 문화적인 것, 그리고 개인적-주관적 삶의 양식에 관심을 갖고 이를 발전시킬 수 있게 된다.

돈은 어떻게든 무차별화되고 외화되고 모든 것에 대한 무차별화와

---

48 김덕영, 『게오르그 짐멜의 모더니티 풍경 11가지』, 도서출판 길, 2007, 102쪽.

외화의 상징이자 원인이다. 그렇지만 돈은 또한 오로지 개인의 가장
고유한 영역 내에서만 성취할 수 있는 가장 내적인 것을 지키는 수문
장이 된다.[49]

개인을 그의 인격적 본질, 즉 그의 영혼으로부터 멀어지게 만든
돈이 개인을 다시금 그의 영혼으로 돌아가게 만든다. 돈과 영혼이
결합되는 것이다. 즉 돈의 물질적-경제적 논리에 구속되고 강제
된 개인의 영혼이 바로 이러한 돈에 힘입어 자기 자신에게로 돌아
가는 길을 발견한다. 이상에서 살펴본 바와 같이, 짐멜은 화폐 경
제에 기반한 문화의 속성을 정확하게 드러내 주었다. 결과적으로
돈에 대한 짐멜의 논의는 자본주의 문화에 대한 비판이자 돈에
기반한 문화의 가능성을 추구한 작업이었으며, 또한 이를 통해서
돈의 부정적이고 파괴적인 특성(탈개체화와 탈인격화)과 더불어 긍정
적이고 건설적인 특성(개체화와 인격화)을 제대로 드러내 줌으로써 주
관문화와 객관문화의 갈등, 나아가 현대 문화의 갈등의 원인을 명
백하게 제시해 주었다고 할 수 있다.

셋째, 우리는 지금까지 짐멜의 현대 문화와 돈의 논의를 통해서
돈이 지닌 문화사적 측면을 확실하게 인식할 수 있는 계기를 얻게
되었다. 중세가 근대로 이행하는 과정에서 돈이 결정적인 역할을
수행했다. 돈은 아무런 색채도, 특성도, 인격도 지니지 않은 매체
로서, 마치 샌드위치처럼 인간과 사물 또는 주체와 객체 사이에
끼어들면서 양자를 분리시키면서 결합시킨다. 그리하여 화폐 경

---

49 게오르그 짐멜, 『돈의 철학』, 586쪽.

제의 확산은 중세에 특유한 개인과 그가 소유하는 대상 사이의 긴밀한 결합관계를 끊어버리고 둘 사이에 그 이전에 볼 수 없던 거리가 생겨나도록 만들었다. 또한 돈은 개인을 중세적 결사체의 전인격적 결속관계로부터 해방시킴으로써 그의 독립성과 자율성을 증가시켰다. 또한 돈은 근대 개인주의의 발달에 기여한 바가 크다. 아울러 돈에 의해 중세와는 전혀 다른 새로운 사회적 관계와 상호작용의 형식과 내용이 발생했다. 근대로 이행하면서 수많은 개인이나 집단의 행위가 인간적인 또는 사회적인 특성에 관계 없이 돈과 화폐가치라는 객관적 기준을 매개로 결합될 수 있게 되었다. 이 같은 새로운 결합관계는 근대적인 보편적 인간상의 형성에 결정적으로 기여하게 되었다. 덧붙여서, 임금을 돈으로 지불하는 경우 인간의 일면적인 성과만을 지불하기 때문에 화폐경제의 발달은 노동분업을 가능하게 만들었다.

:: 참고문헌 ───────────────────────

게오르그 짐멜, 『돈의 철학』(안준섭·장영배·조희연 역), 한길사, 1983.

──────, 『짐멜의 모더니티 읽기』(김덕영·윤미애 옮김), 새물결, 2005.

──────, 『게오르그 짐멜의 문화이론』(김덕영·배정희 옮김), 도서출판 길, 2007.

김덕영, 『현대의 현상학』, 나남출판사, 1999.

──────, 『게오르그 짐멜의 모더니티 풍경 11가지』, 도서출판 길, 2007.

신응철, 『카시러의 문화철학』, 한울출판사, 2004.

──────, 『카시러 사회철학과 역사철학』, 철학과현실사, 2004.

이상엽, 「짐멜과 카시러의 문화철학 비교 연구」, 『철학논총』 50집, 제4권, 2007.

최성환, 「딜타이와 짐멜의 삶의 개념과 이해 개념」, 『철학탐구』 25집, 2009.

홍경자, 「짐멜의 비극적인 것」, 『해석학연구』 8집, 2001.

──────, 「짐멜과 야스퍼스의 삶과 정신의 문제」, 『동서철학연구』 35집, 2005.

Simmel, Georg., Grundfragen der Soziologie. Individuum und Gesellschaft, Berlin 1970.

──────, Georg Simmel Gesamtausgabe, Band 6. Philosophie des Geldes, Suhrkamp Verlag Frankfurt am Main 1989.

──────, "Vom Wesen der Kultur(1908)", in Georg Simmel Gesamtausgabe, Band 8. Aufsätze und Abhandlungen 1901-1908, Suhrkamp Verlag Frankfurt am Main 1993.

──────, Gesamtausgabe, Band 14. Hauptprobleme der Philosophie. Philosophische Kultur, Herausgegeben von Rüdiger Kramme und Otthein Rammstedt, Suhrkamp Verlag Frankfurt am Main 1966.

──────, Georg Simmel, "Die Zukunft unserer Kultur. Stimmen über Kulturtendenzen und Kulturpolitik(1909)", in Georg Simmel Gesamtausgabe 17, Frankfurt a. M.: Suhrkamp, 2005.

제 2 부

문화인식과 문화비평의 제 문제

제5장

도슨트, 해석자인가? 안내자인가?

1. 들어가는 말

현대 해석학의 논의에서 여전히 쟁점으로 남아 있는 부분을 꼽아보라면, 필자는 '해석(자)의 위상(Status of Interpretation/Interpreter)' 문제를 들고 싶다. 해석의 위상 문제가 쟁점인 이유는 작품이나 텍스트의 해석 행위가 우리의 이해 행위에 도움이 되면서도 더러는 우리의 이해 행위를 방해하는 역할도 수행하기 때문이다. 그러니까 해석자는 한편으로는 감상자들을 작품의 세계로 온전히 이끌어주는 '길라잡이' 역할을 하면서, 다른 한편으로는 작품 세계의 일부분으로만 안내하는 '훼방꾼'의 역할도 감당하고 있는 셈이다.

그런데 이러한 논의가 해석학이라는 특수한 학문 분과 안에서만 벌어지는 학문적 논쟁에만 그치는 것이 아니라, 우리의 직접적인 삶의 현장에서도 그대로 맞부딪힐 때, 우리는 과연 어떤 입장을 취할 수 있을까? 만일 우리가 그 상황에서 하게 되는 그 선택은 얼마나 정당성을 확보할 수 있을까? 필자는 해석(자)의 위상 문제를 최근 우리 사회에서 등장하고 있는 문화 분야의 주요 관심사 중의 하나인 도슨트(Docent)에 적용하여 논의해 보고자 한다.

이 글은 박물관·미술관에서 도슨트의 지위를 '해석자'의 위치에서 읽어내고, 도슨트들이 수행하는 역할 가운데 특히 작품에 대한 해석/해설이 감상자인 관객들에게 어떤 영향을 주게 되는지에 관해 해석학의 지평에서 살펴보는 데 초점을 맞추고 있다. 필자가 박물관·미술관에서 차지하는 도슨트들의 다양한 역할 가운데 특별히 '해석자로서 도슨트(Docent as Interpreter)'에 초점을 두는 이유는 이들의 행위가 거슬러 올라가면, 해석학의 주된 관심사 중의 하나인 해석행위의 의미부여 방식과 관련된 상이한 입장을 접할 수 있는 구체적인 사례가 되기 때문이다.

그래서 이 글에서는 먼저 국내 박물관·미술관에서의 도슨트 운영 실태와 직무 유형에 대해 살펴보고, 박물관·미술관에 소장된 예술품과 예술의 성격에 관해 논의하도록 한다. 이어서 도슨트와 예술작품 그리고 관객의 상관관계를 살펴본 다음, 해석자로서 도슨트와 해석의 대상으로서 예술작품에 대해 다루어 보고, 계속해서 안내자로서 도슨트와 체험의 대상으로서 예술작품에 대해 살펴보도록 한다. 마지막으로 예술과 비예술의 경계에 대해 생각해 보면서 논의를 맺고자 한다. 이러한 논의를 통해서 우리가 던질 수 있는 물음을 한마디로 표현해 본다면, 예술작품은 해석의 대상인가? 체험의 대상인가? 작품에 대한 해석은 작품의 세계를 잘 드러내주는 해방의 차원인가? 훼방의 차원인가? 이러한 물음을 근거로, 필자는 해석학의 논의를 빌어 국내 박물관·미술관의 도슨트들의 바람직한 위상에 대해서 간접적으로나마 제시해 보고자 한다.

2. 국내 박물관·미술관의 도슨트의 운영과 직무 유형

박물관·미술관에서의 도슨트의 행위는 넓은 의미에서 볼 때 교육적 범주에 속한다. 이들 기관의 생명은 관람객과의 소통(疏通)에 있으며, 이의 최접점에 서 있는 사람이 바로 도슨트이다. 도슨트는 박물관·미술관의 전시물을 관람객에게 언어적으로 전달(傳達)하는 최후의 전달자이자 해석자이다. 박물관·미술관에서 도슨트는 해설(解說)과 해석(解釋), 체험(體驗)과 인식(認識) 등 다양한 교수법을 동원하고 있다. 그렇다면 우리에게 다소 생소하게 들릴 수 있는 도슨트란 무엇이며, 통상적으로 그들에게는 어떤 역할이 주어져 있는 것일까?

도슨트(Docent)[1]라는 말은 라틴어 '*docere*'에서 파생된 것으로 '가르치다'라는 뜻을 지니고 있다. 그래서 1987년 랜덤 영어사전에

---

[1] 이영주, 「삼성어린이박물관의 museum Educator 운영 사례」, 2008 한국박물관대회·한국문화교육학회 학술대회 논문집, 『도슨트#해설사』, 2008, 127쪽.

는 도슨트를 가리켜 "전시회의 설명을 하며, 박물관·미술관을 안내하면서 특별히 관람객을 인도할 수 있는 지식을 갖고 있는 사람"[2]으로 정의하고 있다. 도슨트는 1845년 영국에서 처음 생긴 뒤, 1907년 미국의 보스턴 미술관에 이어 세계 각국으로 확산된 제도이다. 보스턴 미술관에서는 교육하는 사람들과 삶의 질을 높이는 사람들을 위한 교사강연을 지도프로그램으로 사용했는데 그 프로그램은 훈련받은 도슨트들에 의해 제공되었다. 박물관 안에서 도슨트의 제도는 일정한 교육을 받고 박물관·미술관에서 관람객을 안내하며 전시물에 대한 설명을 제공함으로서 이해를 돕도록 하는 데 목적이 있다.

'도슨트'라는 명칭(名稱)의 사용과 관련하여 국내의 상황을 잠시 살펴보자. 2008년을 기준으로 국립중앙박물관에서는 도슨트를 '전시 해설자'로 부르고 있고, 국립현대미술관에서는 '전문 작품해설사' 혹은 '메디에이터(mediator)'로 부르고 있으며, 삼성어린이박물관에서는 '박물관 교사(museum educator)로 부르고 있다. 해외의 여러 어린이박물관에서는 도슨트라는 말보다는 facilitator, educator, animator, museum teacher라는 명칭이 사용되고 있다. 국내에서는 삼성미술관 리움과 이화여대 자연사박물관에서 공식적으로 '도슨트'라는 명칭을 사용하고 있다.

그렇다면 도슨트에게는 어떠한 자질과 역할이 요구되는 것일까? 어떤 학자는 도슨트의 역할은 박물관·미술관의 수집(收集),

---

2 류재만, 「어린이를 위한 전문 도슨트에 대한 연구」, 『미술교육논총』 제18권, 2005, 49-68 쪽 참조.

연구(硏究), 보존(保存), 전시(展示), 전달(傳達)의 기능들 가운데, '전달' 부분에 있다고 말한다.[3] 도슨트는 박물관·미술관 관람객들에게 문화적 기억(記憶)과 유산(遺産)을 경험하고 배우며, 문화적이고 역사적인 해석 능력을 습득할 수 있도록 교육적 전문성을 보여줄 수 있어야 한다.[4] 왜냐하면 도슨트는 박물관·미술관 전시에서 관람객과 가장 가까운 거리에서 관람객을 만나고 소통하는 중요한 역할을 수행하고 있기 때문이다. 따라서 이들은 박물관·미술관의 미션 및 전시와 소장품에 대한 이해는 물론이고 관람객의 특성을 파악하고 그들과 커뮤니케이션할 수 있는 기술까지 보유해야 한다. 그러니까 도슨트는 전시물에 대한 지식을 바탕으로 자신이 익힌 지식을 다른 사람들에게 알리는 것을 기쁨과 보람으로 여기고, 또한 자원 봉사하며 교사이자 해설자 역할을 수행하므로 일반적인 자원봉사자보다 높은 교육적·사회적 능력이 요구되고, 학습능력을 필요로 한다.[5]

국내에서는 최근에 도슨트가 문화 분야의 하나의 일자리로 떠오르고 있는 추세이기도 하다. 2008년부터 문화체육관광부와 노동부의 협력 속에 국가적으로 박물관·미술관에 도슨트를 대규모로 파견하는 제도를 시행하고 있다. 예컨대 국립중앙박물관만 보더라도 2008년 4월을 기준으로 284명의 도슨트들이 활동하고

---

3 Vieregg, H., *Museumswissenschaften*, Paderborn: W. Fink Verlag, 2006.
4 박지연, 「박물관·미술관 도슨트의 직무분석」, 2008 한국박물관대회·한국문화교육학회 학술대회 논문집, 『도슨트#해설사』, 2008, 38쪽.
5 한국문화예술교육진흥원, 『박물관·미술관·미술관 교육 전문인력 양성 및 지원방안 연구』, 2006, 65쪽.

있는 것으로 파악되고 있다.[6] 그렇다면 도슨트들은 현장에서 어떤 직무를 가장 많이 수행하고 있을까? 국립경주박물관, 국립중앙박물관, 국립현대미술관, 서울시립미술관, 서울역사박물관, 숙명여자대학교 박물관, 이화여자대학교 자연사박물관, 부산시립미술관, 삼성미술관 리움에서 활동 중인 도슨트들을 대상으로 벌인 한 설문조사 결과[7]에 따르면, 국내의 도슨트들의 직무 유형은, ① 해설, ② 자료개발, ③ 안내, ④ 체험학습지도, ⑤ 일정관리, ⑥ 훈련 이상의 여섯 가지 영역으로 밝혀졌다. 이러한 여러 직무들 가운데 우리의 관심을 끄는 가장 중요한 것은 바로 '해설'의 영역이다. 해설의 영역은 도슨트의 직무 가운데 단연 1위를 차지하고 있을 만큼 대단히 중요한 부분이라 할 수 있다.

그런데 현재 국내의 관련 기관들 사이에서도 도슨트의 역할 및 자질과 관련하여 논란이 되고 있는 부분이 있다. 말하자면, 도슨트가 '해설'의 역할만 담당해야 하는지, 아니면 체험학습 강사의 역할까지도 담당해야 하는지의 문제가 그것이다.[8] 이러한 상황에서 필자는 도슨트의 다양한 직무들 가운데, 해석학적 논의와 깊은 연관이 있는 '해설'의 측면, 다시 말해 작품해석의 문제에 국한하여 여기에서 논의하고자 한다. 해석학의 전통에서 볼 때, 예술작

---

6 나유미, 「국립중앙박물관 자원봉사 현황」, 2008 한국박물관대회·한국문화교육학회 학술대회 논문집, 『도슨트#해설사』, 2008, 85쪽.

7 이병준 외, 『고령자 적합직종 발굴 및 훈련프로그램 개발(문화영역을 중심으로)』, 노동부·부산대 교육연구소, 2007., 100쪽; 박지연(2008), 같은 글, 43쪽.

8 박지연, 「박물관·미술관 도슨트의 직무분석」, 2008 한국박물관대회·한국문화교육학회 학술대회 논문집, 『도슨트#해설사』, 2008, 38쪽.

품을 해석(解釋)의 대상으로 볼 것인지, 체험(體驗)의 대상으로 볼
것인지의 문제는 여전히 뜨거운 감자임에 틀림없다. 이제 박물
관·미술관에 소장된 예술품으로 눈을 돌려보자.

3. 박물관·미술관의 예술품과 '발견(發見)'으로서의 예술

　박물관·미술관에 소장된 것들을 편의상 자연물, 인공물, 예술
품 등으로 세분화해서 말할 수도 있겠지만, 여기에서는 통상 예술
품으로 간주하고자 한다. 그러면 이런 예술품을 통해서 우리는 무
엇을 얻으려는 것일까? 그리고 무엇을 보고자 하는 것일까? 이러
한 물음은 미학사에 등장하는 예술의 정의와도 깊은 관련이 있다.
　미학사를 살펴보면, 아리스토텔레스(Aristoteles. BC. 384~BC. 322)
의 '모방(模倣)으로서의 예술'이라는 정의[9] 이래, 예술을 어떻게 정
의해야 하는지에 대한 논의는 시대와 미학자들에 따라 계속되어
왔다. 미학사 전체를 보면, 자연의 대상물을 잘 모방해 놓았거나,
아니면 아름다운 자연 대상물을 잘 모방해 놓은 것을 예술작품으

---

9 아리스토텔레스는 예술을 '자연의 모방'(*Ars simia naturae*)으로 보고, 예술의 기능은 모방
　(模倣)에 있다고 말한다. 아리스토텔레스에 따르면, 특히 예술은 외부 사물의 모방이다.
　'모방'(*μίμησις*)은 근본적인 본능이며, 다른 것에 환원시킬 수 없는 인간성의 한 사실이다.
　모방은 인간에게 있어 어린 시절부터 선천적인 것이다. 인간이 하등 동물보다 나은 성질
　들 가운데 하나는 세상에서 모방을 가장 잘 하는 동물이라는 점이며, 처음에는 인간이
　모방에 의하여 배우게 된다고 그는 말한다. 그래서 모방은 그칠 줄 모르는 즐거움의 원천
　이 된다. Aristotle, Poetics, 4. 1448b 5-17. In *Aristotle on the Art of Poetry*, ed. Ⅰ. Bywater
　(Oxford, 109), 8-11쪽.

로 인정하려는 경향이 있었다. 이를 우리는 예술사조에서 '모방예술(Imitative Art)' 이론이라 부른다. 예술을 이와 같이 이해하려는 입장에서는 예술가 자신의 자발성(自發性), 창의성(創意性), 상상력(想像力) 등의 요소가 잘 드러나지 않게 된다. 그래서 이에 대한 반발로써 예술가 자신의 정서적(情緒的) 요소를 강조한 '성격예술(Characteristic Art)' 이론[10]이 등장한다. 이 입장은 대상의 측면보다는 창작자의 측면, 즉 예술가 자신의 감성적 요소를 지나치게 강조하게 되었고, 그 결과 우리들의 발성이나 손짓, 몸짓까지도 모두 예술작품이 될 수 있다는 극단적인 경향을 보이기까지 하였다. 그런데 이 입장은 예술가의 정서적 요소를 강조한다고 해서 그것이 곧장 예술로 성립할 수는 없다는 사실을 우리에게 반증하기도 하였다. 예컨대 의미 있는 발성이 있는가 하면, 무의미한 발성도 있고, 특별한 목적을 지닌 제스처도 있지만 습관적인 언어행위에 기인한 제스처도 분명 있기 때문이다. 그래서 이 입장은 우리로 하여금 무엇이 예술이고, 무엇이 예술이 아닌지 그 경계지점을 혼란하게 만들어 버렸다.

어쨌거나, 모방이론이나 성격이론은 예술의 성격을 '재현(Re-Presentation)'에 두고 있다는 점에서는 공통적이다. 모방이론이 아름다운 자연 대상을 재현해 놓은 것이라면, 성격이론은 창작자의

---

10 성격예술이론의 대표자로 루소를 꼽을 수 있으며, 그는 예술이론의 고전적 및 신고전적 전통을 모두 배척하였다. 루소에게서 예술이란 경험적 세계의 묘사나 재현이 아니라, 인간의 정서(情緒)와 정열(情熱)의 분출이다. Verene, Donald Phillip.(ed), *Symbol, Myth, and Culture: Essays and Lectures of Ernst Cassirer*, 1935-1945, New Haven: Yale University Press, 1979, 206쪽.

정서적 상태를 재현해 놓은 것이라 볼 수 있기 때문이다. 이렇듯, 예술의 성격을 '재현'으로 보는 입장들은 미학사 전체에서 상당히 오랫동안 그 영향력을 행사해 왔다. 그렇지만 현대에 들어와서는 예술의 성격을 더 이상 '재현(再現)'으로 보지 않고, '발견(發見)'으로 보려는 경향이 압도적인 추세다.

우리에게 대표적인 문화철학자로 잘 알려진 에른스트 카시러(E. Cassirer, 1874~1945)에 따르면, 예술은 이미 주어져 있는 현실을 한갓 재생하거나 재현한 것이 아니다. 예술은 인간생활에 있어서 사물에 대한 객관적인 견해에 이르게 하는 여러 방법들 가운데 하나이다. 그렇기 때문에 예술은 더 이상 모방이 아니라, '현실의 발견'이다.[11] 다시 말해서 인간은 예술을 통해서 자연을 발견하는 것이다. 예술가는 자신의 감정을 외부화하여 그것에 형체를 부여한다. 여기서 외부화란 진흙이나 청동 혹은 대리석과 같은 단순히 특수한 물질적 매체로써 볼 수 있게 하고 만질 수 있게 할 뿐만 아니라, 감각적 형상, 리듬, 색채, 선과 디자인 등으로써 볼 수 있게 하고, 만져볼 수 있게 함을 말한다. 그렇기 때문에 우리에게 감동을 주는 것은 예술작품 속의 형식들의 구조, 균형, 질서와 같은 것들이다. 바로 이런 요소들을 가리켜 카시러는 예술작품이 갖추어야 할 목적성(目的性)의 계기라고 말한다.[12] 이런 요소들을 통해서 우리는 새롭게 자연을 발견하게 되는 것이다. 카시러의 이런 견해는

---

11 Ernst Cassirer, *An Essay on Man: An Introduction to a Philosophy of Human Culture*, New Haven: Yale University Press, 1944, 143쪽; 신응철, 『카시러의 문화철학』, 한울출판사, 2003, 171쪽.

12 Ernst Cassirer(1944), 같은 책, 154쪽.

예술과 비예술의 모호했던 경계를 다시금 명확하게 확인해 주는 역할을 하고 있다.

이제 우리들에게 남아 있는 것은 예술작품이다. 이것을 어떻게 해석하고 감상해야할 것인가는 전적으로 우리의 몫이다. 한국의 대표적인 1세대 예술철학자로 손꼽히는 조요한(1926~2002)은『예술을 사랑하는 마음』(1996)에서 다음과 같이 말하고 있다. "예술의 아름다움은 예술작품의 대상적인 구조나 기교에 있지 않으며, 작품을 사이에 둔 두 사람의 마음, 즉 작가와 감상자의 미의식(美意識) 없이는 성립되지 않는다. 그렇기 때문에 대상으로서의 아름다움도 중요하지만, 작가와 감상자의 아름다움의 의식(意識)도 그에 못지않게 중요하다. 예술의 아름다움이 작품 향수를 통하여 퍼져나가 사람의 마음에 메아리칠 때 예술은 그 몫을 다한다. 이것이 미학에 있어서 작품해석이다."[13]

우리가 예술작품을 통해서 새로운 세계를 발견한다고 할 때, 거기에는 간단치 않은 계기와 과정이 들어있다. 예술의 세 가지 중요한 요소인 예술가, 예술작품, 감상자의 관계를 고려할 때, 과연 예술작품의 무엇을 통해서 그와 같은 발견이 이루어지는가? 다시 말해 예술작품의 해석의 문제가 중심 주제로 떠오른다. 현대 해석학의 논의에서도 이 부분은 중심 주제 가운데 하나이다. 작품의 해석에 있어서 그 기준이 무엇인가 하는 점이 핵심인 것이다.

---

13 조요한, 『예술을 사랑하는 마음』, 한길사, 1996, 128쪽.

4. 박물관·미술관의 예술품과 그 해석

　박물관·미술관에 소장된 예술품의 경우에서도 작품해석의 기준 문제는 여전히 주요한 사안 가운데 하나이다. 예술작품의 해석과 감상에 있어서 해석학의 논의는 결정적인 기여를 하였다. 해석학사에서 나타나는 주요 관심사 중의 하나는 예술작품의 해석에 있어서 올바른 해석과 그릇된 해석을 가려줄 기준을 설정하는 데 있다. 다시 말해 타당(妥當)한(valid) 해석과 부당(不當)한(invalid) 해석을 가려주는 지침을 어디에서 찾느냐에 따라 입장들이 서로 나뉘게 된다.

　해석학이론의 전체 맥락에서 제일 먼저 등장한 입장으로서 저자(著者) 중심, 특히 저자의 의도(意圖)를 작품해석의 기준으로 보아야 한다는 주장이 있다.[14] 이 입장은 지금까지도 한국 사회의 제도권 공교육(公敎育)의 현장에서 제일 각광 받고 있다. 예컨대 한 편의 시(詩)를 감상할 때, 시 해석의 정확한 기준은 감상자에게 있는 것이 아니라 시인의 창작 의도에 달려있다. 그러니까 창작자가 어떤 의도에서 그 시를 창작하였는가를 제대로 파악하면 작품에 대한 정확한 이해가 가능하다는 논리이다. 그러나 작품이 작가의 손을 떠나는 순간부터 작품은 독자에 의해 얼마든지 새롭게 해석될 여지를 갖게 된다. 이런 측면을 여기에서는 설명해 줄 수가 없게 되었다.

---

14 슐라이어마허(Schleiermacher, 1768-1834)와 딜타이(Dilthey, 1833-1911)의 관점이 여기에 해당된다.

그래서 새로운 입장이 등장하게 되었는데, 말하자면 작품해석의 기준은 더 이상 작가의 의도에 있는 것이 아니라 예술작품(藝術作品) 자체에 있다고 보는 견해이다.[15] 이 입장은 작품이 다양하게 해석되고 이해될 수 있는 이유는 작품 자체가 하나의 세계, 즉 작품 자체의 존재세계(存在世界)를 가지고 있기 때문에 가능하다는 것이다. 이러한 작품의 세계는 늘 감상자들에게 말을 걸어온다는 것이다. 중요한 것은 감상자들이 작품의 세계 가운데로 들어가 작품의 존재와 만나기만 하면 된다. 따라서 이 입장에서는 더 이상 올바른 해석과 그릇된 해석이라는 관점을 중요하게 간주하기보다는 의미 있는(meaningful) 해석과 의미 없는(meaningless) 해석을 중요시한다. 그런데 이 입장에서는 의미 있는 해석과 그렇지 않은 해석을 구별해 주는 기준이 작품자체에 있는지, 아니면 감상자에게 있는지가 명확하게 해명되지 않고 있다.

이상과 같은 이유에서 또 다른 입장이 등장하였는데, 여기에서는 작품해석의 기준은 이제 전적으로 감상자에게 달려있다고 주장한다.[16] 이를 해석학 전통에서는 '수용이론' 혹은 '수용미학이론'으로 부르고 있다. 올바른 해석과 그릇된 해석이든, 의미 있는 해석과 의미 없는 해석이든, 작품의 해석에 있어서 궁극적 기준(基準)은 감상자에게 달려있다는 주장이다. 이 입장은 작품해석의 다양성(多樣性)을 인정할 수 있고, 작품의 의미를 고정되어 있는 것으

---

15 하이데거(Heidegger, 1889-1976)와 가다머(Gadamer, 1900-2002)의 관점이 여기에 해당된다.

16 야우스(Jauß, 1921~)와 이저(Iser)의 관점이 여기에 해당된다.

로 간주하기보다는 상황과 조건에 따라 항상 열려있는 것으로 간
주하게 된다. 하지만 이러한 해석의 입장도 극단화될 경우, 결국
예술과 비예술의 경계, 작가와 일반인의 구분, 진품과 위작의 구
별이 모호해지게 되고, 종국에는 예술이란 무엇인가? 라는 근원
적인 물음을 되물어야만 하는 상황에 직면하게 된다.

5. '해석자'로서 도슨트, 해석(解釋)의 대상이 된 예술품

우리는 여기에서 먼저 도슨트의 지위를 '해석자'의 관점에서 읽
어보고자 한다. 이런 방식에서라면 박물관·미술관에 소장된 예
술품은 당연히 '해석의 대상'이 된다. 예술품을 해석의 대상으로
간주하는 것은 넓은 의미에서 해석학의 문제이다. 예술가, 예술작
품, 감상자의 상관관계를 논의하면서도 우리의 관심은 해석, 특히
예술작품의 해석에 모아진다. 그러니까 예술작품을 해석의 대상
이라고 간주하는 입장은 해석학적 보편주의의 견해라 할 수 있다.
해석학적 보편주의[17]의 기본 입장은 예술작품의 해석(解釋)을 통

---

17 해석학적 보편주의, 특히 가다머의 해석학적 보편주의에 관한 연구 자료는 다음의 것들
   이 있다. ① 김창래, 「가다머의 철학적 해석학에서의 존재와 언어의 관계: "이해될 수
   있는 존재는 언어다"라는 문장에 관하여」,『문화와 해석학』, 한국해석학회, 철학과현실사,
   2000, 153-188쪽. ② 조지아 윈키,『가다머: 해석학, 전통 그리고 이성』(이한우 역), 민음
   사, 1999. ③ 라차드. E. 팔머,『해석학이란 무엇인가』(이한우 역), 문예출판사, 1991,
   238-282쪽. ④ 한스 인아이헨,『철학적 해석학』(문성화 역), 문예출판사, 1998, 190-212
   쪽. ⑤ O. F. 볼노오,『인식의 해석학: 인식의 철학 1』(백승균 역), 서광사, 1993, 165-169
   쪽. ⑥ 고위공,『해석학과 문예학』, 나남출판사, 1989, 82-91쪽. ⑦ 신응철,『해석학과 문
   예비평』, 예림기획, 2001, 85-112쪽.

해서 이해(理解)가 가능하며, 이때의 이해는 감상자 모두가 공유할 수 있는 보편성을 확보할 수 있다는 주장이다.[18] 따라서 이들은 해석은 곧 이해라고 주장한다. 말하자면 작품에 대한 이해는 해석을 기반으로 하며, 해석 행위는 해석자(도슨트)의 선이해(先理解)를 바탕으로 이루어지기에, 이해와 해석은 떼래야 뗄 수 없는 관계에 있다고 파악한다. 그렇다면 예술작품의 해석은 누구에 의해 가능한가? 모든 이들이 예술작품의 해석자가 될 수 있는가? 이 문제와 관련하여 해석학적 보편주의자들은 볼 줄 아는 안목을 지닌 자들(도슨트)만이 작품을 해석할 수 있다고 말한다. 볼 줄 아는 안목은 어려서부터 특정 분야에서 전문적인 교육을 쌓은 이들, 소위 전문가들에 의해서만 이루어질 수 있다. 이들 전문가가 해석해 놓은 방식 그대로 따라하게 되면 감상자들도 작품에 대한 올바른 이해에 도달할 수 있다는 논리이다. 이와 같은 해석을 바탕으로 얻어지는 작품에 대한 이해 작용은 모든 이들에게 적용될 수 있는 공통 현상이라고 주장한다.

해석학적 보편주의의 관점에서 예술작품을 해석의 대상으로 간주하게 되면, 작품에 대한 해석과 이해 행위가 고정(固定)되어 있는 것이 아니라 항상 유동적(流動的)이게 된다. 왜냐하면 해석자(도슨트)의 선이해나, 상황, 조건, 관점에 따라 작품에 대한 해석이

---

18 해석학적 보편주의의 주장을 명료화 하면, "모든 이해는 해석이다"(*Alles Verstehen ist Auslegen*)라는 명제로 표현할 수 있다. Gadamer, H. G., *Wahrheit und Methode; Grundzüge einer philosophischen Hermeneutik*, J. C. B. Mohr (Paul Siebeck) Tübingen, 1986, 392쪽. 영역본은 *Truth and Method*, Translated William Glen-Doepel, Sheed and Ward London, 1975, 350쪽.

달라 질 수 있기 때문이다. 이렇듯, 예술작품의 해석의 다양성과 이해의 변화 가능성을 이 입장에서는 인정하고 있으며, 바로 이 점이 해석학적 보편주의의 특징[19]이라고 말할 수 있다.

한편, 우리가 예술작품을 해석의 대상으로 간주할 때 생길 수

---

19 필자는 이미 다른 지면을 통해서 해석학적 보편주의의 특징을 아래와 같이 여섯 가지로 요약하여 제시한 바 있다. 첫째, 해석학적 보편주의에는 이해의 교정 가능성(*corrigibility*)이 있다. 말하자면 우리가 이해하는 것, 진실 혹은 사실이라 파악하는 것이 종종 틀렸다는 것을 알 수 있고, 그리하여 다른 이해에 의해서 그것을 수정하고 대체할 수 있다는 것이다. 또한 새롭게 등장한 이해는 이전의 이해를 재해석함으로써 얻어지는 것이고, 따라서 그것 자체도 또한 뒤따를 해석에 의해 대체될 수 있다는 측면이다. 둘째, 해석학적 보편주의에서는 이해에 있어서 관점적인 다양성(*perspectival plurality*)과 선판단(*Vorurteil*)을 인정하고 있다. 말하자면, 이해라는 것이 언제나 관점적이기에 결국 관점적 다양성을 가지고 있다는 것이다. 모든 생각과 지각이 지향성을 드러내고 있다는 점에서, 그리고 지향성은 대상을 특정한 방식으로 포착하는 것이므로 관점적일 수밖에 없고, 그래서 모든 이해는 반드시 관점적이라고 볼 수 있다. 여기서 관점이란 가다머가 말하는 '지평'(*Horizont*) 개념에서 파생한 것이다. 셋째, 해석학적 보편주의에서는 이해에 있어서 마음의 활동(*mental activity*)과 과정(*process*)을 받아들이고 있다. 말하자면, 이해는 언제나 선판단에 의해서 매개되며, 따라서 결코 중립적일 수 없다는 점에서 언제나 해석일 수밖에 없다. 넷째, 해석학적 보편주의에는 이해의 관점적 편파성(*perspectival partiality*)과 그것의 활동적인 과정(*active process*)이 겹치고 있다. 모든 이해가 선택적이고, 모든 이해는 그러기에 해석적이지 않으면 안 된다. 이해가 관점적 편파성을 갖는다는 것은 불완전하고 의도적 편견이라는 두 가지 의미에서 언제나 선택적이라는 점을 함축한다. 다섯째, '이해'를 하나의 어떤 상태(*state*)로서 파악하게 되면 이해는 중립적(*neutral*)이며 정적(*static*)인 성격을 갖게 된다. 이에 반해 '해석'을 가리켜 뭔가를 행하는 것으로서(*doing something*) 파악하게 되면, 해석은 능동석이고 선택적(*selective*)이며 구조화하는(*structuring*) 성격을 갖게 된다. 그렇게 되면 이해와 해석은 별개의 것이 되고 만다. 그런데 해석학적 보편주의자들은 이와 같은 구별, 그러니까 이해는 수동적이고 중립적이지만, 해석은 능동적이고 구조화하는 능력을 지닌다는 구별을 단호하게 거부한다. 여섯째, 해석학적 보편주의의 논의에는 모든 이해는 언어적(*linguistic*)이라는 사실이 전제되어 있다. 그 이유는 모든 이해는 언어를 필요로 하는 개념들과 관련되어 있기 때문이다. 그런데 언어적 이해는 자연적이라기보다는 자의적이라고 할 수 있는 기호를 탈부호화 하고 해석하는 작업이다. 때문에 의미 있는 명제로의 변환 작업은 언제나 해석을 필요로 할 수밖에 없다는 것이다. 신응철, 『문화철학과 문화비평』, 철학과현실사, 2003, 209-212쪽; Richard Shusterman, *Pragmatist Aesthetics: Living Beauty, Rethinking Art*, Rowman & Littlefield, 2000, 121-125쪽(번역서 『프라그마티스트 미학; 살아있는 아름다움, 다시 생각해 보는 예술』(김광명·김진엽 역), 예전사, 2002, 162-167쪽).

있는 가장 큰 문제점은, 과연 누가 해석할 것인가? 라는 물음에 명쾌한 해답을 제시하기 어렵다는 점이다. 그러니까 특정 분야의 전문적 지식을 지닌 소위 전문가들(도슨트)로만 한정한다면, 이것은 또 다른 문제를 야기할 수가 있다. 즉 극소수의 전문가들만이 예술의 영역을 독점해 버리는 현상이 초래될 수 있는 것이다. 이것은 바로 예술의 권력화, 예술의 이데올로기화 현상과 직결된다.

예컨대 새롭게 개봉된 영화를 접하는 관객들은 소위 영화평론가라 일컬어지는 이들의 평가를 좇아 자신들이 관람할 영화를 선택하게 되고, 또한 영화 감상의 틀조차도 그들이 제안한 방식 그대로를 따르고자 한다. 언론은 그런 현상들을 통해서 빚어진 관객 동원률을 근거로 성공한 영화와 실패한 영화를 구분하기에 이른다. 문제는 이런 상황에서 영화평론가들은 영화라는 예술 장르에서 중심 권력으로 부상하고 있다는 점이다.

이런 문제점에도 불구하고, 예술작품을 해석의 대상으로 간주하는 해석학적 보편주의가 설득력을 얻고 있는 이유는 호소력 때문이다. 이들은 예술작품 자체에 의미를 부여하기보다는 예술작품을 통해서 무엇인가를 얻어내고자 한다. 시대와 사회와 개인이 직면하고 있는 다양한 문제점들을 예술작품을 매개로 해결하고자 하는 것이다. 이들은 예술작품을 통해서 그 사회와 시대와 개인에게 필요한 해답(解答)을, 교훈(敎訓)을 찾아내고자 한다. 때문에 이런 입장은 긴박한 사회 변동기에 보다 큰 반향을 불러일으킬 수 있었다. 우리에게는 1980년대 민중예술운동이 좋은 예가 된다.

6. '안내자'로서 도슨트, 체험(體驗)의 대상이 된 예술품

다음으로 우리는 도슨트의 지위를 '안내자'의 관점에서 읽어보고자 한다. 이렇게 되면 박물관·미술관의 예술품은 해석의 대상이 아닌 '체험의 대상'[20]이 된다. 이런 관점은 예술에 대한 논의에서, 보다 정확히 말해 예술의 영역을 특정인들(도슨트)에게서 해방시키려는 일련의 논의와 일맥상통한다. 이 입장은 대체로 도슨트의 지위를 안내자로만 한정할 뿐이다. 이러한 입장을 고수하는 대표적인 학자로는 미국의 여류 예술철학자 수잔 손탁(S. Sontag)이 있다. 그녀는 『해석에 반대한다』(1966)에서 이 같은 입장을 명쾌하게 제시하였으며, 또한 예술작품을 '해석'하려는 이들을 향하여서도 거침없이 비난을 퍼부었다. 그러니까 예술작품에 대한 해석 행위는 지식인이 예술에 가하는 복수(復讐)이며, 예술작품에 가하는 강간행위라는 것이다.[21] 그렇다면 손탁은 왜 예술작품의 해석 행위에 대해 그토록 반대했던 것일까?

먼저 손탁은 예술이론에서 예술작품에 대한 해석 행위가 자연스럽게 받아들여진 배경부터 밝혀낸다. 예술에 관한 서구의 모든 의식과 반성이 예술을 '모방'이나 '재현'으로 간주했던 그리스 예술이론의 테두리 안에 있었는데, 특히 '형식(形式)'과 '내용(內容)'이 분

---

20 필자는 예술작품의 해석(解釋)의 문제를 '해방'의 측면과 '훼방'의 측면으로 구분하여, 특히 가다머(H. G. Gadamer)와 프라그마티스트(Pragmatist) 간의 해석 논쟁을 발표한 바 있는데, 신응철, 『문화철학과 문화비평』, 철학과현실사, 2003, 제8장 참조 바람. 여기서의 논의도 이 글의 전반적인 토대 위에서 진행되고 있음을 밝혀 둔다.
21 S. 손탁, 『해석에 반대한다』(이민아 역), 도서출판 이후, 2002, 25쪽.

리되어 있다는 묘한 환상과, 내용은 본질적(本質的)이고 형식은 장식적(裝飾的)이라는 의식이 문제였다[22]는 것이다. 그러니까 '내용'을 지나치게 강조한다는 것은 끝나지 않을, 결코 완성되지 못할 '해석' 작업을 해야 한다는 의미가 되기 때문이다. 이 말을 역으로 생각해 본다면, 예술작품의 내용이 따로 있다는 환상을 갖도록 만들어주며, 그로 인해 늘 습관처럼 예술작품을 그러한 방식으로 대하게 되는 결과를 초래하게 된다는 것이다. 손탁의 관점에서 볼 때, 예술작품을 겨냥한 해석이란 작품 전체에서 일련의 요소, 즉 X, Y, Z 따위의 요소를 뽑아내는 것을 뜻한다.

현대 해석학의 논의에서도 여전히 해석자(도슨트)는 예술작품을 그 내용으로 환원시키고, 그 다음에 그것을 해석함으로써 길들인다. 그렇게 해서 해석은 예술을 다루기 쉽고 안락한 것으로 만든다. 이렇게 된다면, 이해한다는 것 자체가 바로 해석하는 것이 된다. 그렇게 하여 해석학적 보편주의자들의 주장이 등장하게 되었다는 것이다. 손탁은 해석학적 보편주의에서 이해가 곧 해석이라고 주장할 때, 그들이 말하는 '해석'은 다름 아닌 작품의 세계, 작품의 의미에 숨통을 조이는 하나의 훼방 행위에 불과하다고 지적한다. 그런 점에서 해석학적 보편주의자들이 말하는 해석이란 지식인이 예술에 가하는 복수이며, 세계에 가하는 복수가 된다. 말하자면, 해석한다는 것은, '의미(意味)'라는 그림자 세계를 세우기 위해 세계를 무력화시키고 고갈시키는 짓이다. 이는 세계를 이 세

---

22 S. 손탁, 같은 책, 20쪽.

계로 번역하는 것에 다름 아니기 때문이다.

이런 문제의식을 가지고 손탁은 이제 예술작품은 체험(體驗)의 대상이어야 한다고 주장한다. 체험을 통해서 예술작품의 의미를 해방시켜줄 수 있다는 것이다. 여기서 예술작품의 의미는 그녀가 말하는 예술작품의 투명성(transparence) 개념과 밀접한 관련이 있다. 손탁에 의하면 '투명성' 개념은 오늘날 예술비평에서 가장 고상하고 의미심장한 가치이다. 투명성이란, 사물의 반짝임을 그 자체 안에서 경험하는 것, 있는 그대로의 사물을 경험하는 것을 의미한다.[23] 그렇다면 이 일은 어떻게 가능한가? 손탁에 따르면, 오늘날 해석자들(도슨트들)이 초점을 맞추는 것은 예술작품이라는 올가미에 걸려든 '현실'이지, 예술작품이 사람의 마음을 끌어들여 어느 정도 변화를 일으킬 수 있느냐에 있지 않다. 그녀에 따르면 모든 위대한 예술작품은 관조(觀照), 역동적인 관조를 불러일으킨다. 그렇기 때문에 예술작품은 '몰입(沒入)'[24]하는 이에게 총체적이거나 절대적인 권리를 행사한다. 예술작품이 지닌 예술작품으로서의 기능을 인정하고 나면 미적인 것과 윤리적인 것을 분리한다는 것 자체가 무의미하게 된다.

손탁은 예술작품을 우리에게 자양분을 공급하는 양식에 비유한다. 예술작품에 열중하게 되면 틀림없이 세계와 분리되는 경험을 하게 된다. 그러나 예술작품은 그 자체가 마술처럼 우리의 가슴을 설레게 하며, 우리 삶의 본보기로 삼고 싶은 대상, 즉 우리가 더

---

23 S. 손탁, 같은 책, 33쪽.
24 S. 손탁, 같은 책, 55쪽.

열린 마음, 더 풍요로워진 정신으로 이 세계에 되돌아 올 수 있게
해주는 대상이 되기도 한다. 중요한 것은 예술작품이 제 아무리
뛰어난 표현력을 갖추었다고 할지라도, 그 성공 여부는 역시 그
작품을 경험하는 이, 즉 감상자의 협력 여부에 달려있을 수밖에
없다. 왜냐하면 '말로 표현된 것' 자체를 이해할 수는 있지만, 지루
해지거나 자칫 한 눈을 팔다가 감동 없이 이를 넘겨 버릴 수도
있기 때문이다. 그런 측면에서 손탁은 예술은 '유혹(誘惑)'이지 '강
간(强姦)'이 아니라고 말한다.[25] 예술작품은 도저히 회피할 수 없는
유형의 경험을 제시한다. 그러나 예술은 체험 주체의 공모 없이는
유혹에 성공할 수가 없다. 그 점에서 예술작품은 에로틱한 대상이
된다는 것이다. 중요한 것은 그 에로틱한 대상이 가해 오는 유혹
을 우리 자신이 느끼고, 체험하는 일이지, 그 대상을 강간하는 일,
말하자면 작품을 낱낱으로 뜯어내어 짜 맞추는 식의 분석 행위는
무의미하다는 것이다. 그런 의미에서 그녀는 예술에 있어서 필요
한 것은 해석학(Hermeneutics)이 아니라 성애학(Erotics)[26]이라고 말
한다.

　손탁의 입장을 정리하면, 예술에서의 투명성을 확보하기 위해
서는 해석자(도슨트) 자신의 몰입의 과정이 필요하다. 몰입의 과정
이 가능한 것은 모든 예술작품이 기본적으로 역동적인 관조를 불
러일으키는 어떤 힘을 가지고 있기 때문이다. 이것을 손탁은 예술
작품이 가지고 있는 일종의 유혹의 힘이라 말한다. 문제는 기존의

---

25 S. 손탁, 같은 책, 46쪽.
26 S. 손탁, 같은 책, 34-35쪽.

해석학적 보편주의자들의 입장은 이러한 예술작품을 감상하고 이
해하는데 있어서 예술작품 속에 드러난 현실, 혹은 어떤 이념 등
의 것을 추구하고 그것을 발견하려고 했다는 것이다. 그러다 보니
예술작품에서의 미적인 것/비(非)미적인 것, 윤리적 차원/비윤리
적 차원, 예술적인 것/비(非)예술적인 것 등으로 구분하기에 이른
다. 그러한 과정이 세분화되고 강조되다 보면, 결국 해석자 자신
이 예술작품을 '강간'하는 상황, 그러니까 해석 행위가 해방의 행
위가 아닌 훼방의 행위로 귀결되고 만다는 사실을 손탁은 비판하
고 있는 것이다. 결국 손탁이 볼 때 예술작품을 예술작품으로 만
난다는 것은 특정한 경험을 얻는 것이지, 어떤 문제의 해답을 듣
는 것이 아니다.

7. 예술 對 비예술의 구분

　예술작품을 '해석'의 대상으로 보든, '체험'의 대상으로 보든, 어
쨌든 양 입장은 예술작품이 지닌 미적 진리의 다양성(多樣性)과 개
방성(開放性)을 인정하고 있다는 점에서는 공통적이다. 다만 예술
작품을 통해서 우리가 무엇을 볼 것인가? 하는 부분에서는 첨예
한 입장 차이가 드러나고 있다. 그러니까 예술작품의 해석이나 체
험의 문제를 우리 사회의 문화현실 안으로 확대 적용했을 때에는
두 입장 사이에 심각한 간격이 생겨나게 된다.

예술작품을 통해서 그 의미(意味)를 추구하거나 예술작품이라는
매개(媒介)를 통해서 사회현실을 고발하려는 입장에서 본다면, 예
술작품은 항상 분석의 대상, 해석의 대상이 된다. 그 점에서 예술
작품은 언제나 어떤 목적(目的)을 가지게 된다. 때문에 작품은 때
로는 사회변혁의 촉매제가 되기도 하고, 주체가 되기도 한다. 결
국 예술작품은 인간을, 사회를, 환경을 계몽하거나 선도하는 역할
을 담당하게 된다.

반면에, 예술작품을 작품(作品)으로서만 보자는 입장이 있다. 더
이상 작품을 해석자 혹은 감상자의 의도에 따라 갈기갈기 찢어서
마침내 그 작품을 강간해 버리는 것은 예술작품의 의미를 들추어
내기보다는 그 의미를 철저하게 왜곡하고 훼방하는 행위라고 강
하게 주장한다. 이 입장에서는 다만 몰입의 과정을 통해서 작품을
작품으로서 느끼는 것 자체를 강조한다. 그 대상이 건축이건, 미
술이건, 사진이건, 랩 음악이건, 행위예술이건 관계없이 말이다.
이러한 입장에서라면 예술의 모든 장르가 허용될 수가 있다.

종합적으로 살펴보면, 해석학적 보편주의를 비판하는 관점은
기존의 예술제도 자체를 폐기하려는 데 목적이 있기보다 그것을
변형(變形)시키는 데 목적이 있다고 하겠다. 말하자면 예술이라는
박물관을 폐쇄하거나 부수는 것이 아니라, 박물관을 개방시키고
확대하는 데 있다. 이러한 측면에서 볼 때, 손탁이 사용하고 있는
예술 개념에는 전통적인 의미의 고급예술을 넘어서 대중예술을
포함할 수 있는 계기가 있다. 손탁의 예술에 대한 해석은 결국 고

급예술이 지닌 고립된 난해성과 절대화된 주장들에 대한 비판일 뿐만 아니라, 고급예술의 산물들과 대중문화의 산물들 사이에 놓인 본질적인 구분 자체를 무력하게 만들어 놓았다. 이것은 또한 대중예술 혹은 대중문화에 대한 긍정적인 평가를 할 수 있는 계기를 만들어 주었다.

그렇지만 다른 한편에서 우리는 난감한 문제에 직면하게 된다. 바로 예술작품의 역할에 관한 부분에서다. 특별히 예술 혹은 예술활동을 청소년들의 교육(敎育)과 연계시켜 본다면, 다양한 예술의 장르에서 나타나는 부정적인 현상들(예컨대 선정성, 폭력성, 황금만능주의, 도덕불감증, 생명경시 등)을 어떻게 해결할 것인가의 문제가 바로 그것이다. 나아가 예술의 미래, 문화의 미래에 대해 침묵으로 일관해야 하는가의 문제가 남게 된다.

국내의 박물관·미술관에 소장된 예술품의 경우도, 결국 위에서 논의한 이 같은 상반된 견해에 직면해 있다고 보면 된다. 이런 상황을 감안한다면, 새삼 도슨트의 위상을 어떻게 설정할 것인가 하는 문제는 여전히 우리의 초미의 관심거리임에 틀림없다.

8. 나오는 말

지금까지의 논의를 정리하면, 해석자로서 도슨트를 바라볼 때, 그는 두 역할을 동시에 가지고 있는 존재이다. 한편으로는 광활한 박물관의 세계에서 관람객에게 길을 터주는 길라잡이 구실을 하기도 하고, 다른 한편으로는 광활한 세계 한 가운데서 길을 잃게 만드는 훼방꾼의 구실을 담당하기도 한다.. 그런데 곰곰이 생각해 보면, 이 두 역할이 명확하게 구분되지 않을 수가 있다. 시대적 상황과 문화적 조건에 따라 해석자로서 도슨트에게 요청되는 길은 서로 다를 수 있기 때문이다. 예컨대 계몽(啓蒙)을 강조하는 시대라면 '해석'의 측면을 강조할 것이고, 자유(自由)를 강조하는 시대라면 '체험'의 측면을 강조할 것이다.

그렇다면 오늘 우리 시대는 도슨트들에게 어떠한 역할을 요구해야할 것인가? 이 물음에 대한 일차적인 답변은 도슨트들 각자가 활동하는 박물관·미술관의 성격에 따라 약간씩 달라질 수가 있다. 예컨대, 어린이 관련 박물관에 종사하는 도슨트의 경우, 그들 대부분은 예술품을 체험의 대상으로 간주하고, 그 점에서 그들은 스스로 안내자로서의 역할을 감당해야 할 것이다. 그 밖에 성인을 대상으로 하는 박물관·미술관에 종사하는 도슨트의 경우, 그들은 예술품을 해석의 대상으로 파악하고, 그 점에서 그들은 스스로 해석자로서의 역할을 수행해야 할 것이다.

필자가 볼 때, 우리 시대 도슨트의 역할과 관련하여 이런 방식의 답변 제시는 충분한 것이 되지 못한다. 그 이유는 우리 사회가 안고 있는 특수성 때문이다. 우리 사회는 근대시기 이후만 보더라도 일제 강점기를 지나, 전쟁과 분단의 아픔을 겪고, 산업화와 민주화의 격변기를 지나왔다. 그리고 지금 지구촌의 다문화 시대를 살아가고 있다. 이러한 역사적 상황을 감안할 때, 오늘 우리 시대가 도슨트들에게 요구하는 역할은 어떤 것일까? 다른 관점에서, 이러한 역사의식과는 달리, 우리 사회 내부에서 벌어지는 갈등들, 예컨대, 보수와 진보의 갈등, 지역과 세대 간의 갈등, 종교 간의 갈등, 빈부의 갈등, 학벌의 갈등 등을 겪고 있는 우리 시대가 도슨트들에게 요구하는 역할은 어떤 것일까?

그 물음에 대한 궁극적인 판단은 결국 도슨트 스스로 내릴 수밖에 없다. 도슨트 자신의 역사의식과 시대의식, 나아가 전문가적 자질과 역할이 중요시되는 이유가 바로 거기에 있다. 해석(자)의 위상 문제는, 박물관·미술관의 도슨트에 국한된 논의처럼 보이지만, 따지고 보면, 해석학의 영역에 한정된 것이 아니라 정치의 영역과 교육의 영역을 넘나드는 주제라 할 수 있다. 그러기에 우리는 도슨트, 해석자, 정치지도자, 교육자에게서 그들의 공통된 역할이 무엇인지를 어렵지 않게 발견할 수가 있는 것이다.

:: **참고문헌** —————————————————

나유미, 「국립중앙박물관 자원봉사 현황」, 한국문화교육학회, 2008.

류재만, 「어린이를 위한 전문 도슨트에 대한 연구」, 『미술교육논총』 제18권, 2005.

박지연, 「박물관·미술관 도슨트의 직무분석」, 한국문화교육학회, 2008.

손탁, S., 『해석에 반대한다』(이민아 역), 도서출판 이후, 2002.

신응철, 『카시러의 문화철학』, 한울출판사, 2003.

______, 『문화철학과 문화비평』, 철학과현실사, 2003.

이병준 외, 『고령자 적합직종 발굴 및 훈련프로그램 개발(문화영역을 중심으로)』, 노동부·부
　　　산대 교육연구소, 2007.

이영주, 「삼성어린이박물관의 museum Educator 운영 사례」, 한국문화교육학회, 2008.

조요한, 『예술을 사랑하는 마음』, 한길사, 1996.

한국문화교육학회, 『도슨트#해설사』, 2008 한국박물관대회 논문집, 2008.

한국문화예술교육진흥원, 『박물관·미술관·미술관 교육 전문인력 양성 및 지원방안 연구』,
　　　2006.

Aristotle, Poetics, 4.1448b 5-17. In *Aristotle on the Art of Poetry*, ed. Ⅰ.Bywater(Oxford,
　　　109).

Cassirer, Ernst., *An Essay on Man: An Introduction to a Philosophy of Human Culture*, New
　　　Haven: Yale University Press, 1944.

Gadamer, H. G., *Wahrheit und Methode; Grundzüge einer philosophischen Hermeneutik*, J. C.
　　　B. Mohr (Paul Siebeck) Tübingen, 1986. 영역본은 *Truth and Method*, Translated
　　　William Glen-Doepel, Sheed and Ward London, 1975.

Shusterman, Richard., *Pragmatist Aesthetics: Living Beauty, Rethinking Art*, Rowman &
　　　Littlefield, 2000[번역서 『프라그마티스트 미학; 살아있는 아름다움, 다시 생각해
　　　보는 예술』(김광명·김진엽 역), 예전사, 2002].

Verene, Donald Phillip.(ed), *Symbol, Myth, and Culture: Essays and Lectures of Ernst Cassirer*,
　　　1935-1945, New Haven: Yale University Press, 1979.

Vieregg, H., *Museumswissenschaften*, Paderborn: W. Fink Verlag, 2006.

제6장

'맛'과 '미'로 풀어낸 한국 전통문화

1. 들어가는 말

필자는 먼저 예술(藝術)의 영역에서 한국미(韓國美)의 인식을 가장 주체적인 방식으로 논의한 연구자에 대해 관심을 갖게 되었다. 한국미에 대한 인식을 서양인의 눈이 아닌 동양인의 눈, 더 구체적으로, 우리 한국인의 시각에서 담아내려고 시도한 최초의 인물은 바로 인천 태생의 우현(又玄) 고유섭(高裕燮, 1905~1944)이다. 인천의 역사 문화적 숨결을 간직한 채, 39년이라는 짧은 생을 불꽃처럼 살았던 고유섭은 한국미를 담아낼 수 있는 담론을 만들어내고야 말았다. 일제 강점기라는 암울한 시대에 인천에서 출생하여 인천의 문화운동을 주도하면서 활동했던 고유섭은 '무기교의 기교', '무계획의 계획', '구수한 큰 맛' 등의 수식어를 통해 한국미를 비로소 체계적으로 담아내는 데 성공하였다. 우리는 고유섭의 그와 같은 미(美) 인식을 한마디로 〈질박(質朴)의 미학〉이라 이름 붙인다.

한국미에 대한 고유한 인식을 고유섭의 질박의 미학에서 그 시발점을 찾을 수 있다면, 최근 들어 한국 예술철학계 및 미학계에서는 그 종착점으로 이경(怡耕) 조요한(趙要翰, 1926~2002)의 이름을 한결같이 언급하고 있다. 조요한은 분단의 아픔과 근대화의 경험을 토대로 한국미의 인식을 수용사의 관점을 넘어 더욱 학적 체계의 단계로까지 고양시켜 놓았다는 평가를 받고 있다. 조요한의 한국미의 인식을 간명하게 말하자면 〈고졸(古拙)의 미학〉이라 부를 수 있다. 이런 그의 미 인식의 방식은 물론 고유섭의 생각을 터삼아 진척된 것이라 할 수 있다.

이상과 같은 한국미의 인식 방식에 대한 상황을 토대로, 필자는 한국미를 주체적으로 인식하고자 한 고유섭의 논의를 확인해 보고, 이를 토대로 고유섭의 한국미 인식의 방식이 어떤 방식으로 한국 미학사에 영향을 미치게 되었는지를 규명하고자 한다. 그리고 이 부분에서 조요한의 美 인식의 특징을 고유섭의 그것과 상호 비교함으로써 한국미 인식의 계보를 확인하고자 한다. 끝으로 고유섭과 조요한이 한국 미학사에 기여한 바를 근대미술의 담론이라는 관점, 우리 미학의 정체성의 관점, 미적 가치의 관점에서 논의하면서 마무리하고자 한다.

이러한 논의를 담고 있는 이 글은 한국미에 대한 인식, 한국예

술철학의 정체성, 한국 미학사 계보에서 대단히 중요한 논의를 제
공해줄 것으로 판단된다. 또한 이 연구는 문화예술의 시대를 살아
가는 오늘 우리들에게 우리의 자리 찾기의 하나의 전형(典型)이 될
것으로 예상된다.

2. 한국 미술사 및 미학 연구에서 차지하는 고유섭의 위상

먼저 한국 미술사 및 미학 연구에 있어서 고유섭의 위상에 대해
서 알아보자. 크게 세 가지 관점에서 살펴볼 수 있을 것이다.

첫째, 고유섭의 방대한 미술사 연구의 궁극적 목표는 한국 미술
사의 수립에 있었다. 이를 성취하기 위해서 고유섭은 미술사 연구
의 방법론을 강구하였다. 고유섭이 이루어 놓은 연구 성과들을 요
약하면, 양식사적 방법과 정신사적 방법 그리고 사회경제사적 방
법을 미술사 연구에 접목시켰다고 할 수 있다.[1]

둘째, 고유섭은 한국인의 미적가치의 지향성과 현상적인 특색
을 밝혀내고 있다는 점을 들 수 있다. 한국인이 추구한 독특한 미
적 가치이념이 무엇이었는지를 밝히고, 우리 고유의 미적 세계관
또는 미적 가치관의 정신적 원리나 형이상학적 이념을 발견했다
고 할 수 있다. 예컨대 '무기교의 기교', '무계획의 계획', '민예적인
것', '비정제성', '적조미', '적요한 유머', '어른 같은 아이', '비균제

---

1 목수현, 「우현 고유섭의 미술사관」, 『한국 근대 미학과 우현 미학의 현재성』, 인하대학교
  출판부, 2006, 26쪽.

성', '무관심성', '구수한 큰 맛' 등의 특색을 열거하면서, 한국 미술의 전통적 성격이라 할 만한 성격적 특색을 규정하고 있다.[2]

셋째, 고유섭은 서구미학을 최초로 수용했다는 점, 그리고 이를 통해서 한국 미학의 토대를 개척했다는 점을 들 수 있다. 그는 특히 당시 독일 미학의 흐름, 즉 빈켈만과 뵐플린, 에카르트, 힐데브란트 등의 미학이론에 정통했고, 그 보다 앞선 시대의 칸트와 헤겔의 미학에도 정통했으며, 이러한 서구미학 사상을 토대로 한국의 탑파 연구에 형식론, 정신사 등의 준칙을 구체적으로 적용시켰다. 그 결과 한국의 목조탑을 개관하면서 삼국시대의 탑이 동적, 생동적이고 순수한 성격이라면, 통일기에는 정적이고 수식적이 되었다고 그 양식적 특징을 지적하고, 그 이후 풍수적, 미신적으로 변천되었다고 정신적인 특징을 첨가하였다. 이렇게 함으로써 양식이 미술사의 모든 요소를 가름하는 절대적 준거, 기준이 되지 않을 수 있음을 지적한 부분은 양식론 일반의 문법에 중요한 법칙을 첨가한 것이라 할 수 있다.[3]

이와 비슷한 맥락에서 고유섭의 미학의 성격과 관련하여 권영필은 네 가지로 그 특성을 요약한 바가 있다. 첫째, 근대적 의미의 한국 미학의 기초를 이룩하였다. 그의 이러한 정초작업은 일차적으로는 서구식의 정통미학 교육에 의해 가능했던 것으로 본다. 그러나 이러한 지식은 방법론적 문제일 뿐, 본질적으로는 그의 해박한 동양학 지식과 탁월한 직관력이 바탕이 된 것으로 여겨진다.

---

2 김임수, 「고유섭과 한국 미술의 미학」, 위의 책, 40-42쪽.
3 권영필, 「한국 미술의 미의식」, 위의 책, 251-261쪽.

둘째, 그의 한국 미학에 대한 이론은 그 당시 학문의 세계 조류와 동일 위상에 있다. 독일 미학을 비롯한, 에카르트나 야나기 등 한국에서 활동한 외국학자의 이론과 비교해 볼 때, 고유섭의 '질박의 미학'은 독창적 확대임을 알게 된다. 셋째, 한국인의 미의식, 미의 본질 등 미학적 과제를 추상적인 것이 아닌 구체적인 미술품을 대상으로 추출해 내었다. 그 결과 미학과 미술사를 연결하는 상호의존관계를 확립하였다. 마지막으로 그의 미학적 관점은 한국 미술 연구의 지평을 확대시켰다. 예컨대 그의『한국탑파의 연구』는 20세기 전반기 미학사조인 양식사, 정신사, 사회사적 측면 등의 관점에서 조명하여 성과를 거둔 것으로 평가할 수 있다.[4]

3. 고유섭의 한국미 인식의 형성 및 그 특징

1) 고유섭의 미학의 발원지 인천(仁川), 1920년대 인천 속으로

한국 미술사 혹은 한국 미학사에 관한 논의에서 고유섭이 차지하는 확고한 위상을 확인하는 일은 미술사 연구의 흐름을 개관해 보면 금방 알아차릴 수가 있다. 1910년대 이후 '미술'이라는 근대적 개념이 정착되어 가면서 조선의 미술문화에 대한 담론들이 전개되면서 1920년대가 되면 조선의 미적 특질이나 조선의 미술품에 관한 글들이 발표되었다. 예컨대 "조선 미술 사상의 동기는 단

---

4 권영필(2006), 같은 글, 위의 책, 261-262쪽.

군 시대에 개인이 통상 생활태도를 脫하여 理想 상의 감격을 發'한 것이라고 본 안확의 논의[5]는 조선 미술 담론의 전개에 있어서 시발점이 된다. 또한 1922년부터 1923년까지『개벽』에 연재된 박종홍의 글「조선미술의 사적 고찰」은 통시적인 조선미술사 서술로서, 고유섭을 비롯한 당시 젊은 연구자들에게 큰 영향을 주었다. 하지만 이들의 조선미술론을 근대적 학문으로서의 미술사라고 보기는 어렵다. 거기에는 고유섭의 연구에서 보이는 체계적 방법론과 실증성이 결여되어 있었기 때문이다.[6]

고유섭에 이르러 비로소 본격적인 미술사가 시작되었다고 보는 것은, 前시대의 담론 생산자들과는 달리 그가 제대로 된 공부를 했다는 사실에 기초한다. 1925년에 경성제대 철학과에 입학하여 미학미술사를 전공했으며, 이후 1933년부터 개성 부립박물관장으로 활동했다는 사실은 고유섭을 단순한 인상비평가가 아닌 정통 미술사학자로서 평가하는 중요한 요소이다. 이것은 그의 연구가 '대학'과 '박물관'이라는, 근대 지식권력의 두 축에 기반하여 이루어졌음을 의미한다. 따라서 고유섭이 서있던 지평을 고찰하는 것은 궁극적으로 근대적 지식담론의 한복판을 탐사하는 일이 된다.[7]

그러면 고유섭은 어떤 인물이었을까? 1905년 2월 2일 인천시 용동에서 아버지 고주연, 어머니 평강 채씨 사이에서 맏아들로 태

---

5 안확,「조선의 미술」,『학지광』5호, 1915.
6 윤세진,「미술은 어떻게 역사가 되었는가 ―고유섭과 근대적 미술담론」,『한국 근대 미학과 우현 미학의 현재성』, 인하대학교 출판부, 2006, 444쪽.
7 윤세진(2006), 같은 글, 444쪽.

어났다. 그의 아명은 응산(應山), 호는 우현(又玄) 혹은 급월당(汲月
堂)이다. 우현은 열 살 되던 해인 1914년에 인천공립보통학교(현
창영초등학교)에 입학하여 열 네 살이 되던 해인 1918년에 졸업하였
다. 고유섭은 보통학교에 입학하기 전에 취헌(醉軒) 김병훈이 운영
한 서당 〈의성사숙(意誠私塾)〉에서 한학의 기초를 닦았다고 한다.
취헌은 강직 청렴한 성품을 지닌 선비로 한문경전은 물론 詩, 書,
畵, 雅樂에 두루 능통한 스승으로 이름이 높았다. 훗날 고유섭의
교양과 문체, 그리고 단아한 서체는 상당부분 이 의성사숙에서 취
헌으로부터 익힌 것이라고 추측해 볼 수 있다. 〈의성사숙〉에서 공
부했 전통 문예 전반에 대한 지식과 교양 역시 당시 보통학교나
중학교의 교과과정에서는 습득하기 힘든 것으로, 이것은 고유섭
의 글쓰기와 전공 선택에 큰 영향을 주었을 것으로 추측해 볼 수
있다.[8]

고유섭이 보통학교를 졸업한 1918년에서 경성의 보성고보에
입학한 1920년까지의 2년간은 비어있다. 이 기간 동안의 행적에
대해서는 시인 배인철의 형 배인복 옹이 기억하고 있는 3·1운동
때 고유섭의 모습이 유일한 것이다. 인천의 만세 시위는 3월 6일
인천공립보통학교 학생들의 동맹휴학, 3월 9일 만국공원 시위,
3월 24일의 부평 시위, 3월 27일부터 시작된 상가철시 투쟁과,
문학동 시위 등으로 5월까지 8회에 걸쳐 연인원 9,000명이 만세

---

8 우현의 생애에 관한 부분은 김영애, 「미술사가 고유섭에 대한 고찰」, 동국대석사논문,
  1989. 참조 바람. 이 글에서 필자의 논의는 김창수의 논의에 터하고 있음을 밝혀 둔다.
  김창수, 「우현 고유섭과 인천문화」, 『한국 근대 미학과 우현 미학의 현재성』, 인하대학교
  출판부, 2006(a), 231-234쪽.

시위운동에 참가하였다. 이 때 고유섭이 주동적으로 시위운동을 벌였다는 것은 그의 민족적 의식이 이미 뚜렷해 졌다는 것을 말해 주고 있는 대목이다.[9]

1920년 보성고보 시절의 고유섭은 축현역에서 서울역까지 기차통학을 하는 문학청년이었다. 당시 인천의 기차통학생들은 친목도모와 운동을 명분으로 내세운 민족운동을 전개하고 있었으니 〈한용단〉이 그것이다. 한용단은 1919년에 조직되었으나 3·1만세시위운동으로 중요 임원이 구속됨으로써 소강상태로 있다가 1920년부터 다시 활동을 강화하기 시작했던 것이다. 고유섭이 〈한용단〉의 문예부에서 진보적 문인이었던 고일, 정노풍, 진종혁 등과 함께 문화운동을 펼치고 있었던 때가 바로 그 해이다. 그러니까 1920년초 고유섭은 〈한용단〉에서 문학작품을 탐독하고 시와 수필을 습작하고 또 발표하면서, 인천문화운동의 한 페이지를 여는 데 일역을 하고 있었던 것이다. 보성고보를 졸업할 무렵인 1925년 고유섭은 인천문화운동의 남상인 〈경인기차통학생 친목회〉의 중심인물(감독 겸 서무)이 되어 단체를 이끌어 나갔다.[10] 보성고 졸업 후, 경성제대 문과에 합격하였고, 그 곳에서 조선 문예의 연구와 장려를 목적으로 조직된 〈문우회〉에 가입하여 활동하기도 하였다. 이후 1933년에 경성제대 미학연구실 조수로 부임하면서 본격적인 미술사 연구를 시작하게 되었다. 또한 1933년 개성의

---

9 김창수(2006a), 같은 글, 235쪽.
10 '한용단'과 '경인기차통학생 친목회'에 대한 상세한 자료는, 김창수, 「일제강점기 인천의 문화운동 ―1920년대를 중심으로」, 『한국 근대 미학과 우현 미학의 현재성』, 인하대학교 출판부, 2006(b), 334-336쪽 참조 바람.

부립박물관장으로 부임하여 1944년 세상을 떠날 때까지 10여 년을 조선의 미의식, 불교미술과 향토예술, 미술사 등의 영역에 걸쳐 왕성한 연구를 하기에 이른다.[11]

2) 고유섭의 미의식 토대: 독일 미학과 불교적 색채

하지만 고유섭이 필생의 목표로 삼은 조선미술사 서술은 전인미답의 분야였다. 자료의 부족과 방법론의 문제, 인접학문의 미비 등의 큰 어려움이 있어서였다. 하지만 한국에 있어서 근대적 의미의 미학연구가 고유섭에서 시작되었다는 점은 부인할 수 없는 사실이다. 고유섭의 미학은 서구미학을 최초로 수용했다는 점, 그리고 이를 토대로 한국 미학의 바탕을 일구어 놓았다는 점 때문에 오늘날까지도 그를 주목하고 칭송하는 것이다. 한국미(韓國美)의 본질이라든가 한국인의 미의식 등의 논의를 할 때, 고유섭에 신세를 지지 않을 이가 없을 정도로 그의 연구는 선구적 의미를 띠고 있다고 해야 할 것이다. 그럼에도 불구하고 그에 대한 체계적이며 집중적인 연구는 활성화되지 않은 상태였다.[12]

필자가 우현 미의식 형성의 배경을 독일 미학과 불교적 색채에

---

11 김창수(2006a), 같은 글, 238-239쪽 참조 인용.

12 고유섭에 대한 체계적인 연구가 근래에 들어 몇몇 학자들을 중심으로 이루어진 것은 다행한 일이 아닐 수 없다. 그 대표적인 경우를 검토해 보면 다음과 같다. 김임수, 『고유섭 연구』, 홍익대학교 박사학위논문, 1990; 김영애, 『미술사가 고유섭에 대한 고찰』, 동국대학교 석사학위논문, 1989; 목수현, 『한국 고미술 연구에 나타난 고유섭의 예술관 고찰』, 서울대학교 석사학위논문, 1991; 조요한, 『예술철학』, 미술문화, 2003, 제10장, 제16장; 권영필, 『한국 미학 연구의 문제와 방향』, 『미학·예술학 연구』 21, 2005; 권영필 외, 『한국의 미를 다시 읽는다』, 돌베게, 2005.

서 찾고 있는 이유는 그의 학문의 성취 과정 때문이다. 고유섭은 경성제국대학 시절 서구미학, 특히 독일 미학을 어렵지 않게 접했던 보인다. 경성제국대학 졸업논문으로 19세기 후반의 독일 미학자 콘라드 피들러(Conrad Fiedler, 1841~1985)를 다룬 것이나, 1930년에 「미학의 사적 개관」을 집필한 사실이 이를 뒷받침해 준다. 또 다른 직접적인 원인은 스승인 우에노 나호데루(上野直昭)와의 친분을 생각해 볼 수 있다. 경성제국대학 시절 그를 지도했던 우에노 나호데루는 독일에서 미학과 미술사를 연구했을 뿐 아니라 귀국하자마자 이를 자신의 경성제대의 강의에 활용하였다. 이런 점을 감안해 본다면, 고유섭은 그 당시 독일 미학의 이론을 간접적으로나마 그대로 받아들일 기회를 얻었을 것이 분명해 보인다.[13] 이 부분과 관련하여 권영필은 흥미로운 해석을 내놓기도 하였다. 그러니까 '무기교', '무계획'에서 촉발된 고유섭의 '질박의 미학'은 우에노 나호데루와는 무관하다는 것이다. 권영필은 그 근거로 우에노 나호데루의 저서들을 일별해 본 결과 고유섭의 관점과의 연결점을 찾기 어렵다고 말한다. 다만, 오에노 나호데루의 강의가 '미술사를 미학의 관점으로부터' 해석하려는 입장으로 나아갔다는 점을 고려해 보면, 이러한 방법론이 고유섭에게 영향을 미쳤을 것이라고 예상하였다.[14]

그렇다면 이제 고유섭의 한국미에 대한 초기 개념들의 많은 부

---

13 권영필, 「한국 미술의 미의식 ─우현의 미학을 중심으로」, 『한국 근대 미학과 우현 미학의 현재성』, 인하대학교 출판부, 2006, 254-255쪽 참조 인용함.
14 권영필(2006), 같은 글, 255쪽.

분이 독일 미학에서 영향 받았다면 구체적으로 어떤 측면에서 그러한가? 먼저 1927년에 발표한 「고대미술 연구에서 우리는 무엇을 얻을 것인가」에서 고유섭은 삼국시대의 미술을 '상징주의'로, 통일신라시대의 미술을 '고전주의'로, 고려시대의 미술을 '낭만주의'로 정의하고 있다. 이러한 설명의 틀은 헤겔에 있어서 예술정신의 역사적 발전단계의 유형과 비슷한 부분이다.[15]

다음으로 빈켈만(Johann J. Winckelmann, 1717~1768)의 소위 '고귀한 단순(또는 소박 Einfalt)'과 '조용한 위대'라는 명구를 고유섭과 연관시켜 볼 수 있다. 그리고 미술의 특징을 정의한 빈켈만의 이론은 20세기에 들어와 뵐플린(Heinrich Wölfflin, 1864~1945) 등의 양식론의 대두와 함께 다시금 독일 미학에서 논의되었던 것인데, 여기서 '단순' 개념이 고유섭에 의해 원용된 것이 아니었는지 생각해볼 대목이다.[16]

그리고 고유섭과 동시대인이었으며, 조선의 미의 특징에 관심이 많았던 독일의 안드레아스 에카르트(Andreas Eckardt, 1884~1971)와의 관련성도 짚어볼 필요가 있다. 에카르트는『한국 미술사』를 1929년에 저술하였다. 이 때는 고유섭이 아직 대학을 졸업하기 전이었는데, 이로부터 몇 년 후『學難』(1935)이라는 글 속에서 고

---

15 헤겔 미학의 체계에 의하면 건축은 상징예술이며, 조각은 고전예술, 회화·음악·시는 낭만예술의 범주에 속한다. 또 이러한 예술들은 형식과 내용의 충만도에 따라 상징예술, 고전예술, 낭만예술로 발전하며, 그 각각의 예로 피라밋, 그리스 신전, 고딕성당들을 들 수 있다(백기수,『미학개설』, 서울대학교 출판부, 1972, 256-259쪽). 권영필(2006), 같은 글, 259쪽 재인용.

16 이러한 관점은 권영필의 입장에 터하고 있다. 권영필(2006), 같은 글, 256쪽.

유섭은 에카르트에 대해 언급한 대목을 볼 수가 있다. 그런데 에카르트가 한국 미술의 특징을 지적하면서 그 중에 가장 중요한 본질로서 내세운 요소는 '소박성(Schlichtheit)'이었다. 이 부분에서 고유섭과 에카르트와의 관계를 입증할만한 명백한 자료는 없지만, 고유섭의 이론이 당시 국내외의 세계적인 정신사조와 동일위상에 있었음은 짐작할 수가 있다.[17] 고유섭의 이론이 일본에서는 야나기 무네요시(柳宗悅)의 그것과 비교해볼 만하다. 야나기 무네요시가 1942년에 쓴『工藝文化』에 보면, 공예의 본질로서 '단순성'에 대한 정의가 나타난다. "수수함의 아름다움도 필경은 단순성을 특징으로 하는 것이 아닌가. 단순이란 한낱 단조롭다는 의미는 아니다. 부질없는 요소를 모조리 생략하고 반드시 필요한 요소만으로 구성된 결정을 의미한다. 단순은 단일이 아니라 포괄이다."[18] 이러한 야나기 무네요시의 '단순'이 구체적으로 한국 미술을 두고 한 말은 아니라 하더라도, 고유섭과 비슷한 시기에 나타난 동류개념임에는 틀림이 없다.[19]

이렇듯, 독일 미학에 대한 이해를 바탕으로 고유섭은 자신의 대표작이라 할 수 있는『한국 탑파의 연구』[20]를 체계적으로 써나갈 수 있었던 것으로 보인다. 1936년부터 1941년까지 여러 해에 걸쳐서 집필한 이 탑파 연구는 형식론, 정신사 등 서구미학의 제반 준칙을 한국 미술에 구체적으로 적용시킨 최초의 경우로 평가할

---

17 권영필(2006), 같은 글, 256쪽.
18 야나기 무네요시, 『공예문화』, 민병산 역, 신구문화사, 1976, 202쪽.
19 권영필(2006), 같은 글, 257쪽.
20 고유섭, 『한국 탑파의 연구』, 을유문화사, 1947.

수 있다.[21] 또한 한국 탑의 전형이라고 볼 수 있는 석탑에 대해서도 그 발생 원인에 대해 외적 조건으로서는 재료의 경제성, 기술의 난이도, 공납의 속도, 보존의 영구성 등을 들고, 내적 조건으로서는 교리 상으로 크기에 재료에 제한을 받지 않고, 조형 상으로는 기념비적 성격을 갖고 있다는 점 등을 제시하고 있다.[22] 이처럼 새로운 양식 발생의 조건들을 검토하면서 조형적 관점에만 치우친 것이 아니라, 사회적 여건까지를 고려한 다각적인 분석을 시도한 것은 이 저작의 성과를 더욱 높여주는 것으로 판단된다. 또한 이 책에서 주목되는 부분은 양식이 미술사의 모든 요소를 가름하는 절대적 준거, 기준이 되지 않을 수 있다는 지적이다. 작품의 예술적 가치의 우열과 그의 시대적 순위와는 상관관계가 없다든가[23], 양식사적 순위는 시간적으로 겹치는 층위적 성격을 갖는다[24]는 등의 고유섭의 정의는 양식론 일반의 문법에 중요한 기본 법칙을 첨가해 준 셈이다.[25]

3) 고유섭의 미학의 특징, 질박(質朴)의 미학

고유섭의 미학은 한국미의 본질을 추구한 데서 출발한다. 1940년에 쓴 「고대인의 미의식」에서 금관 등에 보이는 비필연적인 나열에서 '민다성(敏多性)'이라는 미적 개념을 끌어내고, 신라의 상형토

---

21 권영필(2006), 같은 글, 260쪽.
22 고유섭(1947), 같은 책, 30-31쪽.
23 고유섭(1947), 같은 책, 43쪽.
24 고유섭(1947), 같은 책, 90쪽.
25 권영필(2006), 같은 글, 261쪽.

우 가운데 고태 형식의 상형을 '기억의 재생'과 '가구(架構)의 환상적 흥취'를 결합시킨 형태로 보았다. 이처럼 고유섭은 공예품을 통하여 한국적 조형의 본질이 무엇인지를 추구하였고, 그 결과 공예품의 기능외적 요소가 두드러지는 특성에 대해 주목하였다. 특히 토우의 일반 형태와 구별되는 '이형 토우'를 '설명적', '환상적'으로 규정지은 것은 방법론적인 면에서 한국미의 본질에 접근하는 중요한 계기를 마련해주었다.[26]

1940년과 1941년, 장년기(36세)에 접어든 고유섭은 「조선미술문화의 몇낱 성격」, 「조선 고대미술의 특색과 그 전승 문제」를 각각 발표함으로써 그때까지의 그의 학문적 입장을 정리한다. 그리하여 미술에 나타난 한국미의 특질을 통사적으로 '무기교의 기교', '무계획의 계획'으로 풀어 놓았다. 기교와 계획은 '생활과 분리되기 이전의 상태', 즉 '생활 자체의 본연적 양식화 작용'에서 나온다고 보는 입장으로서, 결국 여기에서 한국미의 특질을 '민예적인 것'으로 귀결 짓고 있다. 그리하여 민예적인 성격 속에서 다시금 담소(淡素)와 질박(質朴), 조소성(粗疏性)을 찾아내고 있다.[27]

이상과 같은 고유섭의 미학이론에 대해 우호적이지 않은 입장도 있음을 확인해 둘 필요가 있다. 고유섭의 미학이론을 비판하는 대체적인 입장들은 그의 학문방법론과 관련되어 있다. 말하자면, 한국 미학 연구에 있어서 체계와 방법론의 도입은 근대 학문의 일반적인 특징일 뿐이며, 그런 점에서 고유섭의 연구가 갖는 의의

---

26 권영필(2006), 같은 글, 254쪽.
27 권영필(2006), 같은 글, 254쪽.

는 그러한 근대성의 핵심을 가장 잘 보여주었다는 것이다. 그런데 문제는 바로 그 지점에서 파생한다. 서구의 미학―미술사 체계가 보편으로 가능할 수 있었던 지식담론의 배치와 보편적인 미의 본질 규정 하에서 조선미술을 구별 짓는 방식, 혹은 조선의 미술을 역사화하는 방식이 문제였다. 예컨대 고유섭이 신라의 미술을 정점으로 삼고, 고려의 미술에서 조선의 미술까지를 쇠퇴기로 언급할 때, 그의 '체계'는 일원적인 역사관과 분리될 수 없다. 또한 그가 '비교미술 방법론'에 의해 삼국시대의 미술을 상징주의로, 신라의 미술을 고전주의로, 고려의 미술을 낭만주의로 정의할 때, 그의 방법론은 서구를 보편으로 삼고 그 보편성 하에서 차이를 사고하는 '동일자의 논리'를 벗어나기 어렵다는 지적이 그것이다.[28]

그래서 고유섭의 연구에 나타난 체계와 방법론을 평가할 때, 일본이 능동적으로 끌어안았던 서양의 합리적 과학은 그 자체로 긍정되고, 이를 의심 없이 내면화한 고유섭의 연구는 근대적 가치를 구현한 것으로 긍정되었다. 이와 같이 고유섭을 평가하는 인식의 근저에는 '합리적인 것 = 보편적인 것'이라는 공식이 깔려 있으며, 이것은 서구적 가치를 의심 없이 내면화한 근대적 사유의 연장이다. 이는 식민지라는 상황을 고려할 때 불가피하게 빠지게 되는 민족주의적인 함정을 피하면서 보편적인 가치를 옹호하는 것 같지만, 그 보편성이 결국 서구의 오만한 권력의 산물임을 생각한다면, 그러한 긍정적 평가야말로 재고해볼 문제라는 것이다.[29]

---

28 윤세진, 「근대 너머에서 근대를 사유하기 ―고유섭 연구에 대한 몇 가지 문제제기」, 『한국 근대 미학과 우현 미학의 현재성』, 인하대학교 출판부, 2006, 123쪽.

어떤 점에서, 권영필의 지적처럼, 고유섭은 일본과 유럽, 한국과 유럽을 잇는 문화구조의 중심에, 그러니까 일본과 한국과 서구를 세 꼭짓점으로 하는 삼각형의 무게 중심에 있었다고 할 수 있다.[30] 하지만 그러한 균형 감각이야말로 고유섭의 연구에 내포된 불균형을 암시한다. 즉 서구의 논리를 흡수하여 역으로 그것을 자신의 것으로 내면화했던 일본 제국주의의 지식담론 속에서, 그들에 의해 이미 타자화 된 인식에 의해 조선의 정체성을 밝힌다는 것 자체가 이 균형감각의 허구성을 말해 준다는 것이다.[31]

4. 조요한의 한국미 인식의 형성 및 그 특징

1) 조요한의 미학의 배경, 실존적 물음과 기독교적 신앙 사이[32]

조요한은 1926년 3월 6일 함경북도 경성군 어랑면 용강동에서 당시 함흥 종두사(種痘使)였던 조정국의 장손으로 태어났다. 조부 조정국은 한국 의학사에도 이름을 남기고 있는 당대 종두의(醫)로, 이를 테면 당시로서는 첨단 의학자인 셈이었다. 그는 부임지 경성(鏡城)에서 서울인 한성(漢城)을 왕래하며 개화에 동참했고 기독교

---

29 윤세진(2006), 같은 글, 124쪽.

30 권영필, 『미적 상상력과 미술사학』, 문예출판사, 2000, 27쪽.

31 윤세진, 「미술은 어떻게 역사가 되었는가 ─고유섭과 근대적 미술담론」, 『한국 근대 미학과 우현 미학의 현재성』, 인하대학교 출판부, 2006, 445쪽.

32 조요한의 출생과 성장 및 지적 편람에 대한 부분은, 이경 조요한 선생 유고집(하), 『아름다운 것은 어렵다』(숭실대학교 출판부, 2005) 참조 바람.

인이 되었다. 경성에 장로교회를 설립할 만큼 그의 신앙은 진지했고 신식학교로 소문난 함일(咸一)학교 설립에 관계할 정도로 민족 개화의 신념을 지닌 인물이었다. 부친 조기환은 함일학교 출신으로 동아일보 함경북도 지국장이었다. 조기환은 아내 윤귀숙과의 사이에 4남1녀를 두었는데 조요한은 장남이었다.

조요한은 부령보통학교에 들어가 부령심상소학교로 이름 바뀐 그 학교를 졸업하고, 13세에 경성공립중학교에 입학한다. 이때 부친은 모세의 출애굽 얘기와 〈로마서〉 12장 1절과 2절[33]이 적힌 자필편지가 끼워진 성경과 찬송을 이별 선물로 주었다고 한다. 경성공립중학교에서 조요한은 잊지 못하는 스승, 시인 김기림(金起林, 1908~?)을 만난다. 조요한에게서 김기림은 일제 말엽의 망국의 불행 속에서도 소망을 지닌 채 주목할 수 있는 향기로운 대상이었다. 18세에 이 학교를 졸업하고, 19세에 그는 또 한사람의 탐미주의자이며 스승인 수화(樹話) 김환기(金煥基, 1913~1974) 화백과 만난다. 조요한은 김환기 화백의 부부에게서 큰 사랑과 후원을 받았고, 이후 일생동안 스승과 제자의 관계를 맺어왔다. 그리고 보면 18세에 詩로 그림을 그려내는 모더니스트 김기림을 만나 영혼의 떨림을 경험하였고, 19세에 그림으로 시를 쓰는 화가 김환기를 만나 그의 철학적 생애가 필연적으로 미학을 통과해 예술철학에 이를 수밖에 없는 즐거운 운명을 예고 받고 있었던 것이다.

20세 때 조요한은 서울대 문리대 예과부에 입학한다. 이때 김

---

33 "너희는 이 세대를 본받지 말고, 오직 마음을 새롭게 함으로 변화를 받아 하나님의 선하시고 기뻐하시고 온전하신 뜻이 무엇인지 분별하도록 하라(로마서 12:1-2)"

환기는 조요한에게 학부 선택에서 미학전공을 권장했고, 미학을 전공하여 훗날 고유섭을 모델 삼아 한국 미술의 이론을 정리할 것을 권유받는다. 당시 조요한은 고유섭의『조선 탑파의 연구』를 보고, 그 저서 속에 인용된 수많은 한서(漢書)에 압도당해 겁을 먹었다고 훗날 술회하기도 하였다.[34] 조요한은 당시 김기림, 김환기를 거쳐 또 한 사람의 스승 노평구(盧平久, 1912~2003)를 만난다. 노평구는 당시『성서연구』지를 창간했고, 성서연구와 단테의『신곡』독회를 이끌어나갔는데, 조요한은 여기에 적극적으로 참여하였다. 대학시절 조요한에게 철학이 생애의 운명이 되도록 해 준이는 박종홍(朴鐘鴻, 1903~1976) 교수의 강의였다. 그렇게 하여 그는 초기에는 야스퍼스의(K. Jaspers, 1883~1969) 철학에 탐닉하다가, 전쟁이라는 야만적인 한계상황을 치르면서 키에르케고르(S. Kierkegaard, 1813~1855)의 실존철학에 매료되었다. 그 결과 대학 졸업논문으로 〈키에르케고르의 실존〉을 제출한다. 그가 특별히 키에르케고르에 주목한 이유는 다음에 있다. "키에르케고르는 언제나 두 개의 테마를 주목한다. 하나는 예수 그리스도이며, 다른 하나는 소크라테스이다. 예수와 소크라테스, 헤브라이즘과 헬레니즘…."[35]

조요한은 서울대 대학원에서 〈초기 희랍철학에 미친 동방의 영향〉으로 석사학위를 받고, 1964년 독일 함부르크대학과 킬대학으로 유학 길에 오른다. 그가 함부르크대학을 선택한 것은『아리

---

34 조요한 선생의 고유섭의 한국미에 대한 언급 부분과 고유섭에 대한 강의는 필자가 대학원 시절 여러 학기동안 선생의 미학강의를 통해 직접 경험한 것이기도 하다.

35 조요한,『아름다운 것은 어렵다』, 숭실대학교 출판부, 2005, 442쪽.

스토텔레스의 자연학』의 저자인 빌란트(W. Wieland)를 만나기 위해
서였다. 조요한은 노악(H. Noack) 교수에게서 〈미학사〉를, 욀러(K.
Oehler)에게서 〈아리스토텔레스의 범주론〉 강의를 들었고, 이후 킬
대학에서 『아리스토텔레스』의 저자인 브뢰커(W. Broeker)의 지도
를 받았다. 독일에서 경험한 이러한 지적 편력을 통해 그는 1975
년 숭실대학교에서 〈아리스토텔레스 철학에 대한 해석상의 문제〉
로 철학박사학위를 받았다.

　조요한은 서울대 문리대와 대학원에서 철학을 전공한 뒤, 1955
년 숭실대 철학과에 부임하여 1993년 퇴임까지 40년 가까운 세
월동안 철학자로서 오로지 학문연구와 후학 양성에 진력하였다.
조요한은 황무지나 다름없던 서양고대철학과 예술철학 분야에서
탁월한 연구업적을 쌓았으며, 그 공적으로 1985년 학자로서 최고
의 영예라 할 수 있는 대한민국 학술원 정회원에 피선되고, 한국
철학회(1987~1989)와 철학연구회(1978~1980) 회장을 역임하면서
이 땅의 철학문화 발전에 크게 공헌하였다. 또한 조요한은 『아리
스토텔레스의 철학』(1988)으로 서우철학상(1990)을 수상했고, 현
대 한국의 명저 100권에 선정된 『예술철학』(1973, 개정판 2003)은 이
분야의 고전적 노작이 되었고, 1999년에는 최후의 노작인 『한국
미의 조명』을 출간하여 이것으로 한국미술저작상을 수상하였다.

　조요한은 철학함에 있어서 줄곧 세계성 내지 보편성이라는 한
축과 문화적, 시대적 특수성 내지 상대성이라는 다른 한 축을 유
념하면서, 양극단을 자신의 철학 속에 용해시키려고 끊임없이 노

력하였다. 조요한의 이러한 면모는 그의 예술철학에 두드러지게
나타나 있다. 조요한의 궁극적 목표는 한국 예술을 철학적으로 정
초하는 일 그리고 동양미술사와 한국 미술사의 미학적 토대를 구
축하는 일이었다. 그래서 조요한은 한국 예술과 관련하여 고졸미
(古拙美)를 강조하였으며, 한국미의 바탕을 한국인의 몸과 마음에
배어 있는 무교적(巫敎的) 흐름에서 찾고 있다. 한민족의 무교적
체질이 한국 예술에 그대로 반영되어 있다는 것이며, 한국 예술의
'비균제성'이나 '자연순응성'도 따지고 보면 한민족의 무교적 체질
에서 비롯되었다는 것이다.[36]

2) 조요한의 한국미 분석

조요한은 자신의 대표적인 저서인『예술철학』(2003)을 통해서
「한국 조형미의 성격」과 「민족예술을 위한 미학적 정초」 그리고
「한국의 전통미와 정통의식」에 대해 논의한다. 조요한은 특히 한
국 조형미를 논의함에 있어서 방법론이 중요하다는 사실을 알고
있었다. 그래서 그는 텐느(Hippolyte A. Taine)의 방법론을 차용한다.
예술품은 고립적으로 이해되어서는 안 되고, 작품이 제작되는 전
체와의 관련 속에서 추구되어야 한다는 것이 텐느의 입장이다. 그
래서 그는 예술품의 이해를 위한 세 가지 기본적인 요인을 들고
있는데, 말하자면, 환경의 측면, 종족의 측면, 시대의 측면이 그것
이다.[37] 조요한은 세 가지 요인에 의한 예술품의 전체적 파악이라

---

36 조요한,『관심과 통찰』, 숭실대학교 출판부, 2004, 10쪽.

는 텐느의 방법론에 따라 우리의 경우, 첫째 환경설과 관련하여 '한국의 자연과 그 미'를 다루고, 종족의 측면에서는 '한국인의 이상과 그 미'를 다루고, 시대의 측면과 관련해서는 '한국미의 역사'를 검토한다. 여기에서는 한국미의 특징과 미의식을 중심으로 환경과 종족의 관점에 집중하여 논의하고자 한다.

(1) 한국의 자연(自然)과 美의 관계

조요한은 자연환경의 차이가 조형미를 표현하는 데 있어서도 차이를 가져온다고 말하는 텐느의 방법론을 한국미에 적용시켜서 논의하고 있다. 스완(Peter Swann)은 『중국, 한국, 일본의 미술』(1963)에서 한국의 풍토에서 오는 영향을 다음과 같이 말하고 있다. "한국은 중국, 일본과는 달리 서구적인 감동주의를 받아들인 것 같다. 한국이 18세기에 획득한 독자성을 다른 두 나라와 분리시켜 지나치게 강조하는 것은 잘못이지만, 분명히 조선 회화는 중국이나 일본의 작품과는 다르다. 정선의 〈금강산도〉와 김홍도의 〈자정(紫頂)〉에는 중국의 화풍과는 다른 하나의 의식적인 과정이 있다. 그 외에도 이인문의 〈강산무진도〉 같은 그림은 독자적인 청아한 마음을 잘 나타내고 있다. 한국인은 심지어 중국인보다도 환상적인 풍경을 더 잘 구사한다."[38] 남구의 그리스인들은 선을 주조로 삼아 중요한 특색만을 표현하는 경향과도 같이 한국인은 조형

---

37 텐느의 방법론에 대한 상세한 논의는 조요한, 『예술철학』, 미술문화, 2003, 202쪽 참조 바람.

38 Peter Swann, *Art of China, Korea, and Japan*, Thames and Hudson, 1963, 235-236쪽.

미 구성에 있어 사실을 떠나 '의식적 과장'과 '환상적 표현'을 즐겼다고 말할 수 있다.

한편 맥쿤(Evelyn McCune) 여사는 그의『한국 미술』(1962)에서 한국미의 특징은 첫째, 한국인이 살고 있는 세계에 대한 깊은 감정을 나타내는 보수성과, 둘째 자연에 대한 사랑으로 집약될 수 있다고 말한다. 그러니까 한국은 중국보다 시간의 변화가 느려서 옛 방식이 새 형식으로 대치되지 않고 있다. 또 국토에 대한 애착은 한국인의 생활의 기본적인 모습으로 여겨진다는 것이다. 첫째의 보수성과 둘째의 자연에 대한 사랑으로 표현되는데, 한국인은 모든 일을 집 밖에서 행한다. 농민들은 '마당'에서 모든 일을 행하고, 귀족들은 '정자'에서 행하는 것이 그 보편적 모습이다. 음악과 무용이 다 집 밖에서 행해지는데, 그것은 아시아의 다른 민족보다 더욱 특징적인 것이라고 그녀는 말한다.[39]

그리고 '자연과 역사는 언제나 예술의 산모'라고 보는 야나기 무네요시(柳宗悅)는 그의『조선과 그 예술』에서 "반도라는 것이 드디어 이 나라의 운명의 방향을 결정했다"고 전제하고, 극동을 이루고 있는 세 나라가 어떻게 다른 역사와 예술을 나타냈는가를 기술했다. 즉 중국은 대륙이어서 대지에 평안을 누리고, 의지가 강경한 데 비해, 섬나라인 일본은 대지에 즐거움을 느끼고 인정은 안락하다. 이에 비해 조선은 땅에서 평안을 얻지 못하고 그 마음이 고요하다. 조형미의 표현에서 '강경함은 형(形)을 택하고 안락함은

---

39 Evelyn McCune, *The Arts of Korea: Illustrated History*, 20-21쪽; 조요한,『예술철학』, 206쪽 재인용.

색(色)을 구하나 고요함은 선(線)'을 취했다고 하면서, "중국의 예술이 의지의 예술이고, 일본의 예술이 정취의 예술이었으나, 그 사이에 홀로 비애(悲哀)의 운명을 지니지 않으면 안 되었던 것이 조선의 예술이다"라고 결론 내렸다.[40] 비애와 고통이 숙명적인 것이 될 때, 거기에서 생기는 조형미가 선의 예술이 된다고 하는 야나기 무네요시는 그 예증을 다음과 같이 들고 있다. 즉 토함산 석굴 속의 십일면관음과 네 명의 여보살과 십대제자의 모습들이 '흐르는 몇 줄의 선'이라고 하고, "비할 데 없는 저 봉덕사의 범종에 조각된 비천도의 천녀는 옷과 구름의 파도를 헤치고 흐르는 것같이 떠있지 않는가?"하고 반문하고 있다.[41]

한국 조형미의 특질을 체계적으로 다루기 시작한 일본인 야나기의 기술은 당시의 한국 지성인들에게 큰 반응을 주었던 것이 사실이나, 점차로 그의 이론에 대한 반론이 대두되었다. 조요한은 여기에서 고유섭의 등장을 매우 의미 있게 다루고 있다. 조요한에 따르면, 고유섭은 다른 각도로 한국미를 규정하여 '구수한 맛' 또는 '무계획의 계획'이라고 하면서 착실한 학문적 고찰로 한국미를 정리해갔다. 즉 고유섭은 야나기가 예증으로 삼은 〈사신도〉는 한대(漢代) 화상석(畵像石)에서 흔히 보는 조형들이고 '그것이 공상적인 것이기 때문에 예술적 유현미를 살리기 위한 형식'이라고 보았고, 또 석굴암의 군상들이 당에서 전래된 형식이라기보다는 '현저히 인도풍의 영향'임을 인용하면서, 그것의 "전체 예술적 효과가

---

40 조요한, 『예술철학』, 207쪽.
41 조요한, 『예술철학』, 207쪽.

조각적이기보다는 회화적 수법이 강하다"[42]는 것을 강조했다.[43]

다른 한편 조요한은 윤희순의 등장에도 주목한다. 윤희순은 자신의『조선미술사연구』에서 한국 조형미의 반도적 풍토양식을 중시하면서도 그것이 선만의 미가 아니라 선, 형, 색의 유기적인 조화임을 밝히려 했다는 것이다. 즉 "반도의 양(量)은 언제든지 형이나 질을 위한 통일 있는 조화로서의 양이다. 양만을 내세우거나 색만 치우치려 하지 않고 선, 형, 질의 유기적적인 조화라 하겠다"[44]고 기술했다.

조요한은 조형미의 반도적 성격을 비애(悲哀)라고 단정해서는 안 된다고 말한다. 왜냐하면 반도인 그리스나 이탈리아의 미를 슬픔의 미라고 규정한 사람이 없었을 뿐만 아니라 반도적인 양식에 대한 윤희순의 '유기적 조화'라는 규정이 오히려 그리스와 이탈리아 미술에도 통용될 수 있다는 것이다. 윤희순은 "석굴암과 다보탑이 '다양성의 통일'의 미의 전형으로서 금강산의 정취를 연상케 한다."[45]고 말했고, 고유섭은 빈켈만이 그리스 미술의 특성으로 지적했던 '고귀한 단순과 고요한 위대'라는 표현을 석굴암의 조형미에 붙여보았다.[46]

그래서 환경과 관련하여 한국미의 특징을 말하였던 외국 학자들의 관점, 즉 '선에 의한 비애의 미'라고 하는 규정은 특정한 몇몇

---

42 고유섭, 「조선고적에 빛나는 미술」(1934), 『한국미술문화사논총』, 통문관, 1966.
43 조요한, 『예술철학』, 209쪽.
44 윤희순, 『조선미술사연구』(1946), 30쪽; 조요한, 『예술철학』, 209쪽 재인용.
45 윤희순, 『조선미술사연구』(1946), 26쪽; 조요한, 『예술철학』, 210쪽 재인용.
46 고유섭, 『한국미술문화사논총』, 통문관, 1966.

작품에 국한한다면 몰라도 모든 시대와 모든 분야의 한국 조형미에 적용시키기에는 많은 난점이 있다는 것이 조요한의 생각이다. 예컨대 선의 미를 현저히 나타내고 있다는 고려자기의 경우, 그것은 슬픔의 표현이기보다는 지평선 가까이 보이는 한국의 연둣빛 하늘을 본 딴 것으로 고려 전기의 평화로운 정서의 상징으로 보아야 한다고 조요한은 말한다. 결국 고려자기는 형태와 색과 문양이 조형예술에 있어서 한반도의 풍토적인 성격이 다양성의 통일, 즉 정제된 형, 청초한 색, 유려한 선의 '유기적 통일'에 있었다고 말하고 있는 것이다.[47]

(2) 한국인의 이상(理想)과 미의식

텐느에 의하면, 그리스 예술의 배경이 되는 그리스의 인간관은 건강하고 아름다운 육체에 건전한 정신이 깃들어있다고 생각하여 미와 덕과 사람들이 행복이라고 생각하는 것을 동일계열에 놓았다는 것이다. 조요한은 텐느의 이런 생각을 가져와 현실을 중시하고 자연을 사랑하고 또 형식을 귀중히 여기는 점에서 고대 그리스인과 고대 한국인의 이상(理想)이 같다고 말한다. 예컨대 신라인은 영혼과 육체의 일치를 생각하여 일종의 정신공동체인 '약자(若者)두레'의 원장으로 미모의 여성을 택하여 원화(源花)라 했고, 후에 남성 단장을 택함에 있어서도 육체미를 갖춘 자를 화랑(花郎)이라고 했다. 이것은 아름다운 육체에 아름다운 정신이 깃든다는 전체

---

47 조요한, 『예술철학』, 214쪽.

미의 관념에 의한 것이다. 신라인의 육체미 존중의 예는 '도화랑'이나 '수로부인' 그리고 '처용랑'의 설화에서 읽을 수 있고, 또 '모죽지랑가'나 '찬기파랑가' 등의 향가에서 신라인의 영육일체의 관념을 엿볼 수가 있다는 것이다.[48]

또한 신라인의 이러한 영육일체의 생각은 그들의 불상조각에서도 찾아볼 수 있다고 조요한은 말한다. 석굴암의 석가여래의 좌상은 딱 벌어진 위엄 있는 어깨, 곰도 멀찌감치 서서 원망하다가 웃고 간다는 자비로운 얼굴, 법의가 얇게 신체에 밀착하여 육체의 기복이 그대로 나타나 있는 자태 등이 당대(唐代) 굽타 양식의 인도 조각의 영향을 받은 것인데, 인도 조각은 다시 그리스 조각의 간접적인 영향을 받은 것이다. 그리스 조각이 수억만 떨어진 한국의 조각에 영향을 주기까지는 그만한 조건, 즉 두 민족의 인간상에 공통점이 있었다고 조요한은 말한다.

조요한에 따르면, 한국 불상의 최대의 걸작은 미륵반가상들인데, 그것은 한국 조형미의 독자적인 감각을 드러내주고 있다. 고유섭은 이 반가상에 대해 "세완(細腕)과 동체(胴體)가 완곡히 연접되는 흉견부에서 조선의 미각을 느낀다."[49]고 표현했다. 또한 김용준은 "이 불상을 볼 때 누가 이것을 조각이라고 하겠는가, 따듯한 정과 영원한 아름다움을 느끼지 않겠는가. 더구나 상반신의 간소한 표현에서 시작하여 하체의 옷 주름은 소박한 복잡성을 나타내고, 다시 아담한 왼편 발끝으로는 발가락과 꽃잎들이 요란하게

---

48 조요한, 『예술철학』, 215쪽.
49 고유섭, 『한국미술문화사논총』, 통문관, 1966, 158쪽.

춤을 춘다"[50]고 기술했다. 또한 고유섭은 한국 불상에는 '어른 같은 아이'가 많다고 평하면서, 한국인의 "질박(質朴), 둔후(鈍厚), 순진(純眞)이 형태의 피조라는 것을 통하여 '적요한 유머'에 이르러 '어른 같은 아이'의 성격을 나타낸다"[51]고 말했다. 소박성은 그에게 있어서 '구수한 맛'인데, 구수하다는 말은 "얄상궂고 천박하고 경거망동하는 교혜(巧慧)로움이 아닌 것"[52]을 뜻한다.

조요한은 도교와 불교에 뿌리를 두었던 한국의 조형미는 자연을 모태로 하여 자연에서 미를 발견하는 것을 이상으로 삼았다고 말한다. 그러면서 조요한은 김인후의 시를 제시한다.

> 청산(靑山)도 절로 절로 녹수(綠水)도 절로 절로
> 산(山) 절로 절로 수(水) 절로 절로 산수간(山水間)에 나도 절로
> 그 중에 절로 절로 자란 몸이
> 늙기도 절로 절로 하리라 (김인후 作)

조요한에 따르면, 인위를 거부하는 것이 한국미의 정신이다. 한국의 예술가는 비가 내리는 것 같이, 달이 비치는 것같이 작품을 무리없이 제작했다. 있는 그대로의 나무를 사랑하고, 그것으로 집을 세우는 것이 우리 소박미의 한 단면이다. 경주의 안압지에서 보는 것같이 한국의 정원은 풀 한포기 돌 하나에 인공을 가하되 천연으로 된 것같이 만들어야 한다. 얼핏 보면 조잡하다고 할 정

---

50 김용준, 『조선미술대요』(1946), 72쪽; 조요한, 『예술철학』, 216쪽, 재인용.
51 고유섭, 『朝鮮美術史 及 美術論考』, 통문관, 1963, 7쪽.
52 고유섭, 『조선미술문화사논총』, 통문관, 1966.

도로 세부 장식에 신경을 쓰지 않고, 자연과의 조화 통일에 높은 가치를 두었다. 창덕궁 안의 낙선재와 후원에 있는 연경당이 바로 소박미의 표시라는 것이다.[53]

다음으로 조요한은 조선백자를 언급하면서 한국인의 고담하고 청초한 맛을 들여다 볼 수 있다고 말한다. 그러면서 조선백자의 특징을 기술했던 최순우를 언급한다.

> 의젓하기도 하고 어리숭하기도 하면서 있는 대로의 양심을 털어놓은 것, 선의와 치기와 소박한 천정의 아름다움, 그리고 못생기게 둥글고 솔직하고 정다운, 또 따뜻하고도 희기만한 빛, 여기에는 흰 옷 입은 한국 백성들의 핏줄이 면면이 이어져 있다. 말하자면, 방순(芳醇)한 진국 약주 맛일 수도 있고, 털털한 막걸리 맛일 수도 있는 것, 이것이 조선 자기의 세계이며, 조선 항아리의 예술이다.[54]

마지막으로 조요한은 한국미의 특징을 해학미(諧謔美)에서 찾고 있다. 중국예술이 번잡하고 권위를 나타내고, 일본예술이 아기자기한 짜임새에 의한 기교를 자랑하는 데 비해 한국미의 특징은 해학적인 데 있다는 것이다. 조요한은 유가의 안빈낙도(安貧樂道), 불가의 제행무상(諸行無常), 도가의 진세(塵世)에서의 초탈로 말미암아 한국의 예술가는 현실을 '적요한 유머'로 굴절시켰다고 말하면서, 우탁(禹倬)의 시조를 예로 든다.

---

53 조요한, 『예술철학』, 218쪽.
54 최순우, 「우리의 미술」(1963), 『한국미 산책』, 최순우 전집 제5원, 학고제, 1992; 조요한, 『예술철학』, 219쪽. 재인용.

한 손에 막대 잡고, 또 한 손에 가시 쥐고

늙는 길 가시로 막고, 오는 백발 막대로 치려더니

백발이 제 몬저 알고 지럼길로 오더라[55] (우탁 作)

그 밖에도 조요한은 해학미의 예로서 조선후기 회화에 나타난 속기(俗氣) 없는 한국적인 해학의식을 느낄 수 있다고 말한다. 변상벽의 〈묘작도〉, 김홍도의 〈씨름〉, 신윤복의 〈기생원〉, 강희안의 〈고사관수도(高士觀水圖)〉 등을 대표적인 작품으로 언급한다. 조요한은 한국미에서 나타나는 해학미란 대상과의 거리를 유지하면서 지성에 의해 조용한 여운을 남기는 것이라 말한다. 한국인은 뽐내지 않으면서 언제나 같은 율동으로 지성을 활동시킨 백성이었기에 그 같은 높은 수준의 웃음을 던질 수 있었다. 그리스와 비슷한 풍토 때문에 영육일치의 사상과 더불어 현세적인 인간미를 표현한 한국인의 기질이 유불선의 영향으로 조형예술에 있어 소박미를 나타내었는데, 그것이 다시 의식적인 창의 면에서 해학미를 갖고 나타나게 되었다는 것이다.[56]

3) 조요한 미의식의 특징, 고졸(古拙)의 미학

이제 한국미의 특징을 제시하는 조요한만의 독특한 관점을 살펴보자. 조요한은 아름다움에 대한 서양인과 동양인의 자세의 차이를 가설(假說)개념과 직관(直觀)개념으로 구분한다. 성서의 〈요

---

55 조요한, 『예술철학』, 222쪽.
56 조요한, 『예술철학』, 223-225쪽.

한복음〉 첫머리와 노자의 『도덕경』의 첫머리를 언급한다. 〈요한복음〉의 첫 부분은, "태초에 말씀이 계셨습니다. 말씀은 하나님과 함께 계셨습니다. 말씀은 곧 하나님이었습니다"이다. 『도덕경』의 첫 부분은 다음과 같다. "말할 수 있는 도는 상도(常道)가 아니요, 부를 수 있는 이름은 상명(常名)이 아니다. 이름이 없을 때에는 천지의 시원이요, 이름이 있을 때에는 만물의 모체이다." 여기에서 알 수 있는 것은, 동양인이 생각한 원질은 확정할 수 없는, 말로 표현할 수 없는 직관적인 것인데 반하여, 서양인의 시원은 확정할 수 있는, 기술할 수 있는 가설적 존재임을 알 수가 있다.

이러한 맥락에서, 서양미학은 '형식미학'의 길을 택했고, 동양미학은 '내용미학'의 길을 밟아 왔다고 조요한은 말한다. 이 점을 달리 적용하면, 서양인은 분석지(分析知)를 추구하고, 동양인은 직관지(直觀知)를 희구하였다. 전자는 차별을 말하고, 후자는 무차별을 말한다. 이 양자는 불교의 식(識)과 반야(般若)의 차이이다. 서양미학이 유심성(有心性)이라면 동양미학은 무심성(無心性)이다.[57] 그래서 동양미학은 아름다움이란 무엇인가? 문제에서도 미 개념 자체를 부정하게 된다. 동양미학은 아름다움이란 무엇인가라는 우리들의 판단 자체를 파괴한다. 미추(美醜)가 대립된 이원적인 차원에서 미추의 분별이 없는 차원, 즉 벌써 미라는 말의 존재가 무의미하게 된 차원을 동양미학은 그 이상(理想)으로 한다. 문제는 같은 동양이라도 중국, 일본, 한국의 아름다움이 같지 않다는 사실

---

57 조요한, 『관심과 통찰』, 480쪽.

이다. 한국은 초기부터 유불선의 삼교의 영향 밑에서 그 이상적인 미를 추구해 왔다. 이런 연장선상에서 한국의 조형미도 형성되었다고 할 수 있다.

조요한에 따르면, 인위를 거부하는 것이 한국미의 정신인데, 서양 미학용어로 말한다면 의지결여성(Willenlosigkeit)이 한국의 고졸(古拙) 내지 소박의 정신이다.[58] 쉴러(F. Schiller, 1759~1805)는 자연을 대하는 태도 두 가지가 있다고 말하고, 하나는 자연적으로 느끼는 시인이요, 다른 하나는 자연적인 것을 느끼는 시인이라고 한다. 전자는 자연을 소유하지만, 후자는 자연을 왜곡한다. 그리스 시인은 자연적으로 읊었던 소박의 시인이었지만, 유럽의 근대 시인은 자연을 인간의 이상에 맞추어 읊었던 감상(感傷)의 시인이라고 한다. 소박미를 추구했던 시인들은 모든 경험을 모멸시킨 어린아이의 순결과도 같다. 어린아이의 단순성은 우매하다고 조소받을지 몰라도, 그것은 즐거운 조소와 존경과 애수가 뒤범벅이 된 감정이다.[59] 바로 이것이 고졸미의 본질이다.[60]

---

58 조요한, 『관심과 통찰』, 489쪽.

59 F. Schiller, *Über naive und sentimentalische Dichtung*(Stuttgart, 1975), 34쪽; 조요한, 『관심과 통찰』, 490쪽. 재인용.

60 조요한, 『관심과 통찰』, 490쪽.

5. 나오는 말

먼저 근대적 미술담론의 관점에서 살펴보면, 한국 미술을 통해 나타난 다양한 미적 가치와 특질을 규명함에 있어서 고유섭은 '모순 속의 조화'의 측면을 규명해 내었다. 예컨대 한국 미술의 형식미적 특질을 비정제성이나 비균제성과 같은 파형 형식 가운데 찾는 고유섭의 시각은 두 개의 모순된 성격이 동시에 성립되어 있는 한국 미술이 전통적인 특색이며, 이러한 측면이 한국 미술의 근원에 자리잡고 있음을 고유섭은 규명해 내었다. 고유섭의 이러한 입장에 대해 조요한은 도교와 불교에 뿌리를 두었던 한국의 조형미는 자연을 모태로 하여 자연에서 미를 발견하는 것을 이상(理想)으로 삼았다고 밝힘으로써 한국인의 미의식의 근원적 토대를 덧붙여 놓았다. 김임수에 따르면, 이와 같은 모순의 결합은 미적 관조나 그 표현에 있어서 자연의 생성적 신비와 주관적 미적의도가 자연스러움으로서의 미적 형성을 통해 하나가 되는 가운데 성립되는 필연적 귀결이며, 사실상 그 결합은 서로 모순되는 신념간의 무리한 조화를 통해서라기보다는, 자연과 예술의 원리적 합일성을 찾는 가운데 소재와 형식, 의도와 표현, 대상과 주체와의 불가분의 체념적 결합에 있어서 욕구와 좌절, 집념과 체념, 포기와 위로와의 순리와 화해를 통한 미적 체험 구조의 변증법적 양상이라고 말하고 있다.[61]

---

61 김임수(2006), 같은 글, 51-52쪽.

다음으로 한국 미학의 정체성의 관점에서 보면, 고유섭은 한국 미술에서 '무기교의 기교', '구수한 큰 맛'으로 특징지은 민속예술의 가능성을 제시하였다. 우리의 미술이 감상을 위해 제작된 것이라기보다는 생활 속에서 우러나온 것이기에 기교면에서 우수한 것은 아니지만, 누구에게나 친밀하게 다가오는 소박성을 지닐 수 있었다는 것이다. 조요한은 이러한 특성을 아우러서 자연주의라고 말한다. 우리의 자연주의가 서양의 자연주의와 다른 것은, 서양의 자연주의가 대체로 자연과 인간의 화합을 노래하지만 자아와 타자의 구별을 의식한 반면, 우리의 자연주의는 나와 너의 구별이 없이 인간과 자연의 합일에서 오는 기쁨을 노래하거나 그 합일을 기원한다는 점에서 그러하다.

마지막으로 한국 미학의 미적가치의 관점에서 보면, 고유섭은 미술에 나타난 한국미의 특질을 '무기교의 기교', '무계획의 계획'으로 규정하였다. 기교와 계획은 '생활과 분리되기 이전의 상태', 즉 '생활 자체의 본연적 양식화 작용'에서 나온다고 보는 입장으로서, 결국 여기에서 한국미의 특질을 '민예적인 것'으로 귀결 짓고 있다. 그리하여 민예적인 성격 속에서 다시금 담소(淡素)와 질박(質朴), 조소성(粗疏性)을 찾아내고 있다. 이러한 특징을 담아 우리는 질박미(質朴美)라 할 수 있다. 조요한은 한국 예술과 관련하여 고졸미(古拙美)를 강조하였으며, 한국미의 바탕을 한국인의 몸과 마음에 배어 있는 무교적(巫敎的) 흐름에서 찾고 있다. 한민족의 무교적 체질이 한국 예술에 그대로 반영되어 있다는 것이며, 한국 예술의

'비균제성'이나 '자연순응성'도 따지고 보면 한민족의 무교적 체질에서 비롯되었다는 것이다.

한국 미학사에 고유섭과 조요한의 공헌을 생각하면서 이제 미래를 내다볼 시점이다. 한국 미학의 나아갈 방향성과 관련하여 조요한은 의미있는 표현을 사용하고 있다. 무릇 문화란 상호 교류의 특성을 지니고 있기에 이러한 과정에서 고유한 전통적 입장을 고수하려는 입장과 전통에 사로잡히지 않고 외래의 새 문화를 겸허하게 수용하는 입장이 나타난다고 말한다. 이를 미술에 적용하면 젤롯주의와 헤롯주의가 된다. 조요한은 여기서 문제가 되는 것은, 우리가 젤롯주의를 택하느냐, 헤롯주의를 취하느냐에 있지 않다는 것이다. 전통미라는 것이 고정된 것이 아니고 시대의 옷을 입기 마련인데, 과거만을 절실하게 그리워하는 젤롯주의도, 새 것에만 관심을 모으는 헤롯주의도 예술에서는 금물이라는 것이다. 오랜 기간 다듬어 온 미의식인 전통미를 어떻게 우리가 오늘에 살려서 이어갈 수 있을 것인가 하는 것이 관건이다. 새로운 창조적 자세가 없으며 세계가 넓어진 오늘날 다른 사람들에게 공감을 주지 못할 것이다. 새로운 창조란 주체적 미 체험에 의한 자기고백을 말한다.[62]

---

62 조요한, 『예술철학』, 346-347쪽.

:: **참고문헌** ————————————————

고유섭, 『한국 탑파의 연구』, 을유문화사, 1947.

______, 『朝鮮美術史 及 美術論考』, 통문관, 1963.

______, 「조선고적에 빛나는 미술」(1934), 『한국미술문화사논총』, 통문관, 1966.

권영필, 『미적 상상력과 미술사학』, 문예출판사, 2000.

______, 『한국의 미를 다시 읽는다』, 돌베게, 2005.

______, 「한국 미술의 미의식」, 『한국 근대 미학과 우현 미학의 현재성』, 인하대학교 출판부, 2006.

김영애, 「미술사가 고유섭에 대한 고찰」, 동국대학교 석사학위논문, 1989.

김임수, 『고유섭 연구』, 홍익대학교 박사학위논문, 1990.

______, 「고유섭과 한국 미술의 미학」, 『한국 근대 미학과 우현 미학의 현재성』, 인하대학교 출판부, 2006.

김창수, 「우현 고유섭과 인천문화」, 『한국 근대 미학과 우현 미학의 현재성』, 인하대학교 출판부, 2006.

목수현, 『한국 고미술 연구에 나타난 고유섭의 예술관 고찰』, 서울대학교 석사학위논문, 1991.

______, 「우현 고유섭의 미술사관」, 『한국 근대 미학과 우현 미학의 현재성』, 인하대학교 출판부, 2006.

백기수, 『미학개설』, 서울대학교 출판부, 1972.

야나기 무네요시, 『공예문화』(민병산 역), 신구문화사, 1976.

윤세진, 「미술은 어떻게 역사가 되었는가 ─고유섭과 근대적 미술담론」, 『한국 근대 미학과 우현 미학의 현재성』, 인하대학교 출판부, 2006.

조요한, 『예술철학』, 미술문화, 2003.

______, 『관심과 통찰』, 숭실대학교 출판부, 2004.

______, 『아름다운 것은 어렵다』, 숭실대학교 출판부, 2005.

최순우, 「우리의 미술」(1963), 『한국미 산책』, 최순우 전집 제5원, 학고제, 1992.

Schiller, F., *Über naive und sentimentalische Dichtung*, Stuttgart, 1975.

Swann, Peter., *Art of China, Korea, and Japan*, Thames and Hudson, 1963.

제7장

동성애를 바라보는 기독교의 두 시선

1. 들어가는 말: 생활세계로서 다문화

2000년 이후 최근까지 우리 농촌지역에서 벌어지고 있는 여러 현상들 가운데 우리의 관심을 끌고 있는 것은 多文化 문제이다. 농촌지역의 남성들과 중국이나 베트남을 비롯한 동남아시아 지역의 여성들 간의 국제결혼이 거의 일상적인 일이 되고 있다. 농촌지역에서 시작된 이런 일들은 그들의 2세가 출생하면서 자녀교육의 문제, 언어생활과 생활방식의 문제 등 그들의 한국 사회 적응의 문제가 서서히 고민거리로 등장하게 되었다. 이런 여러 문제들의 원인은 한마디로 다문화 현상에서 비롯된 것이라 말할 수 있다. 비단 농촌지역이 아니더라도, 우리 사회는 통신매체나 교통수단의 급속한 발달로 세계 각국의 문화를 실시간으로 공유하는 이른바 다문화 시대를 맞이하게 되었다.

이 글은 다문화 시대를 살아가고 있는 오늘 우리가 다문화 현상을 어떻게 바라보아야 할 것인지에 대해 논의하고자 한다. 특히 다문화 현상을 그저 '바라보는' 차원, 혹은 '해석하는' 차원에만 머무르는 것이 아니라, 우리의 생활세계의 일부분 혹은 우리 사회 공동체의 한 구성원이 되도록 하기 위해 그것 혹은 그들을 '수용하는' 차원에 대해 논의하고자 한다. 이를 위해서 필자는 다문화 현상의 한 예로서 '동성애' 문제에 주목하였고, 우리 사회, 특히 기독교계에서 벌어지고 있는 동성애 관련 찬·반 논쟁을 살펴보고자 한다. 동성애 문제를 바라보는 상반된 입장을 통해서, 궁극적으로는 다문화를 이해하고 수용하는 일이 얼마나 어려운 과정인지를 다시 한 번 확인하고, 나아가 그럼에도 불구하고, 다문화를 수용하고 보듬을 수 있는 길을 모색해 보려는 것이다.

이런 관점에서 이 글은 우선 '동성애' 논의의 찬·반 논쟁의 근거가 되고 있는 성서에 주목할 것이다. 성서에서 언급된 동성애 장면을 확인해 보고, 동성애에 대한 해석상의 관점에 따라 나누어지는 비판론자와 옹호론자의 입장을 살펴보고자 한다. 그리고 이와 연관하여 동성애에 대한 한국 기독교계의 일반적인 입장도 확인하도록 한다. 그런 다음, 다문화 현상을 바라보는 오늘 우리 사회의 모습을 '우리' 對 '그들'의 입장에서 살펴보고, 다문화 시대에 요청되는 지혜로운 삶의 방식에 대해 생각해 보고자 한다.

이제 이러한 논의를 시작하기에 앞서서 필자는 다음의 두 가지를 미리 밝혀두고자 한다. 첫째 다문화 시대에 우리들에게 요청되는 자세는 문화갈등의 관점이 아니라 문화공존의 관점이어야 한다는 점이다. 둘째 동성애 찬·반 논쟁의 준거로 사용된 성서의 해당 부분에 대한 해석과 관련하여, 이들 해석의 신학적 타당성의 문제는 교단과 교파에 따라 다르기 때문에 필자의 연구 영역이 아님을 밝혀둔다. 이 부분은 관련 학회에서 신학적으로 해명할 문제라고 여겨진다. 그렇기에 이 글은 다문화 현상을 문화공존이라는 관점에서 접근하고 있으며, 특히 동성애 문제를 다문화 현상의 한 예로 간주하고, 이에 대한 문화비평의 관점에서 다루고 있음을 말해두고자 한다.

2006년에 발간된 잡지『문화매거진 오늘』에 다원주의 사회와 기독교와의 관련성에 대한 흥미로운 기사가 게재된 적이 있었다.

> 다원주의 사회에서 기독교는 절대적 가치를 외친다. 기독교는 '무엇이든 네가 원하고 바라는 것이면 옳다'라고 말하지 않는다. 모든 판단의 마지막 권위가 인간 자신에게 있다고 여기지 않는다. 기독교의 판단 근거는 하나님의 말씀이다. 포스트모더니즘 덕분에 복음도 하나의 견해로 존중받는다. 하지만 복음은 하나의 견해 이상이며, 이 세상에 대해 유일한 진리를 말하고 있다. 우리 사회에서 논란이 되는 동성애 문제에 대해서도 기독교의 복음은 절대적 판단 기준을 지니고 있다. 기독교는 죄는 미워하되 죄인은 미워하지 않는다.[1]

---

1 이경직,『문화매거진 오늘』, 2006년 5·6월호.

이경직의 윗글에서도 확인할 수 있듯이, 기독교적 신앙이 확고하면 할수록, 다원화된 사회에서 다원적 가치를 인정하기란 대단히 어려운 일이 된다. 그것은 기독교의 유일적 신앙관과 절대적 가치관의 영향 때문이다. 그렇지만 우리의 궁극적 관심은 그럼에도 불구하고 더불어 살아가는 공동체를 꿈꾸고, 그것을 위해서는 서로가 양보(讓步)와 협력(協力)을 아끼지 말아야 한다는 사실에 있다. 그렇다면 다문화 시대를 살아가는 오늘 우리들은 어디까지, 어떤 방식으로 대화할 수 있을까? 이제 이런 의문들을 구체적으로 동성애 문제에 적용하여 논의해 보도록 하자.

2. 다문화 현상의 한 예로서 동성애, 그 찬·반 논쟁

한국의 개신교 목회자들은 교단과 교파를 막론하고 자신들의 목회 현장에서 동성애 문제에 대해 하나의 공통된 입장을 취하고 있다. 이런 경향은 각 교단 소속의 여러 신학대학 교수들의 저술에서도 공통적으로 나타나고 있다. 그것을 한마디로 표현하면, 동성애를 반대한다는 입장이다. 이런 점에서 한국 사회의 기독교계(적어도 개신교계)는 대단히 보수적 성향을 가지고 있다. 여기서 군이 '보수적(保守的)'이라는 표현을 쓰는 이유는, 동성애에 대해 긍정적으로 바라본다거나, 아니면 적극적으로 동성애자들에게도 목회자로서의 자격을 부여하고[2], 나아가 동성애자들만을 위한 교회를 운

영하고 있는 미국과 서구의 몇몇 국가에 비추어볼 때[3], 한국 교회
가 상대적으로 보수적인 성향을 가지고 있기 때문이다. 그렇다면
다양한 교단과 교파로 구성된 한국 기독교계가 어떤 이유에서 이
와 같이 한 목소리를 낼 수 있었던 것일까?

그 좋은 예 하나가 있다. 몇 해 전 한국 영화 시장에서는 보기
드문 현상이 일어났다. 이준익 감독의 영화 〈왕의 남자〉가 관객
천만 명 이상을 동원한 것이다. 수많은 관객들이 관람한 〈왕의 남
자〉는 동성애를 그려내고 있었다. 그 점에서 동성애라는 말은
2006년 한 해 동안 한국 사회의 중요한 문화적 코드가 되기도
했다. 그래서인지 대중매체에서도 동성애자 연예인에 대한 기사
가 시청자들의 이목을 사로잡았고, 이와 관련하여 트랜스젠더 연
예인에 대한 관심도 고조를 이루었다. 그러자 기독교 관련 문화
단체와 연구자들이 그 영화에 대한 일종의 문화비평을 쏟아 놓았
다. 그들의 한결 같은 반응은 영화가 동성애를 미화할 수 있다는

---

2 최근 미국루터교회(ELCA)가 동성애 성직자를 징계하지 않기로 했다. ELCA는 지난 11일
  시카고에서 열린 연례총회에서 동성애 목회자의 성직박탈 금지를 잠정 결정했다고 AP통
  신 등이 8월 15일 보도했다. ELCA는 교단차원에서 동성애 목회자의 징계여부에 대해
  찬반을 물었고 총회 참가 목회자들은 538표 대 431표로 무징계를 지지했다. 이에 따라
  ELCA 소속 동성애 목회자는 앞으로 목사 자격을 유지하고 개별교회가 청빙할 경우 설교
  를 할 수 있다. 필 소시 ELCA 대변인은 "총회는 동성애 목회자를 처벌하지 않기로 했다.
  매우 중대한 결의다."라고 말했다(국민일보, 2007. 8. 15일자 기사).

3 1999년 프랑스 의회가 동성애 부부를 공인하는 시민연대 협약을 통과시켰고, 2000년 7월
  에는 미국의 버몬트 주에서 미국 최초의 동성애 부부가 결혼하였으며, 2001년 네덜란드
  에서는 동성 간의 결혼을 합법화하였다. 그해 캐나다에서는 인구 통계에 동성애 부부 항
  목을 포함시켰고, 드디어 2004년 미국의 샌프란시스코 시 당국이 동성부부에게 결혼증명
  서를 발급해 줌으로써 동성 간의 결혼을 인정하는 미국의 첫 사례로 기록되었다(이국헌,
  『기독교 윤리학의 이해』, 삼영출판사, 2004, 245쪽).

점, 이것이 청소년들의 性 의식에 악영향을 줄 수 있다는 점, 동성
애는 궁극적으로 하나님의 창조질서에 역행한다는 논지의 비평이
지면을 온통 장식했다. 이 영화만 놓고 본다면, 외관상 일반 대중
들과 기독교인들의 반응은 엇박자의 모습 자체였다.

그렇다면 한국의 기독교인들은 왜 이토록 동성애에 대해 부정
적인 입장을 취하는 것일까? 그들의 그런 입장을 가능하게 한 성
서적 근거는 무엇일까? 아니 그들이 주장하는 성서적 토대를 반
드시 그들처럼 읽어야만 하는 것일까? 이제 성경 본문에 대한 해
석학적 논의 속에서 이 문제를 살펴보자.

성경에서 동성애에 관한 언급은 다음과 같은 곳에서 나타난다.
① 구약성서의 소돔 이야기(「창세기」 19:1-11)와 기브아 이야기(「사사
기」 19장), ② 「레위기」의 본문들(18:22, 20:13), ③ 신약성서 「로마
서」의 본문(1:26-27), 마지막으로 ④ 바울의 두 서신인 「고린도전
서」(6:9-10)와 「디모데전서」(1:8-11)에서 언급되고 있다. 여기 네
곳에서 언급되고 있는 동성애 장면은, 대부분의 복음주의 신학자
들 사이에서 통용되는 것처럼, '부정적으로' 해석되고 있다. 한국
의 기독교계의 상황도 이런 전통을 뒤따르고 있다고 보면 정확한
표현일 것이다.

그런데 성서에 나타난 동성애 장면에 대해 위와 다른 해석을
하는 이들이 있는데 대체로 동성애를 옹호하는 이들이 거기에 속
한다. 교육심리학 및 조직신학 두 분야에서 박사학위를 취득하고
현재 미국 웨스트조지아주립대학교 심리학과 교수인 다니엘 헬미

니악(Daniel A. Helminiak)[4]과 정통 신학자 출신의 데릭 셔윈 베일리 (Derrick Sherwin Bailey)[5]가 대표적인 이들이다.

이제부터는 성서의 네 부분에 나타난 동성애 관련 장면들을 양 진영에서 어떻게 해석하는지 쟁점을 중심으로 살펴보도록 하자.

1) 구약 「창세기」의 소돔과 고모라 사건과 해석의 문제

성서에서 동성애 장면이 나타나는 첫 번째 경우는 「창세기」 19장 1절에서 11절이다.

"날이 저물 때에 그 두 천사가 소돔에 이르니 마침 롯이 소돔 성문에 앉았다가 그들을 보고 일어나 영접하고 땅에 엎드리어 절하여 가로되 내 주여 돌이켜 종의 집으로 들어와 발을 씻고 주무시고 일찍이 일어나 갈 길을 가소서 그들이 가로되 아니라 우리가 거리에서 경야하리라 롯이 간청하매 그제야 돌이켜서 그 집으로 들어오는지라 롯이 그들을 위하여 식탁을 베풀고 무교병을 구우니 그들이 먹으니라 그들의 눕기 전에 그 성 사람 곧 소돔 백성들이 무론 노소하고 사방에서 다 모여 그 집을 에워싸고 롯을 부르고 그에게 이르되 이 저녁에 네게 온 사람이 어디 있느냐 이끌어 내라 우리가 **그들을 상관하리라** 롯이 문 밖의 무리에게로 나가서 뒤로 문을 닫고 이르되 청하노니 내 형제들아 이런 악을 행치 말라 내게 남자를 가까이 아니한 두 딸이 있노라 청컨대 내가 그들을

---

4 Daniel A. Helminiak, *What the Bible Really Says About Homosexuality*, Millennium Edition, 2000[『성서가 말하는 동성애 —신이 허락하고 인간이 금지한 사랑』(김강일 역), 해울, 2003]에서 동성애에 대해 긍정적이면서 옹호하는 논지의 주장을 펼쳐내고 있다(이후 본문에서는 번역본의 쪽 수를 인용함).

5 Derrick Sherwin Bailey, *Homosexuality and the Western Christian Tradition* (Longmans, Green, 1955.)

너희에게로 이끌어 내리니 너희 눈에 좋은 대로 그들에게 행하고 이 사람들은 내 집에 들어왔은즉 이 사람들에게는 아무 짓도 하지 말라 그들이 가로되 너는 물러나라 또 가로되 이 놈이 들어와서 우거하면서 우리의 법관이 되려하는도다 이제 우리가 그들보다 너를 더 해하리라 하고 롯을 밀치며 가까이 나아와서 그 문을 깨치려 하는지라 그 사람들이 손을 내밀어 롯을 집으로 끌어들이고 문을 닫으며 문 밖의 무리로 무론 대소하고 그 눈을 어둡게 하니 그들이 문을 찾느라고 곤비하였더라(창 19:1-11)"

소돔 이야기로 잘 알려진 이 본문에 대해 기독교계에서는 대체로 어떤 해석을 하고 있으며, 통용되고 있을까? 이에 대한 일반적인 입장은 이러하다. 소돔 사람들은 동성애 행위를 하는 죄를 지었고, 비록 그 시도가 실패하기는 했어도 그들은 롯이 자기 집에서 대접하던 두 천사에게까지 그 행위를 하려고 했다는 것이다. 여기에서 영어 단어 'sodomy'라는 말이 유래하게 되었다.[6] 그리고 'Sodomite(소돔 사람)'는 항문 성교를 하는 사람들을 가리키고 있으며, 소돔의 죄는 남성간의 동성 성교 행위였다고 받아들여지게 되었다. 그리하여 하나님께서 동성 성교 행위 때문에 소돔의 시민들, 곧 소돔 사람들을 단죄하고 벌하셨다고 추측하게 되었던 것이다.[7]

이와 같은 일반적인 해석 전통에 대해서 베일리는 『동성애와 서구 기독교 전통』(Homosexuality and the Western Christian Tradition,

---

6 John R. W. Stott, *Same-Sex Partnership?*, Zondervan, 1998[『존 스토트의 동성애 논쟁 —동성간 결혼도 가능한가?』(양혜원 역), 홍성사, 2006. 이후 번역본 쪽 수를 기입함], 19쪽.
7 Daniel A. Helminiak, 같은 책, 40쪽.

1955)에서 다른 입장을 제시한다.

우선 베일리는 위의 인용문에서 소돔 남자들이 "이끌어내라 우리가 그들을 상관하리라(know)"고 한 요구의 의미를 "우리가 그들과 성 관계를 가지리라(have sex with)"라는 뜻으로 이해하는 것은 근거 없는 가정일 뿐이라고 주장한다.[8] 왜냐하면 여기서 '알다' 라는 의미의 히브리어 'yādá(야다)'는 구약성경에 943회 나오는데 그 중에서 육체적인 관계를 의미하는 경우는 10회에 불과하며 그 마저도 이성애자간의 성 관계를 의미할 때에만 사용되었다는 것이다. 따라서 그 구절은 "우리가 그들과 알고 지내려고 한다"로 해석하는 쪽이 더 낫다고 그는 주장한다. 그렇게 되면 그 소돔 사람들의 폭력은, 롯이 이방인의 신분으로 소돔 성에 머무는 주제에 자기 권한을 넘어서는 행동을 한 데 화가 나서 저지른 일이라고 이해할 수 있게 된다. 롯은 "적대적인 의도를 가졌을 수도 있고, 얼마나 신뢰할 수 있는 사람들인지 검증도 되지 않은"[9] 두 명의 이방인을 자기 집으로 맞아들였던 것이다. 그럴 경우, 소돔의 죄는 사적인 영역인 롯이 가정을 침해하고 손대접이라고 하는 고대의 규칙을 무시한 것이 된다. 롯은 그 남자들에게 "이 사람들은 내 집에 들어왔은즉" 그런 요구를 그만두라고 간청했다.

또한 베일리는 구약성서 어디에서도 소돔이 벌을 받아야했던 죄의 성질이 동성애와 관련된 것이라는 암시는 없다고 주장한다.

---

8 참고로, The New King James Version의 『한·영 성경전서』(1982)에는 '상관하리라'를 'we may know them *carnally*'로 옮겨 놓고 있다.

9 Derrick Sherwin Bailey, 같은 책, 4쪽.

그 대신 이사야는 소돔의 죄가 '위선'과 '사회적 불의'였다고 간접적으로 말하고 있으며(이사야 1:10 이하), 예레미야는 '간음'과 '사기'와 사회에 만연한 '사악함'을(예레미야 23:14), 에스겔은 '교만'과 '욕심'과 '가난한 자에 대한 무관심'을(에스겔 16:49 이하) 꼽고 있다고 지적한다. 그래서 베일리는 역사적 사실의 차원에서건, 계시된 진리의 차원에서건, 소돔 성과 그 이웃 주민들이 동성애 행위로 인해 멸망당했다고 믿을 이유는 하나도 없다고 주장한다.[10]

베일리와 비슷한 맥락에서 헬미니악도 '소돔의 죄'의 핵심에 대해 말하고 있다. 롯이 살았던 사회의 기본 규칙은 나그네들을 친절히 대접하는 것이다. 전통적인 셈 문화와 아라비아 문화에도 똑같은 규칙이 있었다고 한다. 이 규칙은 매우 엄격해서 심지어 하룻밤을 묵는 사람이 적(敵)이라 할지라도 해치지 않았다. 따라서 롯은 그가 이해했던 대로 하나님의 법을 따르며 옳은 일을 하려고 했기 때문에 손님들이 소돔 사람들에게 학대당하도록 내어주지 않았다. 이렇게 본다면, 결국 소돔의 죄란 이방인들을 '학대'하고 '모욕'한 죄다. 나그네들을 욕보인 죄이며, 궁핍한 사람들을 '냉대'한 죄이다. 이것이 본래의 역사적 맥락을 따라 이해한 소돔 이야기의 요점이라고 헬미니악은 주장한다.[11]

헬미니악의 관점에서 보면, 소돔 이야기의 핵심은 '성(性) 윤리'에 있지 않다. 소돔 이야기가 남의 집 대문을 두드리는 이야기가 아니듯이 성 행위에 관한 이야기도 아니다. 소돔 이야기에서 '섹

---

10 Derrick Sherwin Bailey, 같은 책, 27쪽.
11 Daniel A. Helminiak, 같은 책, 42쪽.

스'와 '문 두드리기'는 둘 다 이야기의 주된 요점에 부수적인 내용일 뿐이다. 어떤 형태를 취하든 간에 '학대'와 '폭행'이 요점이다. 그러므로 이 본문을 가지고 동성애를 단죄하는 것은 본문을 오용하는 것이라고 헬미니악은 강하게 반발한다.[12] 그러면서 헬미니악은 예수께서도 「마태복음」 10장 5절부터 15절에서 소돔을 인용한 적이 있음을 지적한다. 이 부분에서는 하나님의 사자들을 거부하는 것이 쟁점이었는데, 위의 「마태복음」의 구절과 소돔 이야기 사이의 유사점이 있다면, 그것은 바로 나그네를 거부하는 '닫힌 마음', 즉 하나님의 사자들을 환영하지 않는 '사악함'이었다고 헬미니악은 주장하고 있다.[13]

2) 구약 「레위기」의 본문 두 곳과 해석의 문제

구약성서에서 동성애 부분이 언급된 두 번째 부분은 「레위기」 18장 22절과 20장 13절이다.

> "너는 여자와 동침함 같이 **남자와 동침하지 말라** 이는 **가증한 일**이니라(레 18:22)"
>
> "누구든지 여인과 동침하듯 **남자와 동침하면** 둘 다 **가증한 일**을 행함인즉 반드시 죽일지니 자기의 피가 자기에게로 돌아가리라(레 20:13)"

방금 인용한 「레위기」의 두 본문은 '거룩'에 관한 규례에 나오는

---

12 Daniel A. Helminiak, 같은 책, 44쪽.
13 Daniel A. Helminiak, 같은 책, 48쪽.

부분이며, 이 규례는 「레위기」의 핵심으로서 하나님의 백성에게 하나님의 법을 따르고 그들이 살던 애굽이나 하나님이 그들을 데려다 놓으신 가나안 지방의 관습을 따르지 말 것을 요구하고 있다. 여기서 그들의 관습이란 금지된 성 관계의 종류, 여러 가지의 성적 일탈, 유아를 제물로 바치는 행위, 우상 숭배 그리고 갖가지 사회적 불의 등을 말한다.[14]

이제 두 본문에서 동성애와 관련해 쟁점이 되는 부분을 살펴보자. 먼저 피터 콜먼(Peter Coleman)은 『동성애에 대한 기독교인의 태도』(Christian Attitudes to Homosexuality, 1980)에서 "가증스러운" 혹은 "혐오스러운"으로 번역되어 있는 단어[15]는 원래 '우상 숭배'와 연관되어 있다고 주장한다. 영어에서 그 단어는 혐오감 혹은 비난을 의미하지만, 성서에서는 주로 그 의미가 도덕이나 미학보다는 종교적 진리와 연관되어 있다는 것이다.[16] 그렇기 때문에 「레위기」의 본문들은 이미 사라진지 오래된 종교적 관습을 금지하고 있는 것이며, 오늘날의 동성애 관계와는 아무런 관련성이 없다는 것이다.[17]

한편 헬미니악은 「레위기」에 사용된 '망측한 짓(가증스러운 일)'에

---

14 John R. W. Stott, 같은 책, 22쪽.

15 참고로, The New King James Version의 『한·영 성경전서』(1982)에는 '가증한 일'을 'abomination'으로 옮겨 놓고 있다.

16 Peter Coleman, *Christian Attitudes to Homosexuality*, SPCK, 1980, 49쪽.

17 John R. W. Stott, 같은 책, 24쪽. 여기에서 한 가지 흥미로운 점은 동성애 옹호론자인 베일리의 경우, "「레위기」의 두 율법 모두는 의식(儀式)이나 종교의 이름으로 행해지는 행위가 아니라, 두 남자간의 일반적인 동성애 행위를 말하는 것임에는 의문의 여지가 거의 없다"고 말함으로써, 다른 동성애 옹호론자들과는 의견을 달리하고 있다는 점이다.

해당되는 말은 히브리어의 toevah를 번역해 놓은 것이다. toe-vah는 '부정함', '불결함', '더러움'으로 번역될 수 있다고 한다. 문화적으로나 종교 의식적으로 금지된 것을 나타내는 '금기(禁忌)'로 번역이 된다. 헬미니악에 따르면, 성서의 저자들이 다른 의도가 있었다면 보다 분명한 의미를 지닌 히브리어 단어인 zímah를 쓸 수 있었을 텐데, 이것 대신 toevah를 사용한 것에 주목한다. zí-mah는 종교적 이유나 문화적 이유로 반대할 만한 것이 아니라 그 자체로 잘못된 것을 뜻한다. 그것은 불의 곧 죄라는 뜻이다.

그러나 분명히 「레위기」에서 남자가 다른 남자와 동침하는 것을 죄라고 말하지 않았다. 「레위기」에서는 그것이 종교 의식적인 위반, 곧 '부정함'이라고 말한다. 그것은 '더러운' 짓이다. 이 사실은 우연한 것이 아니다. 구약성서를 고대 그리스어로 번역한 『70인역 성서』에 보면 이 사실이 더욱 확실해진다.[18] 『70인역 성서』에는 「레위기」 18장 22절의 히브리어 단어 toevah가 bdelygma로 번역되어 있다. 이 그리스어는 종교 의식의 위반을 뜻한다. 결국 「레위기」에서의 단어는 윤리적 함축이 들어있는 용어가 아닌, 문화적이고 종교적인 함축이 든 용어일 뿐이다. 그렇기 때문에 동성 성교 행위나 일반적인 동성 성교 행위의 도덕성에 관해서는 아무런 진술을 하지 않고 있다. 이것들은 분명 구약성서의 관심사가 아니었다는 것이다. 동성애자의 섹스가 옳은지 그른지의 오늘날의 윤리적 질문에 대한 대답으로 「레위기」를 인용하는 것은 성서

---

18 Daniel A. Helminiak, 같은 책, 74쪽.

를 오용하는 것이라고 헬미니악은 주장한다.[19] 그리고 헬미니악은 동성애를 바라보는 현재의 관습에는 분명히 광범위한 무지와 방임적 편견, 노골적인 불의가 포함되어 있다고 파악한다. 그래서 이것을 반드시 뒤집어서 그 영향력을 극복하고자 하는 것이다.

그것들은 단순히 해롭지 않는 관습의 문제이거나 사람들이 선호하는 에티켓 규칙과 훌륭한 취향의 문제가 아니다. 그것들은 개인적으로나 사회적으로나 파괴적인 인습이다. 오늘날 우리가 「레위기」에서 얻을 수 있는 교훈은 진정한 그릇됨과 단순한 금기의 차이를 인식하고 적절한 방식으로 각자를 존중하라는 것이다.[20]

3) 신약 「고린도전서」와 「디모데전서」에서의 바울의 관점과 그 해석의 문제

신약성서에서는 사도 바울에 의해 동성애 부분이 언급되고 있는데, 먼저 「고린도전서」 6장 9절~10절과 「디모데전서」 1장 10절에 나타난다.

"불의한 자가 하나님의 나라를 유업으로 받지 못할 줄을 알지 못하느냐 미혹을 받지 말라 음란 하는 자나 우상숭배 하는 자나 간음하는 자나 탐색하는 자나 남색 하는 자나 도적이나 탐람하는 자나 술 취하는 자나 후욕하는 자나 토색하는 자들은 하나님의 나라를 유업으로 받지 못하리라(고전 6:9-10)"

---

19 Daniel A. Helminiak, 같은 책, 77쪽.
20 Daniel A. Helminiak, 같은 책, 78-79쪽.

"음행하는 자며 남색 하는 자며 사람을 탈취하는 자며 거짓말하는 자며 거짓
맹세하는 자(딤전 1:10)"

이 두 부분은 사도 바울에 의해 제시된 목록, 즉 하나님 나라와
양립할 수 없고, 율법이나 복음과도 양립할 수 없다고 주장하는
추한 죄의 목록들이다. 이런 죄를 범하는 사람 중 한 무리는
'malakoi(말라코이)'라고 부르고, 또 다른 무리는 두 본문 모두에서
'arsenokoitai(아르세노코이타이)'라 불리고 있다. 여기서 논의의 핵
심은 'malakoi'와 'arsenokoitai'라는 용어의 해석에 달려있다.
동성애 옹호론자들은 'malakoi'는 분명히 동성 성교를 가리키지
않는다고 주장한다. 그리고 'arsenokoitai'는 어떤 식으로든 남성
간 성행위를 가리키는 언급일지 모르지만, 설사 그렇다하더라도
그것은 자유분방하고 음란하며, 무책임한 남성간의 성 행위를 단
죄하는 것이지, 전반적인 동성 성교를 단죄하는 것은 아니라는 것
이다.[21]

다시 되돌아와서 'malakoi'와 'arsenokoitai'의 해석과 관련하
여 이 단어의 번역의 과정을 살펴볼 필요가 있다. 1952년 『개정
판 표준 영역 성서』(*Revised Standard Version*)은 「고린도전서」 6장 9절
에 나오는 위의 두 단어가 결합하여 '동성애자(homosexuals)'로 번역
되어 있다. 이 두 단어가 homosexuals로 사용됨으로써 생겨나는
문제는 아주 심각하다고 베일리는 지적한다. 즉 '동성애 성향'을

---

21 Daniel A. Helminiak, 같은 책, 149쪽.

가지고 태어난 사람의 경우, 그가 도덕적으로 흠잡을 데 없는 사람이라 할지라도 자동적으로 불의한 사람으로 분류되어 하나님의 나라에서 제외된다고 주장하는 근거가 되어버렸다.[22] 한편 1977년 『개정판 표준 영역 성서』는 그 두 단어를 'sexual perverts(변태 성욕자 혹은 성도착자)'로 번역하였다. 그리고 1989년 『새 개정판 영역 성서』(*New Revised Standard Version*)에서는 'male prostitute(남창들)'과 'sodomites(남색 하는 자들)'로 나누어 번역하였다. 그 이후의 다양한 현대의 번역본들에서는 그 단어들이 각기 다르게 번역되고 있는데, 먼저 'arsenokoitai'는 '동성연애자', '남색 하는 자', '아동 성 범죄자', '변태', '변태 동성애자', '변태 성욕자', '파렴치한 습관을 가진 자'로 번역되고 있다. 그리고 'malakoi'는 '미동(美童)', '계집애처럼 유약한 자', '소년 남창', '여성스러운 남자'로 번역되고 있다. 그러다가 1985년 『새 예루살렘 영역 성서』(*New jerusalem Bible*)에서는 '방종한 자'로 번역되어 있다. 그런데 16세기 종교개혁 때까지 그리고 로마 가톨릭에서는 20세기까지 'malakoi'는 '수음하는 자'를 뜻한다고 여겨졌다. 이렇듯, 성서에 사용된 이들 단어의 의미는 늘 변화되어 왔다는 사실을 확인할 수가 있다.[23]

이런 사실을 통해서 동성애 옹호론자들은 'malakos(malakoi의 단수형)'는 결코 동성 섹스 행위를 가리키지 않는다고 간주한다. 「고린도전서」 6장 9절은 'malakos'라는 말로 도덕적 해이와 절제되지 않은 일반적인 행동들을 단죄할 뿐이다. 그런 면에서 'malakos'

---

22 Derrick Sherwin Bailey, 같은 책, 39쪽.
23 Daniel A. Helminiak, 같은 책, 152쪽.

를 '방종한 자'로 번역하고 있는 『새 예루살렘 영역 성서』가 정확한 의미를 제시한다고 그들은 판단한다.[24] 다음으로 동성애 옹호론자들은 'arsenokoitai'라는 이 말은 기원후 1세기에 그리스어를 쓰는 유대-그리스도교에서 남자들 사이의 착취적이고 음탕하며 방자한 섹스를 가리키는 용어로 사용되었다고 파악한다. 그러므로 성서의 구절들이 반대하는 내용 역시 남성 사이에서 일어나는 성 행위 전체가 아니라 바로 그러한 동성애의 '남용(濫用)'에 대한 반대라는 것이다. 성 문제 전반에 걸쳐서 성서가 요구하는 것은 상호 존중과 보살핌, 책임 있는 나눔이다. 이 점이 「고린도전서」와 「디모데전서」에서 얻을 수 있는 진정한 교훈들이라고 이들은 생각한다.[25]

4) 신약 「로마서」에서의 바울의 관점과 그 해석의 문제

마지막으로 동성애 부분은 신약성서 로마서 1장 26절 27절에 나타난다.

> "이를 인하여 하나님께서 저희를 부끄러운 욕심에 내어버려 두셨으니 곧 저희 여인들도 순리대로 쓸 것을 바꾸어 **역리(逆理)로 쓰며** 이와 같이 남자들도 순리대로 여인 쓰기를 버리고 서로 향하여 음욕이 불 일듯 하매 **남자가 남자로 더불어 부끄러운 일을 행하여** 저희의 그릇됨에 상당한 보응을 그 자신에 받았느니라(롬 1:26-27)"

---

24 Daniel A. Helminiak, 같은 책, 156쪽.
25 Daniel A. Helminiak, 같은 책, 167쪽.

이 부분은 사도 바울이 당시 그리스 로마 사회에서 우상을 숭배하는 이교도들을 묘사한 대목이다. 그들은 창조된 세계를 통해서 하나님에 대한 지식이 어느 정도 있었고, 나름의 도덕적 감각도 있었지만 그들은 사악한 일들을 행하기 위해 자신이 알고 있는 진리를 억압했다. 하나님께 합당한 영광을 돌리는 대신, 우상을 숭배했고, 하나님과 피조물을 혼동했다. 그들에 대한 심판으로서 하나님은 그들의 타락한 생각과 퇴폐적인 관습을 내버려 두셨고, 그러한 관습에는 '부자연스러운' 성 관계도 포함되어 있었다. 이와 같은 해석이 기독교계의 일반적인 경향이다.

그런데 이런 해석에 대해서 동성애 옹호론자들은 견해를 달리한다. 먼저 사도 바울이 오늘날 '역리적 성향(동성애 성향을 지닌 사람)'[26]과 '역리적 행위(이성애 성향을 가지고 있으면서 동성애 행위에 탐닉하는 사람)'가 별개라는 사실을 전혀 모르긴 했지만, 여기서 그가 정죄하고 있는 것은 후자이지 전자가 아니라는 점을 이들은 강조한다.[27]

그 점에서 사도 바울은 하나님의 심판으로 '내버려두신' 사람들의 무모하고 뻔뻔하고, 방탕하고, 난잡한 태도를 묘사한 것이다. 그렇다면 이 부분은 서로 헌신하고 사랑하는 동성애 관계와는 아무런 관련이 없게 되는 셈이다.[28]

이런 관점에서 헬미니악은 신약성서가 성결(聖潔)에 관한 관심사나 그 밖의 관심사들을 이유로 동성간 성 행위 자체를 단죄하지

---

26 참고로, The New King James Version의 『한·영 성경전서』(1982)에는 '역리로'를 'against nature'로 옮겨 놓고 있다.

27 John R. W. Stott, 같은 책, 25쪽.

28 John R. W. Stott, 같은 책, 26쪽.

는 않았으며, 단지 동성간 성 행위에 수반될 수도 있는 학대와 착
취를 금지하는 데 오히려 관심이 있었다고 결론짓는다.[29]

3. 다문화 수용하기, 멀고도 힘든 길

우리는 지금까지 다문화시대의 한 현상으로서 동성애에 대한
찬·반 논쟁을 살펴보았다. 확실한 사실은 한국의 개신교 교회 및
신학교에서는 동성애 문제를 부정적으로 바라보고 있으며, 그런
관점에서 그것을 여전히 죄(罪)의 범주에까지 포함시키고 있다는
사실이다. 일례로서, 개신교 합동 측의 대표적인 교회중의 하나인
사랑의 교회 원로목사 옥한흠[30], 장신대 기독교윤리학 전공의 임
성빈[31], 감신대 기독교윤리학 전공의 박충구[32], 그리고 삼육대 교

---

29 Daniel A. Helminiak, 같은 책, 91쪽.

30 옥한흠은 이렇게 쓰고 있다. "내가 귀국하던 1978년 미국의 모 장로 교단에서는 동성연
   애를 합법화시키자는 안건을 총회에 내놓아서 매스컴을 흥분시킨 적이 있었다. 나도 그때
   라디오 실황을 들으면서 통탄해 하던 기억이 난다." 옥한흠, 「크리스천의 성 윤리」, 『현대
   와 크리스천의 윤리』(홍정길 편집), 도서출판 엠마오, 1987, 17쪽.

31 임성빈에 따르면, 성서에서는 결혼과 이혼, 매매춘과 동성애가 등장하지만, 다양한 주제
   들 속에서도 분명한 사실은 성은 남성과 여성으로 구성된 인간의 삶의 형태에 초점을
   맞추고 있다는 것이다. 그러므로 동성애에 대한 성서의 입장은 부정적이라고 말할 수 있
   다는 것이다. 임성빈, 『21세기 문화와 기독교』, 장로회신학대학교 출판부, 2004, 152쪽;
   임성빈, 「성경으로 본 동성애」, 『빛과 소금』, 1996년 6월호 참조.

32 박충구는 이렇게 적고 있다. "근래에 들어서면서 의학적 규명을 통하여 동성애를 개인의
   윤리적인 선택이라고 보았던 과거의 이해가 수정되어 일종의 자연적인 성향으로 규명되
   면서 이성애적 규범만으로 인간의 성윤리를 규명할 수 없다고 보고 있다. 이러한 이해들
   은 전통적인 성윤리에 신뢰를 두고 있는 기독교인들에게는 충격이 되고 있다. 이러한 성
   향은 제도적 성윤리를 넘어서는 윤리적 성윤리를 요청하는 것으로 보인다." 박충구, 『21
   세기 문명과 기독교윤리』, 대한기독교서회, 1999, 215쪽. 하지만 박충구는 다른 기독교윤

회사 전공의 이국헌[33], 백석대 기독교철학 전공의 이경직[34]이 대표적인 경우다. 학계와 교계에 두텁게 퍼져 있는 이러한 견해는 과연 어떤 결과를 초래하였을까? 한마디로 표현하면, 동성애와 동성애자들을 기독교인들과는 구분되는 영원한 '그들', 즉 우리와는 다른 '타자(他者)'로 인정하고 배제하도록 하는 태도를 만들어 놓았다는 사실이다.

사실 동성애 문제의 찬·반 논쟁은 성서적 근거에 관한 논쟁 자체도 의미 있는 일이지만, 그보다 앞서서 동성애와 동성애자가 어떤 이유에서 생겨나게 되는지 그 원인에 대한 논의가 이루어져야만 한다. '동성애(Homosexuality)'라는 단어[35]는 인간이 가지고 있

리학자들에 비해 동성애 문제를 이성애 중심의 성윤리가 낳은 폐단의 하나로 본다는 점에서는 상대적으로 차이를 드러내고 있다.

[33] 이국헌은 이렇게 말한다. "동성애는 기본적으로 남자와 여자로 창조하신 하나님의 창조의 계획과 그 둘이 한 몸이 되도록 하신 제도가 가지는 본질적인 목적에 부합되지 않는 것이므로 잘못된 것이다.", 이국헌, 『기독교 윤리학의 이해』, 삼영출판사, 2004, 253쪽.

[34] 이경직은 이렇게 말한다. "동성애가 이성애와 똑같이 사랑의 한 유형이라는 주장이 나오게 된 이유는 무엇일까? 무엇보다도 우리 시대가 포스트모던 시대이기 때문이다. … 이에 제3세계를 중심으로 독립운동이 활발하게 일어나, 나름대로의 고유한 질서와 가치를 인정해주는 다원화 사회로 들어가게 되었다. 이전에는 비정상적이라고 여겨졌던 가치도 하나의 가치로서 인정받는다…. 우리 사회에서 논란이 되는 동성애 문제에 대해서도 기독교의 복음은 절대적 판단 기준을 지니고 있다. 기독교는 죄는 미워하되 죄인은 미워하지 않는다." 이경직, 『문화매거진 오늘』, 2006년 5·6월호.

[35] 동성애를 가리키는 영어 표현은 homosexuality이다. 이 말은 그리스어의 homo(동일)라는 단어에서 기원된 것으로서, 동일한 성에게서 육체적, 감정적 사랑을 느끼는 것을 말한다. 먼저 여성과 여성 사이에 이루어지는 동성애자를 가리키는 말로는 레즈비언(lesbian)이 있다. 이 말은 레스보스(Lesbos)라는 그리스 섬에서 비롯되었는데, 그 곳은 기원전 6세기 경 여성간의 사랑을 예찬한 시인으로 유명한 사포(Sappho)라는 한 선생이 젊은 여성들을 위해 학교를 세운 곳이었다. 시간이 흐름에 따라 처음에는 단지 레스보스에 사는 사람들을 의미하던 레즈비언이란 용어가 점차 사포와 그녀의 제자들처럼 다른 여성을 사랑하는 여성을 의미하게 되었다. 레즈비언의 경우 성적 행위에서 남성의 역할을 하는 여성을 '트리베이드(Tribade)' 혹은 '부치(Butch)'라 부르고, 여성 역할을 하는 여성을 '팜므(Femme)'

는 성의 여러 차원을 인지할 때 비로소 이해될 수가 있다. 인간의 성은 네 가지의 복합적 차원으로 이루어져 있다. 첫째로 '출생 시의 성(natal sex)', 즉 태어날 때 남자인지 여자인지를 정해 주는 신체적, 생물학적 특징, 둘째로 '성 정체성(sexual identity)', 즉 한 사람이 자신을 성적 존재로서 어떻게 보는가 하는 성적 자아 개념, 셋째로 '성 역할(gender role)', 즉 특정한 문화에서 규정하는 사회적 차원의 성적 정체성, 마지막으로 '성적 지향(sexual orientation)', 즉 한 개인이 누구에게 성적 매력을 느끼는가 하는 방향성을 지칭하는 말[36] 등으로 이루어져 있다. 이런 점에서 볼 때, '동성애'는 하나의 '성적 지향'이다. 성적 지향은 크게 '동성애', '양성애', '이성애'의 형태로 나타난다. 개인의 성적 지향이 어떻게 결정되는지에 관해서는 여러 의견들이 있으나, 아주 어릴 적 스스로 인식하기 이전에 확립된다는 데에는 대체로 의견이 일치하고 있는 것으로 보

라고 부른다. 그리고 남성 동성애자를 가리키는 말로는 게이(gay)가 있다. 1960년대 후반부터 게이라는 이 말은 동성애자 사회 내에서 공공연하게 호모섹슈얼을 대신하는 용어로 사용되었다. 게이의 경우, 성적 행위에서 여성의 역할을 '페어리(Fairy)' 혹은 '바텀(Bottom)'이라 부르고, 남성의 역할을 '탑(Top)'이라 부른다. 게이라는 말이 미국 사회에서 호모섹슈얼이라는 말을 대신하여 동성애자들 사이에서 쓰이기 시작하여 그 긍정적인 의미를 공유한 것처럼, 한국에서는 '이반'이라는 말이 동성애자를 지칭하는 용어로 정착되어 있다. 이반이라는 말은 1960~1970년대 서울의 낙원동의 동성애자 공동체에서, 일반(一般)이라는 말에 반하여 자신들을 이반(二般, 異般)이라 불렀던 것에서 유래하였다. 그리고 이 말은 점차 1990년대 중반에 이르러 동성애자 인권 운동이 시작될 무렵, 비하적인 의미를 담고 있는 '동성연애자'를 '동성애자'로 바꾸는 언어 교정 작업과 함께 폭넓게 알려지게 되었다(에릭 마커스, 『커밍아웃 ─동성애자에게 누구나 묻게 되는 300가지 질문과 대답』, 박영률출판사, 2000, 21쪽).

36 Judith K. Bailiwick & Jack O. Balswick, *Authentic Human Sexuality*, Inter Varsity Press, 1999. 잭 볼스윅·쥬디스 볼스윅, 『진정한 성 ─생물학적, 심리학적, 사회문화적 관점과 성경적 원리의 통합』(홍병룡 역), IVP, 2002, 21쪽(이후 번역본의 쪽 수를 표기함).

인다.[37]

이와 연관하여 잭 볼스윅과 쥬디스 볼스윅[38]은『진정한 성—생물학적·심리학적·사회문화적 관점과 성경적 원리의 통합』(Authentic Human Sexuality: An Integrated Christian Approach, 1999)에서 동성애 현상의 원인을 설명하는 여섯 가지의 모델을 제시한 바가 있다. 사회학습이론의 입장[39], 신(新)정신분석학의 입장[40], 생물학적 입장(유전적, 체질적, 내분비학적, 동물 행동학적 입장)[41], 통합모델의 입장[42], 상호작용적 발달의 입장[43], 인간 행위자의 입장[44]이 그것인데, 이 중에서 그 어떤 설명 모델도 아직까지 완전하지는 못하며, 따라서 충분한 설득력을 얻고 있지 않다는 것이다.

이상과 같은 여섯 가지 설명 모델들은 크게 보면 사회학습적

---

37 Daniel A. Helminiak, *What the Bible Really Says About Homosexuality*, Millennium Edition, 2000. 다니엘 헬미니악,『성서가 말하는 동성애 —신이 허락하고 인간이 금지한 사랑』(김강일 역), 해울, 2003, 9쪽.

38 Judith K. Bailiwick & Jack O. Balswick, 같은 책, 21쪽.

39 Bandura, A., The self system in reciprocal determinism. *American Psychologist* 33 (4). 1978, 345쪽; Bandura, A., Behavior theory and the models of man. 1974, *American Psychologist* (December), 1974, 865쪽.

40 Bieber, I., *Homosexuality*, New York: Basic Books, 1962; Bieber, I., *Psychodynamics and sexual object choices: A reply to Dr. Richard C. Friedman's paper. Contemporary Psychoanalysis* 12, 1976, 366-369쪽; Wolff, C., *Love between women,* New York: St. Martin's Press, 1971.

41 Herrn, R., On the history of biological theories of homosexuality used to justify homosexuality. Special issue: Sex, cells, and same-sex desire: The biology of sexual preference. *Journal of Homosexuality* 28 (1-2), 1995, 31-56쪽; Dorner, G., Stressful events in prenatal life of biand homosexual men, *Experimental and Clinical Endocrinology* 81, 1983, 83-87쪽.

42 Byne, W., and B. Parsons., Human sexual orientation: The biological theories reappraised. *Archives of General Psychiatry* 50, 1993, 228-239쪽.

43 Judith K. Bailiwick & Jack O. Balswick, 같은 책, 104-105쪽.

44 Judith K. Bailiwick & Jack O. Balswick, 같은 책, 91-107쪽.

관점과 생물학적 관점으로 나눌 수 있다. 동성애를 반대하는 기독교계에서는 대체로 사회학습적 관점을 지지하고, 동성애 옹호론자들은 생물학적 관점을 지지하고 있는 추세다. 그러니까 한 개인의 성적 지향이 하나님의 창조 사건 속에서 생물학적(유전적, 체질적, 내분비학적, 동물 행동학적 입장)으로 이미 결정되어 있다면, 그 개인은 그러한 삶의 방식(동성애 성향)을 좇아가는 것이 스스로에게 자연스러운 일이다. 이와 달리, 한 개인의 성적 지향이 사회학습적 관점에 따라 결정된다면, 성적 지향 자체보다는 성적 지향을 발휘했을 때 부딪히는 결과들에 대해서는 본인 스스로가 책임을 져야한다는 말이 된다.

이런 차원에서라면 동성애 문제에 접근하는 방식은 그야말로 '관점의 차이', '세계관의 차이', '인생관의 차이'에 따라 달라진다. 따라서 필자가 볼 때, 기독교계에서 동성애 문제를 해결할 수 있는 아주 확실한 길은 과학기술이 고도로 발달하여 인간의 유전자 지도가 완성되고, 적어도 성적 지향에 대한 유전자 지도까지도 확인될 수 있는 그 시대에나 가능하게 될 것이다. 그때까지는 서로의 입장 차이만이 강조될 뿐이다. 결국 각자 "우리의 입장" 혹은 "그들의 입장"만을 주장할 뿐, 타협이나 합의는 어디에서도 찾아보기 힘든 상황이 펼쳐질 것이다. 포스트모던으로 대변되는 오늘날에조차도 기독교계에서는 여전히 '절대적' 가치만을 강조하고 있고, 다른 한쪽에서는 '다원적' 가치만을 강조하는 현상이 재연되고 있을 뿐이다.

4. 나오는 말: 다문화, 바라봄에서 포용함으로

이런 현실 앞에서 기독인들에게 요청되는 자세는 어떤 것이 있을까? 나아가 다문화 현상을 접하는 일반 대중들에게는 어떤 자세가 요청되는 것일까? 나는 이 물음에 대한 좋은 안내를 2007년 한 일간지에 게재된 김용석의 칼럼에서 찾아보았다.

> 차별을 고발함과 동시에 그것을 해결할 실마리를 잡기 위해서는, 타인을 인간적으로 대하는 것을 넘어서 '한 사람'으로 대해야 한다. '한 사람'이라는 친밀한 인식과 구체성을 가져야만, 타인의 문제, 곧 너의 문제를 나의 문제로 삼을 수 있다. 이것은 인권의 문제를 사랑의 차원으로 이끄는 일이다. 사랑하는 사람은 항상 상대를 '한 사람'으로 본다. (중략) 그래야만 그에게 '사회가 지어준 이름'인 장애우, 트랜스젠더, 빈자, 수입 노동자, 흑인, 백인 등의 껍질을 벗겨 버리고 만날 수 있다. 장애우의 문제를 해결하기 위해서라든가 트랜스젠더의 문제를 해결하기 위해서라고 인식하기 이전에, '한 사람'의 문제를 바로 해결하기 위해서라는 마음이 필요한 것이다.[45]

위에서 인용한 이러한 마음의 자세를 가리켜 김용석은 진정한 '인권 감수성'이라 말하고, 이것이 우리들 자신에게도 엄청난 윤리적 가치를 지닌다고 밝히고 있다. 그렇다면 그가 말하는 인권 감수성이란 무엇일까? 그에 따르면, 윤리란 사회적 불순물을 정화

---

[45] 김용석, 「김용석의 대중문화로 철학하기」 중, "차별 해소? 의식의 껍데기를 벗어던지라". 한겨레신문, 2007년 8월 4일(토), 15면.

하는 가운데서 드러나는 인간의 의미이다. 고인 물이 되어버린 관습, 편견, 선입견, 고정관념들을 떨쳐 버리고 '의식의 알몸되기'를 시도하는 과정에서 비로소 우리는 도덕적으로 된다는 것이다. 이것은 모든 틀과 모든 색깔과 모든 덧붙임과 모든 사회적 이름과 훈장을 떨쳐 버리고 나의 알몸을 발견하는 일이기도 하다. 그렇게 하면 나는 네게 덧씌워진 것이나 네게 색칠된 것이 아닌, 너의 황홀 그 자체를 볼 수 있다. 그런 점에서 윤리란 자기 주체화 작업이자, 동시에 타자의 주체화 작업인 것이다. 바로 여기에 차별을 넘어서는 윤리적 가치가 있다고 김용석은 강조하고 있다.[46]

김용석의 이러한 표현을 굳이 빌리지 않더라도, 다문화시대를 살아가는 오늘 우리는 늘 '정상(正常)'과 '비정상(非正常)'의 사이에서, 다수(多數)와 소수(少數) 사이에서, 보편(普遍)과 특수(特殊) 사이에서 고민하고 선택을 강요받는다. 언제나 고민의 해결책은 기준과 잣대를 무엇에 두느냐 하는 점에 있다. 한 때 우리 대중가요 가운데 "내 님의 사랑은"이라는 곡이 1970년대 후반에 크게 인기를 얻은 적이 있었다. 그 노래를 부른 여러 가수들 가운데 "따로 또 같이"라는 팀이 있다. 나는 여기서 "따로 또 같이"라고 하는 표현과 그 의미하는 바가 다문화시대를 살아가는 오늘 우리들에게 긴요하게 요청되는 자세가 아닐까 생각한다. 피부색에 대해, 문화에 대해, 가치에 대해, 종교에 대해, 서로의 다름을 인정하는 태도, 그러한 인정(認定)이야말로 문화공존의 첫 디딤돌이 된다고 판

---

46 김용석, 같은 글.

단한다. 서로의 다름을 인정한다는 것은 차이를 받아들인다는 뜻이다. 차이를 수용한다는 것은 타자에 대해 배제(排除)와 차별(差別)을 가하지 않는 것이며, 그리하여 그것은 타자와의 연대(連帶)와 상생(相生)을 앞당길 수 있는 지름길이 된다. 이것이 우리가 "따로 또 같이"의 방식에 주목하는 진정한 이유이다.

:: 참고문헌 ────────────────────

김용석, 「김용석의 대중문화로 철학하기」 중, "차별 해소? 의식의 껍데기를 벗어던지라".
　　　한겨레신문, 2007년 8월 4일(토).
대한성서공회, 『성경전서』, 새영어흠정역판, 1985.
박충구, 『21세기 문명과 기독교윤리』, 대한기독교서회, 1999.
옥한흠, 「크리스챤의 성 윤리」, 『현대와 크리스챤의 윤리』, 도서출판 엠마오, 1987.
이경직, 『문화매거진 오늘』, 2006년 5 · 6월호.
이국헌, 『기독교 윤리학의 이해』, 삼영출판사, 2004.
임성빈, 「성경으로 본 동성애」, 『빛과 소금』, 1996년 6월호.
＿＿＿, 『21세기 문화와 기독교』, 장로회신학대학교 출판부, 2004.
Bandura, A., Behavior theory and the models of man. *American Psychologist* (December). 1974.
＿＿＿, The self system in reciprocal determinism. *American Psychologist* 33 (4). 1978.
Bieber, I., *Homosexuality*, New York: Basic Books, 1962.
＿＿＿, *Psychodynamics and sexual object choices: A reply to Dr. Richard C. Friedman's paper.*
　　　Contemporary Psychoanalysis 12: 1976.
Byne, W., and B. Parsons., Human sexual orientation: The biological theories reappraised.
　　　Archives of General Psychiatry 50. 1993.
Daniel A. Helminiak, *What the Bible Really Says About Homosexuality*, Millennium Edition,
　　　2000[『성서가 말하는 동성애 ─신이 허락하고 인간이 금지한 사랑』(김강일 역), 해
　　　울, 2003].
Derrick Sherwin Bailey, *Homosexuality and the Western Christian Tradition*, Longmans, Green,
　　　1955.
Dorner, G., Stressful events in prenatal life of biand homosexual men. *Experimental and*
　　　Clinical Endocrinology 81. 1983.
Hamer, D. H., A linkage between DNA markers on the X chromosome and male sexual
　　　orientation. *Science* 261 (5119). 1993.
Herrn, R., On the history of biological theories of homosexuality used to justify homosexuality.
　　　Special issue: Sex, cells, and same-sex desire: The biology of sexual preference. *Journal*
　　　of Homosexuality 28 (1-2). 1995.
John R. W. Stott, *Same-Sex Partnership?*, Zondervan, 1998[『존 스토트의 동성애 논쟁 ─동성
　　　간 결혼도 가능한가?』(양혜원 역), 홍성사, 2006].
Judith K. Bailiwick & Jack O. Balswick, *Authentic Human Sexuality*, Inter Varsity Press,
　　　1999[『진정한 성』(홍병룡 역), IVP, 2002].
Peter Coleman, *Christian Attitudes to Homosexuality*, SPCK, 1980.
Wolff, C., *Love between women*, New York: St. Martin's Press, 1971.

제8장

우리 시대가 요청하는 기독교의 역할과 책임

1. 들어가는 말

지난 2007년의 한국 사회의 단면을 그려보면 대통령 선거를 목전에 둔 정치의 풍경화가 잘 어울릴 법하다. 여야 정당은 제각기 대통령 후보를 내고자 고심하였고, 일반 국민들의 관심과 이목(耳目)도 이 부분에 맞추어져 있었다. 기독교계에서도 여러 형태의 시민단체들(예컨대, 뉴라이트연합, 기독교사회책임 등)이 꾸려져 제각기 정치활동을 펼쳤다. 이들 단체의 정치활동에서 엿보이는 이념과 목표는 약간씩의 색의 농도만 다를 뿐 큰 그림에서 일치하는 부분이 있었다. 그것은 기독교계가 정치활동을 통해서 각자 자신의 사회적 책임을 감당하려 한다는 점에서 그러했다.

기독교인으로서 인간이 만들어낸 다양한 문화현상들에 관심을 갖고 있는 필자의 경우도 '기독교(학자)의 사회적 책임'이라는 부분에 관심을 갖는 것은 어쩌면 자연스러운 일인지도 모른다. 이런 관심을 바탕으로 필자는 이 글에서 주제를 좁혀 문화비평의 차원에서 기독교 문화의 사회적 역할과 책임에 대해 논의하고자 한다. 굳이 문화비평적 논의를 하려는 이유는 이 글이 논거에 의한 논증 형식의 성격이기보다는 시대비평의 성격에 가깝기 때문이다.

필자는 이 글에서 기독교 문화의 사회적 역할과 책임을 '중심의 상실' 對 '중심의 회복'이라는 틀에 맞추어 살펴보려고 한다. '중심의 상실' 對 '중심의 회복'이라는 틀을 세 가지 장면을 통해서 비춰 볼 것이다. 하나는 신약성서 마가복음 2장에 나타나는 예수와 바리새인의 논쟁 장면이고, 다른 하나는 기독교 문화비평가 로마노프스키의 현대 예술과 대중문화비평 장면, 그리고 마지막 하나는 우리 자신의 교회 공동체 문화의 장면이다. 이 세 장면은 신앙(信仰)의 측면, 학문(學問)의 측면, 생활세계(生活世界)의 측면과 관련된 것으로서, 모든 기독학자들은 이 세 부분들과 직접적인 관계를 맺고 있다고 해도 과언이 아닐 것이다. 따라서 필자는 이 세 가지 국면을 통해서 우리 시대에 시급하게 요구되는 기독교인의 사회적 책임, 나아가 기독교 문화의 사회적 역할과 책임을 모색해 보고자 한다.

2. 장면 하나: 마가복음 2장에 나타난 예수와 바리새인의 논쟁

첫째 장면은 '신앙적 관점'에서 접근한 것으로서 성경 마가복음에서 읽어 본 중심의 상실 對 중심의 회복 부분이다. 스스로를 그리스도인으로 고백하고, 나아가 이 고백을 바탕으로 학문의 제 영역에서 연구하는 기독학자들이 제일 먼저 성서를 주목하는 것은 당연한 순서일 것이다.

1) 풍경 하나

> (바리새인의 질문): 왜 예수는 죄인(罪人)과 세리(稅吏)들과 함께 식사하는가?
> (예수의 답변): 건강한 자에게는 의원이 쓸데없고, 병든 자에게라야 쓸 데 있느니라 내가 의인을 부르러 온 것이 아니요 죄인을 부르러 왔노라(마 2:16-17).[1]

첫 번째 장면은 '정결(淨潔)'에 관한 논쟁이라 할 수 있다. 당시 유대 종교지노자들과 대제사상 그리고 바리새인늘은 인간이 의(義)로운 다음에야 하나님과 관계가 이루어질 수 있다는 생각을 하였던 것으로 보인다. 그래서 그들은 '병자'와 '죄인' 對 '온전한 자'와 '죄 없는 자'라는 구별의식(區別意識)을 갖게 된 것이다. 그들의 이런 관점에서라면 예수가 죄 없는 정결한 자들과 식사하는 것이 온당한 처사였을 것이다. 결국 그들의 이러한 정결 예법에

---

1 한·영 성경전서(새영어흠정역판, 개역한글판), 대한성서공회, 1985.

관한 생각에는 폐쇄적이고, 수직적이며, 의례적인 측면이 자리하고 있었던 것이다.

이에 반해 예수께서는 병자나 죄인들, 세리와 창녀를 위하여, 특별히 그들을 회개시켜 하나님 나라의 식탁에 동참시키기 위하여 이 땅에 오셨다. 병자나 죄인들을 대하는 예수의 생각 속에는 개방적이고, 수평적이며, 의례적이지 않는 진정성의 측면이 들어 있었다. 하나님은 우리 인간이 의(義)로워서가 아니라 우리 스스로 죄인일 때, 연약할 때, 원수 될 때, 우리의 그런 모습을 사랑하셔서 예수를 이 땅에 보내셨음을 다시 한 번 각인할 필요가 있다. 이 점이 정결의 참 의미가 아닐까 한다.

2) 풍경 둘

> (바리새인의 질문): 요한의 제자들과 바리새인의 제자들은 금식(禁食)하는데, 어찌하여 당신(예수)의 제자들은 금식하지 않는가?
>
> (예수의 답변): 혼인집 손님들이 신랑과 함께 있을 때에 금식할 수 있느냐? 신랑과 함께 있을 동안에는 금식할 수 없나니 그러나 신랑을 빼앗길 날이 이르리니 그날에는 금식할 것이니라. 생베 조각을 낡은 옷에 붙이는 자가 없나니 만일 그렇게 하면 기운 새것이 낡은 그것을 당기어 헤어짐이 더하게 되느니라.
>
> 새 포도주를 낡은 가죽 부대에 넣는 자가 없나니 만일 그렇게 하면 새 포도주가 부대를 터뜨려 포도주와 부대를 버리게 되리라 오직 새 포도주는 새 부대에 넣느니라(마 2:18-22).

두 번째 장면은 '금식(禁食)'에 관한 논쟁이라 할 수 있다. 우리는 두 번째 장면을 통해서 금식의 참 뜻을 생각하게 된다. 당시 유대인들과 바리새인들은 금식과 기도와 십일조 이 세 가지를 가장 중요한 경건의식으로 보았고, 이것이 그들에게 하나의 전통이 되어 있었다. 이러한 유대인들의 종교적 전통에서 보면, 하나님을 섬기는 일은 '기쁨'이기보다는 '구속감'과 '얽매임'을 가져다주는 일이었다. 예수는 사람들 앞에서, 사람들에게 보이기 위해서 행하는 그들의 경건의식을 외식적 생활이라고 비판하고, 그들의 이런 전통적 신앙생활을 낡은 부대에 비유하였던 것이다.

그러면서 예수께서는 새 포도주는 새 부대에 담는 것이 마땅하다고 일컫는다. 예수 자신을 일컫는 새 술이 하나님 나라를 상징하는 새 부대에 담겨야 한다는 것은 우리 자신의 신앙생활이 혼인 잔치의 비유에서처럼 이제 '잔치' 생활이 되어야 함을 강조하고 있는 것이다. 다시 말해서 하나님 나라 안에서 구속감과 얽매임을 느끼는 '수동적(受動的)' 신앙보다는 사랑과 기쁨을 맛보는 '능동적(能動的)' 신앙생활의 중요성을 일깨워 주는 대목이라 할 수 있다.

3) 풍경 셋

(바리새인의 질문): 안식일에 제자들이 밀밭 사이를 지나가다가 이삭을 자른 일과 예수가 안식일에 손 마른 병자를 고친 일에 대해서, 저희가 어찌하여 안식일에 하지 못할 일을 하나이까?

(예수의 답변): 다윗이 자기와 및 함께 한 자들이 핍절되어 시장할 때에 한 일을 읽지 못하였느냐. 그가 아비아달 대제사장 때에 하나님의 전에 들어가서 제사장 외에는 먹지 못하는 전설병을 먹고 함께 한 자들에게도 주지 아니하였느냐.

마지막 세 번째 장면은 '안식일(安息日)'에 관한 논쟁이다. 유대인들과 바리새인들은 안식일을 지키는 것과 안식일에 행해서는 안 되는 일들에 대해 철저한 의식을 가지고 있었다. 예컨대 그들은 안식일에 불 사용을 금하고, 그릇을 사용하지 않고, 매듭을 풀지 않았으며, 씨를 뿌리지 않는 등등의 여러 경우들을 철저하게 지켰다. 그런 그들의 눈에 비친 예수의 제자들이 밀 이삭을 자른 일과 예수 자신이 손 마른 병자를 고친 일은 안식일에 대한 그들의 전통적 가치 체계에 큰 도전이 아닐 수 없었다. 그 이유로 그들은 예수를 고발하기에 이른다.

하지만 하나님이 인간에게 안식일을 주셨을 때, 그것이 인간에게 멍에 같은 것은 아니었음을 알 수 있다. 그러니까 인간에게 안식일을 주신 것은 인간으로 하여금 창조와 회복의 힘을 주시고자 허락하신 것이다. 어떤 면에서 보면, 유대인과 바리새인들에게는 안식일이 목적이고, 인간은 단지 수단에 불과한 것이었다. 그러나 예수에 따르면 안식일은 사람을 위하여 있는 것이며, 사람이 안식일을 위하여 있는 것이 결코 아니었다. 다시 말해서 안식일은 수단이고 인간이 목적인 것이다. 그리고 손 마른 병자를 고친 것은, 선(善)을 행하고, 생명(生命)을 구하는 안식일의 참 정신을 가장 잘 구현한 사건임을 알 수 있다.

우리는 이상의 세 풍경을 '중심의 상실'과 '중심의 회복'이라는 안경으로 들여다 볼 수 있어야 한다. 유대 종교지도자들과 대제사장 그리고 바리새인들이 예수와 제자들에게 제기한 질문을 통해서 그들 자신은 죄(罪)와 무관하다고, 남보다 거룩하다고 생각한 '신앙적 교만(信仰的 驕慢)'을 우리는 볼 수 있어야만 한다. 그리고 전통적 관습을 철저하게 지키고, 금욕적 경건생활을 하면 구원을 얻을 수 있다고 본 '율법주의적 태도(律法主義的 態度)'를 보아야만 한다. 또한 계명의 참 뜻(사랑)을 망각한 채 오직 외적인 복종만을 고집한 '형식주의적 태도(形式主義的 態度)'를 보아야만 한다. 결국 그들의 신앙생활 및 신앙 속에는 중심의 상실이 있었던 것이다. 이것에 대해서 예수는 철저하게 중심의 회복을 주장하고 있었음을 알 수 있다.[2]

3. 장면 둘: 로마노프스키의 눈에 비친 현대 문화[3]

둘째 장면은 '학문적 관점'에서 접근한 것으로서 문화비평가에게서 읽을 수 있는 중심의 상실 對 중심의 회복 부분이다. 이 부분

---

2 사람이 의롭게 되는 것은 율법의 행위에서 난 것이 아니요, 오직 예수 그리스도를 믿음으로 말미암는 줄 아는 고로, 우리도 그리스도 예수를 믿나니 이는 우리가 율법의 행위에서 아니고 그리스도를 믿음으로서 의롭다 함을 얻으려 함이라. 율법의 행위로서는 의롭다 함을 얻을 육체가 없느니라(갈 2:16).

3 현대 문화에 대한 로마노프스키의 논의는 신응철, 『기독교문화학이란 무엇인가』, 북코리아, 2006, 71-83쪽의 내용을 본 주제에 맞추어 수정하여 재구성한 것임.

은 기독교 문화학과 문화철학 분야에서 최근에 논의되고 있는 중심 주제로서, 현대 문화 속에서 기독학자의 소명이 무엇인지를 짐작해 볼 수 있는 논거를 제공해 준다.[4] 여기서는 특별히 기독교 문화비평가로 명성이 높은 로마노프스키의 입장을 중심으로 다루어보고자 한다.

1) 성경에 근거한 문화 이해

윌리엄 로마노프스키(William D. Romanowski)[5]는 대중문화를 하나의 대중예술의 차원으로 다루고 있다. 그러면서 기독교적 관점에서 대중문화를 어떤 식으로 수용하고 비판해야 하는가의 문제를

---

4 학문적 관점에서 중심의 상실을 논의한 학자로 미술사학자 제들마이어(Hans Sedlmayr, 1896~1984)도 있다. 그는 『현대 예술의 혁명』 *Die Revolution der modernen Kusnt*(1957)에서 현대 예술은 '무성한 해석의 숲 속에서 대책 없이 길을 잃고 헤맬 것'이라고 예견한 적이 있다. 그는 무엇 때문에 그와 같은 전망을 하였던 것일까? 제들마이어는 현대 예술에서 '중심(中心)의 상실'을 목격하였던 것이다. 그는 현대 예술에서 나타나는 '중심의 상실' 현상을 인간에게서 본질적으로 불가능한 神적인 것과 인간적인 것의 '분리'에서 그 원인을 찾아내었다. 그러니까 인간과 神 사이의 '균열'과 인간과 神, 神人을 이어주는 '중재자의 상실'이 원인이다. 인간이 잃어버린 중심이란 바로 神이다. 그리고 질병의 가장 깊은 핵심은 허물어진 神과의 관계에 있다. 그렇다면 어떻게 예술의 영역에서 중심의 상실을 극복할 수 있을까? 제들마이어에 의하면, 그 처방은 새로운 상태 안에서 인간의 영원한 상(像)을 확립해 재형성시키는 길밖에 없다. 그러나 이런 영원한 상은 인간 자신이 생각해 낼 수 있는 것이 아니다. '인간적'이라는 것은 인간이 잠재적으로 神의 닮은꼴이며, 하나의 세계 질서에 편입되어 있다는 신념 없이는 확립될 수가 없다고 제들마이어는 보았다. 그러니까 그런 신념은 우리 모두가 神에 의해 창조된 자라는 의식을 지녀야 비로소 가능하다는 것이다.

5 윌리엄 로마노프스키(William D. Romanowski)는 미국 미시간 주 그랜드 래피즈에 있는 칼빈대학교의 언론학과 교수로 재직 중이며, 기독교 문화비평가로 명성이 높다. 국내에 소개된 저서로는 *Pop Culture Wars: Religion & the Role of Entertainment in American Life*, Inter Varsity Press, 1996[『대중문화전쟁』(신국원 역), 예영커뮤니케이션, 2001]과 *Eyes Wide Open*, Brazos Press, 2001[『맥주 타이타닉 그리스도인: 기독교 세계관으로 대중문화 읽기』(정혁현 역), IVP, 2004]가 있다.

고민하였다. 우선 로마노프스키는 문화란 무엇인가의 문제를 논의한다.

그에 따르면, 문화는 신앙과 깊은 관계가 있다. 문화는 하나님의 형상 안에서 "오묘하고 놀랍게" 지어진 존재의 일부이다. 문화는 하나님이 인간에게 내린 첫 명령이자 기본명령, 즉 "생육하고 번성하여 땅에 충만하라, 땅을 정복하라(창 1:28)"는 명령에 대한 인간의 응답(應答)이다. 하나님은 평범한 인간들에게 창조의 과정을 이어가는 임무를 맡기셨다. 그러므로 우리가 하나님의 '창조의 동역자'라는 사실은 성경에서 가장 우선시 하는 주제며, 그리스도인이 문화에 접근하는 기본 전제가 되어야 한다고 로마노프스키는 주장하고 있다.[6]

성경에 따르면, 하나님은 존재하는 모든 것을 창조하셨을 뿐만 아니라 그 모든 창조물에 대한 소유권도 주장하고 계신다. 우리는 모든 창조물들이 하나님의 영역 안에 있다는 사실을 알 수 있다. 그러므로 '만물', 즉 모든 피조물들은 하나님의 종(servant)이다(시 119:91). 이 사실은 그리스도인이 문화에 어떻게 접근해야 하는지를 다시 한 번 보여주는 기본 전제가 된다고 로마노프스키는 말한다. 그러니까 인간은 하나님이 창조한 것들에 대한 '소유자'가 아니라 '관리자(steward)'일 따름이다. 하나님만이 그것에 관한 소유권을 가지며, 인간은 의무와 책임을 지니고 있을 뿐이다.[7] 그렇다면 인간은 어떤 의무와 책임을 가지고 있는 것일까? 모든 사물은

---

6 윌리엄 D. 로마노프스키, 『맥주 타이타닉 그리스도인』(정혁현 역), IVP, 2004, 47쪽 참조
7 윌리엄 D. 로마노프스키(2004), 같은 책, 48쪽 참조.

하나님 나라에서 '섬기는 역할'을 하도록 지음 받았다. 그 같은 목적은 그 사물의 의미이자 존재이유가 된다. 인간이라는 피조물은 고유하고도 특별한 목적을 갖고 하나님의 형상대로 창조되었다. 그것은 바로 '문화를 수행하라'는 명령에서 확인할 수 있다.[8]

그런데 하나님이 인간에게 내린 첫 명령은 인간의 타락과 죄에 빠진 창조 세계로 인해 쉽게 퇴색되었다. 따라서 구속사에서 성경의 초점은 그리스도에게 중점적으로 맞춰지는데, 이 때 구속의 의미는 '회복'을 뜻하며, 창조된 실재에 그 '본래의 자유를 부여'하는 것이다. 여기서 자유란 죄에서 벗어나는 것을, 섬김으로 나아가는 것을 말하고 있다.

2) 대중문화의 위기의 징조, '대중' 對 '고급'의 벽 쌓기

한편 로마노프스키는 언론학과 교수답게 대중문화를 대중예술의 차원에서 논의한다. 그는 대중문화는 네 가지 중요한 기능을 가진 것으로 보았는데, 첫째 교화와 오락의 기능, 둘째 공동체의 경험과 전통을 보존하며 전수하는 기능, 셋째 사회를 비판하는 기능, 넷째 문화를 전달하고 신념과 가치관을 소통시켜 사회적 연대 의식을 형성하여 공동체를 만들어내는 기능이 그것이다. 이와 같은 대중문화의 기능을 로마노프스키는 예술이 지니는 본래적 기능과 유사하다고 보았다.

로마노프스키는 대중문화를 '현실의 지도(maps of reality)'라고 말

---

8 윌리엄 D. 로마노프스키(2004), 같은 책, 49쪽 참조.

한다.[9] 그러니까 대중문화는 인간의 관점에서 읽고, 해석하고, 평가한 우리 자신의 현실의 지도인 셈이다. 이런 대중문화를 바라보는 기독교적 시각이 우리의 궁극적 관심사다. 이 문제와 관련하여 로마노프스키는 먼저, 일반인들을 포함하여 기독교인들에게서도 통용되고 있는 하나의 중요한 편견(偏見)을 지적한다. 그것은 다름 아닌 '대중문화'와 '고급문화'를 나누는 '구별의식' 나아가 '차별의식'이다. 흔히 사람들은 이러한 구별을 위해서 고급문화 앞에는 '예술'이라는 수식어를, 대중문화 앞에는 '오락'이라는 수식어를 붙이고 있다. 그래서 이른바 회화, 조각, 연극, 교향악, 오페라, 시 그리고 특정한 형태의 문학에 대해서는 '예술'이라는 명칭을, 이에 반해 영화나 대중음악, 텔레비전 또는 연애소설이나 탐정소설에 대해서는 '오락'이라는 이름을 붙이기를 선호한다. 이렇게 되면 베토벤과 바흐, 셰익스피어, 디킨스, 렘브란트, 르누아르, 피카소의 작품은 예술의 영역인 반면, 마돈나, 스프링스턴, 루카스, 스필버그 등의 작품은 오락의 영역이다. 이를 우리식으로 적용하면, 윤이상, 백남준, 조수미, 정명훈의 작품은 예술성이 가미된 고급문화이고, 조영남, 나훈아, 남진, 이미자의 작품은 오락성이 들어있는 대중문화가 된다.

이와 같은 구별의식(차별의식)을 갖는 것은 고급문화와 대중문화 사이에 분명한 차이가 있다는 것을 암시해 준다. 많은 사람들은 고급문화가 뚜렷한 목적을 갖는 대중문화보다는 더 고매한 높은

---

9 윌리엄 D. 로마노프스키(2004), 같은 책, 79쪽 참조.

가치를 지닌 것으로 생각한다. 그러나 사회적 실천이라는 관점에서 보면, 고급문화와 대중문화는 실제로 많은 것을 공유하고 있고, 그 경계는 점점 모호해지고 있는 현실이다. 또한 예술적 가치에 근거해서 고급문화와 대중문화를 구별하는 것은 점점 더 어려운 일이 되고 있다.[10]

그렇다면 도대체 왜 언제부터 고급문화와 대중문화 사이에 틈이 벌어진 것일까?[11] 이것에 대한 로마노프스키의 대답은 대단히 흥미로우면서도 우리로 하여금 사태의 본질을 파악하게 하는 힌트를 제공한다. 부유층이면서 교양이 있고, 사회적 지위가 높았던 미국 앵글로 색슨계 백인 개신교인(White-Anglo-Saxon Protestant)들은 영국과 유럽에서 그들과 비슷한 지위에 있는 사람들처럼 자신들의 특권적인 사회적 지위를 정당화하기를 원하였다.[12] 그래서 20세기의 전환기에 미국으로 이주해 온 대중들과 자신들을 구분하기 위해서 자신들의 문화적 전통이 우월하다는 주장을 펴기 시작했는데, 바로 이것이 대중문화와 고급문화의 구분의 시작이고,

---

10 윌리엄 D. 로마노프스키(2004), 같은 책, 102쪽 참조.

11 고급예술과 대중예술의 구별 그리고 고급문화와 대중문화의 구별과 관련하여 프래그마티스트들의 예술에 대한 논의는 그리스도인들에게도 생산적인 관점을 제공하고 있다. 특히 수잔 손탁(S. Sontag)과 리차드 슈스터만(R. Shusterman)의 예술에 대한 해석은 결국 고급예술이 지닌 고립된 난해성과 절대화된 주장들에 대한 비판일 뿐만 아니라, 고급예술의 산물들과 대중문화의 산물들 사이에 놓은 본질적인 구분 자체를 무력하게 만들어 놓았다. 나아가 대중문화나 대중예술에 대한 긍정적인 평가를 할 수 있는 계기를 마련해 주었다. 이에 대한 상세한 논의는, 신응철, 『문화철학과 문화비평』, 철학과현실사, 2003, 제8장 참조 바람.

12 William D. Romanowski, *Pop Culture Wars: Religion & the Role of Entertainment in American Life*, Inter Varsity Press, 1996. 번역본으로 『대중문화전쟁』(신국원 역), 예영커뮤니케이션, 2001, 78쪽 참조.

틈이 벌어진 계기가 되었던 것이다.[13]

　이런 맥락에서 로마노프스키는 실제로 교양 있는 예술과 교양 없는 예술의 구별, 그리고 고급문화와 대중문화의 구별은 따지고 보면 예술 자체와 관련 있는 것이 아니라 '계급'과 관련 있다고 결론짓고 있다.[14] 그래서 그는 대중문화 속에 들어있는 계급적 요소와 연관시켜 대중문화들 사이의 '전쟁'이라는 표현을 쓰기까지 하였다. 이렇게 하여 고급문화는 특권 계급의 독점적 영역이 되었으며, 오직 특권 계급에게만 관련된 고급문화를 추구하는 것은 이제 많은 사람들에게 일종의 종교가 되었다고 로마노프스키는 진단하고 있다.

　그럼 왜 사람들은 고급문화에 대해 집착하고 그것을 소유하고자 할까? 고급문화에 대한 애착이 마치 구원의 길인 것처럼 생각하기 때문이다. 그런데 따지고 보면, 우리가 고급문화를 추구하는 이유는 신성의 분담자가 될 수 있다고 추정하기 때문인데, 그런 의미에서 문화는 하나님의 형상을 간직한 우리 인간에게 주어지는 보편적인 과제가 아니다. 오히려 문화에 대한 추구, 특히 고급문화에 대한 추구는 '하나님과 같아지려는' 피할 수 없는 유혹의 또 다른 형태에 불과하다.[15] 그렇기 때문에 고급문화 자체가 우리를 구원해줄 수는 없다. 아무리 세련된 미학적, 지적 감수성을 개발한다할지라도 우리는 결코 죄에서 벗어날 수가 없기 때문이다.

---

13 윌리엄 D. 로마노프스키(2004), 같은 책, 104쪽; 신국원, 『변혁과 샬롬의 대중문화론』, IVP, 2004, 54-55쪽 참조.
14 윌리엄 D. 로마노프스키(2004), 같은 책, 104쪽 참조.
15 윌리엄 D. 로마노프스키(2004), 같은 책, 105쪽 참조.

3) 대중문화 끌어안기, 기독교의 이름으로

기독교적 문화, 나아가 기독교적 대중문화란 가능할까? 대중문화는 매일 우리와 함께 하시는 하나님에 대한 성경적인 설명을 제공하는 유쾌한 '현실의 지도'를 공급해 주어야 한다.

그렇다면 기독교적 대중문화는 어떤 특징을 가져야 할까? 로마노프스키는 기독교적 확신과 관점, 태도와 정서 등이 예술적 노력의 바탕이 되어야 한다고 주장한다. 예술가와 비평가는 일상생활에서 일어난 선(善)과 악(惡) 사이의 우주적인 투쟁 속에서 길을 찾도록 노력해야 하며, 다른 사람들이 그 길을 볼 수 있도록 도와주어야 한다. 기독교적 특징을 갖는 예술작품은 하나님의 세상에서 사는 삶이 어떤 것인지에 대한 실마리를 제공해야 한다. 그리고 작품의 성격이나 표현 방식은 그와 같은 주제에 부합되어야만 한다. 다시 말해, 예술가 자신의 기독교적 신념과 관점, 그리고 태도와 감정 등이 작품의 양식, 구성, 접근 방식 등에 영향을 미쳐야만 한다.[16]

그리스도인들은 신앙에 기초한 삶의 비전을 긍정하고 재현함으로써 대중예술과 문화를 새롭게 만들어가야 한다. 대중문화나 대중예술을 기독교적인 것으로 만드는 것은 '주제'가 아니라, 오히려 주제에 담긴 '관점(觀點)'이라고 로마노프스키는 말한다. '성경적 관점'을 예술가와 비평가 그리고 후원자 모두에게 적용하여 현실의 지도 속에 펼쳐 놓아 그것을 문화적인 의미로 구성해야 한다.

---

16 윌리엄 D. 로마노프스키(2004), 같은 책, 126쪽 참조.

여기서 말하는 성경적 관점이란, 하나님이 세상을 선하게 창조하였지만, 타락한 세상에서 살고 있는 사람들의 모습이 어떠한지, 따라서 사람들이 가져야할 이상(理想)은 무엇이며, 바른 신념(信念)과 가치(價値)는 어떠해야 하는지를 제시하는 관점을 말한다. 그런 측면에서 그는 대중문화에 대한 성경적 관점을 다음의 네 가지로 요약하여 제시한다. 첫째, 하나님은 세계 가운데 활동하신다. 그리고 눈에 보이지 않는 영적 영역이 존재한다. 둘째, 믿는 사람들은 이러한 풍경 속에 거한다. 그러므로 신앙은 모든 삶에 필수적이다. 셋째, 인간의 죄(罪)는 실재하며, 따라서 악(惡)도 존재한다. 넷째, 하나님은 용서를 베푸시고, 구속(救贖)의 기회를 주신다.[17]

4) 대중문화와 함께, 기독교적 비전

로마노프스키에 따르면, 대중문화나 대중예술에서도 '용서'와 '구속'의 능력은 심금을 울리는 강력한 흡인력이 있다. 그래서 그는 대중문화에 대한 기독교적 전망은 타락한 세계에도 구속의 근원이 필요하다는 사실을 보여주는 데 있다고 주장한다.[18]

성경이 가르치는 바와 같이 구속(救贖)은 가장 암울한 곳에서, 가장 가능성이 없어 보이는 사람들을 통해서 온다. "죄가 더한 곳에 은혜가 더욱 넘쳤나니(롬 5:20)." 그래서 구속은 혼란을 일으키기도 한다. 그리고 은혜는 갑자기 침입해 들어온다. 구속은 한 사

---

17 윌리엄 D. 로마노프스키(2004), 같은 책, 134쪽 참조.
18 윌리엄 D. 로마노프스키(2004), 같은 책, 149쪽 참조.

람의 삶의 흐름과 방향을 깨뜨린다. 구속은 사람들의 성격을 바꾸어주며, 사람들에게 다른 시야를 열어줄 수 있다. 그래서 사람들은 변화된 마음과 새로운 관점을 갖는다. 자신에게 회개(悔改)를 일으킨 새로운 방식으로 자신과 타자(他者) 그리고 인생을 보기 시작하기 때문이다.

로마노프스키는 기독교적 대중문화비평이 단순히 '신앙 고백적'이거나 '도덕주의적' 특색에 머무는 것이 아니라 여기에서 벗어나기 위해서 ① 대중예술의 역할과 활용, ② 대중예술의 관점과 비전, ③ 대중예술의 구성에 기반하여 비평할 것을 제안한다.[19] 이러한 로마노프스키의 제안은 철저하게 성경적 관점에 근거해서 나온 것이라 할 수 있다.

> "마지막으로 형제들아 무엇에든지 참되며 무엇에든지 경건하며 무엇에든지 옳으며 무엇에든지 정결하며 무엇에든지 사랑할만하며 무엇에든지 칭찬할만하며 무슨 덕이 있든지 무슨 기림이 있든지 이것들을 생각하라(빌 4:8)"

로마노프스키는 빌립보서 4장의 위 덕목을 대중문화를 접하는 기독교적 분별을 위한 지침으로 삼고 있다. 어떤 연구 영역에서든 기독교적 비평의 독특한 관심은 우리의 삶과 사회에 작용하는 지배적인 종교와 문화의 영향력을 벗겨내는 데 있다. 대중문화나 대중예술은 문화의 현실적 상황을 분명하게 밝혀내고, 각기 다른 관

---

19 윌리엄 D. 로마노프스키(2004), 같은 책, 200쪽 참조.

점을 가진 사람들이 어떻게 사물의 의미를 파악하고 있는지를 알수 있게 해 준다. 따라서 대중문화의 기독교적 비평의 결정적인 역할은, 신앙의 중심성과 죄의 해악과 책략 그리고 개인 뿐 아니라 삶과 사회에도 '구속'이 필요하다는 사실을 두루 밝히는 데 있다. 또한 이런 일반적인 틀 안에서 특정 예술작품이 지닌 가장 중요한 특성에 따라 독특한 접근 수단, 그러니까 성(性) 정체성, 인종(人種), 계급, 지역, 소명(召命) 등을 재현할 필요가 있다고 로마노프스키는 말해주고 있다.[20]

4. 장면 셋: 삼각뿔을 지닌 한국 교회

셋째 장면은 '생활 환경적 관점'에서 접근한 것으로서, 교회 공동체에서 벌어지고 있는 일련의 현상들에서 읽어 본 중심의 상실 對 중심의 회복 부분이다. 교회가 적어도 그리스도인의 공동체라고 할 때, 세상 사람들의 공동체와 차이가 있어야 하고 구별되어야 할 터인데, 교회의 교회다움은 무엇인지를 다시 한 번 생각하도록 하는 부분이다.

나는 이 문제를 탁월한 식견을 가지고 있는 한 명의 기독교 역사학자의 눈을 좇아가면서 살펴보고자 한다. 미국 오클로호마주립대학 역사학과의 종신 교수 출신의 박정신은 최근 펴낸『한국 기

---

20 윌리엄 D. 로마노프스키(2004), 같은 책, 210쪽 참조.

독교 읽기』[21]에서 한국 교회의 특징적인 단면을 세 가지로 집약한 바 있다. 그 첫째는 천박한 물량주의, 둘째는 이기적 기복신앙, 셋째는 전투적 반공주의이다.

먼저 박정신은 천박한 경제주의의 늪에 빠진 교회는 질보다 양을 추구하고 모든 교회가 '큰 교회'가 되고자 한다는 점을 지적하고 있다. 이런 현상은 어떤 면에서 시대정신과 이어져 있다는 사실을 그는 밝혀주고 있다. 그러니까 한국 교회의 물량주의의 시작은 1960년대부터가 아니라 6·25전쟁에서 비롯되었다고 그는 진단한다.

"6·25전쟁을 전후로 나타나기 시작한 '피난교회'에 몰려든 이들이 종교적 동료 의식과 정신적 위로를 찾아온 입교 동기에 더하여, '빵과 천막'이 필요해서 교회로 들어 온, 다시 말하면 물질적 입교 동기도 있었다는 점도 주목하여한 한다고 주장하는 것이다. 이들의 입교와 이에 힘입은 교회 성장은 천박한 물질주의가 교회 안에서 암처럼 퍼져 자라남을 뜻하기도 한다."[22]

6·25전쟁 기간을 전후해 각종 구호기금과 물자가 성직자들을 우대하고, 성직자들에 의해 지급된 사실에 박정신은 주목하고 있다. 영어를 구사할 수 있는 몇몇 성직자들은 미국 교회에 줄을 대고 구호기금과 물자를 통괄하게 되었고, 이들은 이것을 자기 교회를 위해 먼저 사용하기도 하고 한국 교회 안에서 자기 영향력을

---

21 박정신, 『한국 기독교 읽기』, 다락방, 2004.
22 박정신, 같은 책, 181쪽 인용.

확대하는데 이용하기도 하였다. 이런 형식으로 세속적 물량주의에 물들기 시작한 성직자들과 물질적 이유로 교회에 들어온 평신도들이 함께 하는 교회가 1960년대에 시작된 경제제일주의 시대에 질보다 수량으로 신앙을 계산하는 조직으로 자리 잡게 된 것이다.[23]

문제는 여기에 있다. 한국 교회에 스며든 이 천박한 물량주의는 세속적 이익과 행복을 추구하게 되고, 가진 물질 때문에 교회와 교인들이 자기만족과 자기과시로 나아가게 된 것이다.[24] 어디 그뿐이겠는가? 자본주의의 절정기에 살아가고 있는 오늘의 기독교인들도 그 외의 문제들에서 여전히 물량주의적 경제주의적 가치관에 옥죄어 있는 현실이다. 각종 명목의 헌금이 강요되고, 십일조의 규모에 따라 교회 내에서의 직분과 역할이 달라지는 우리의 자화상을 확인할 수 있는 것이다.

다음으로 한국 교회에는 이기적 기복신앙이 깊이 뿌리내리고 있다는 사실이다. 기복신앙의 뿌리를 한국의 전통 무속신앙에서 찾을 수도 있겠지만, 6·25전쟁의 체험은, 그러니까 전쟁 후 교회에서 생존 동기를 충족시켜주는 위로와 현세복락의 요소를 강조하게 만든 결정적 계기가 되었던 것이다.[25] 이러한 기복신앙이 한국 교회사에는 '성령운동'으로 나타나고, 빈번히 열리는 '부흥회'에서 강조되었다는 사실을 박정신은 꼼꼼하게 밝혀내고 있다.

---

23 박정신, 같은 책, 182쪽 인용.
24 박정신, 같은 책, 184쪽 인용.
25 김홍수, 『한국 전쟁과 기복신앙확산연구』, 한국기독교역사연구소, 1999, 10쪽 인용.

　결과적으로 이기적 기복신앙은 교회로 하여금 예수의 삶의 교훈을 망각하게 만들어버린다는 사실이다. 예수처럼 고난에 동참하고, 희생과 봉사를 통한 이웃과 더불어 사는 삶을 강조하고, 죽은 자를, 억압받는 자를, 연약한 자를 먼저 보살피던 교회는 십자가보다는 오늘, 이 세상의 나의 축복을 갈망하는 현세적, 물질적, 이기적 기복신앙의 집단이 되고 있는 현실이다.

　교회성장을 갈망하는 한국 교회의 목회자들에게 천박한 물량주의와 기복신앙은 별다른 어려움 없이 교묘하게 융합될 수 있었다. 교회성장을 말하는 이들은 모든 것을 물량위주로 평가한다. 교회성장도 정신 또는 신앙의 질보다는 교인의 수와 헌금의 액수로 측정한다. 영적 기쁨보다는 사업번창이나 병 고침이 더 큰 축복으로 간주되고 있는 실정이다.[26]

　마지막으로 한국 교회에는 전투적 반공주의가 남아 있다. 이 현상도 6·25전쟁이 큰 계기가 되었다. 전쟁 중에 이북의 기독교인들이 대거 남한으로 내려오게 되었고, 남한에서는 이승만을 비롯하여 친기독교적 분위기가 확산되면서 기독교는 점차 반공의 종교공동체로 변화되었다.[27] 이런 상황 속에서 교회에는 '공산주의 = 반기독교', '기독교 = 반공' 등의 등식이 깊이 뿌리내리게 되었고, 이제 반공은 하나의 이데올로기가 되었다.

　이제 대통령이 북한을 다녀오고, 남북이 경협을 추진하는 상황에서, 분단된 민족의 통일시대를 대비한다면, 전투적 반공주의는

---

26 박정신, 같은 책, 190쪽 인용.
27 박정신, 같은 책, 191쪽 인용.

심각한 걸림돌이 될 수 있다. 나아가 가장 큰 문제는 교회가 특정 이념만을 받아들이거나 배척하는 세상의 공동체로 변질되어 가고 있는 현실이다.

5. 나오는 말: 길트기와 맛내기

지금까지 우리는 기독교 문화의 사회적 역할과 책임을 세 장면들을 통해 고찰해 보았다. 결론부터 말해보면, 그것은 한마디로 빛과 소금의 역할, 다시 말해 사회를 향해, 대중을 향해, 길트기와 맛내기의 역을 담당하는 것이라 할 수 있다.

그럼 구체적으로 어떤 태도와 방식을 동원할 것인가? 박정신은 지금 한국 기독교의 무기력함은 1세기 팔레스타인에서 태어나 '예수운동'을 펼친 그 예수의 가르침을 상실한 데서 잉태되었다고 진단한다. 잠시 그의 생각에 귀기울여보자.

"헤롯의 질서에 안티테제로서의 예수, 헤롯 세상의 군림의 가치를 거부하는 안티테제로서의 예수의 종 됨과 섬김을 오늘의 한국기독교가 상실하였다고 나는 진단하고 있다. 다시 말하면 거대한 종교로 성장한 한국 기독교는 중세 로마교회의 웅장함, 화려함, 풍요함을 바라보며 가고 있다고 나는 생각하고 있다. 1세기 팔레스타인의 가난한 예수, 초라한 예수, 핍박받는 예수를 바라보기보다 로마교회의 성직자들의 권위를 한국 교회의 지도자들이 갖고 싶어 한다는 데 한국 교회의 무기력이 나타나게 되었다고 나는 지적하는 것이다."[28]

그렇기 때문에 박정신은 이제 한국 교회가 1세기 '예수 운동꾼들'의 삶과 가르침으로 돌아가야만 한다고 역설한다. 군림, 웅장, 풍요와 같은 로마제국의 가치를 따르지 말고 섬김, 종 됨, 근검, 절약의 가치를 따라야 된다는 것이다. 예수의 '하나님 나라'와는 거리가 먼 이 세상의 것들을 버려야 한다는 것이다.[29]

나는 기독교 역사학자 박정신이 내리고 있는 한국 기독교의 모습에 대한 진단과 그 처방이 정확하다고 본다. 나의 방식으로 바꾸어 표현해 보면, 그는 일찍이 한국 기독교 문화의 중심의 상실 현상을 목격하였고, 거기에서 중심의 회복을 강력하게 외치고 있었던 것이다. 그렇기 때문에 그의 이런 혜안을 기독교 문화를 생산·유통·소비하는 주체인 우리 기독교인들이 적극적으로 받아들일 필요가 있다고 생각한다. 이는 기독인으로서, 기독교 문화의 사회적 책임을 염두에 둘 때, 우리가 취할 수 있는 가장 핵심적인 태도가 될 수 있기 때문이다. 중심의 상실에서 중심의 회복을 염원하고 그 길로 나아가야 한다는 사실은 분명하다. 그러나 그 길에 들어서서 한 발 한 발 걸어가기란 결코 쉽지 않다. 그 길에 들어서려는 우리 모두에게 다시 예수정신이 필요한 이유이다.

---

28 박정신, 같은 책, 213쪽 인용.
29 박정신, 같은 책, 214쪽 인용.

:: **참고문헌** ──────────────

『한·영 성경전서』(새영어흠정역판, 개역한글판), 대한성서공회, 1995.

김홍수, 『한국 전쟁과 기복신앙확산연구』, 한국기독교역사연구소, 1999.

로마노프스키, 윌리엄 D., 『대중문화전쟁』(신국원 역), 예영커뮤니케이션, 2001.

______, 『맥주 타이타닉 그리스도인: 기독교 세계관으로 대중문화 읽기』(정혁현 역), IVP, 2004.

박정신, 『한국 기독교 읽기』, 다락방, 2004.

신국원, 『변혁과 샬롬의 대중문화론』, IVP, 2004.

신응철, 『문화철학과 문화비평』, 철학과현실사, 2003.

______, 『기독교문화학이란 무엇인가』, 북코리아, 2006.

제들마이어, 한스, 『중심의 상실』(박래경 역), 문예출판사, 2002.

______, 『현대 예술의 혁명』(남상식 역), 한길사, 2004.

Romanowski, William D., *Pop Culture Wars: Religion & the Role of Entertainment in American Life*, Inter Varsity Press, 1996.

Sedlmayr, Hans., *Die Revolution der modernen Kunst*, Rowohlt Taschenbuch Verlag GmbH, Reinbek bei Hamburg, 1957.

______, *Verlust der Mitte*, Otto Müller Verlag, Salzburg Wien, 1948.

저자 | **신응철** shin0308@ssu.ac.kr

신응철은 1969년 경북 안동 예안에서 태어났다. 퇴계의 도산서원의 분위기를 몸으로 호흡하며 성장하였고, 대한예수교 장로회 통합측 기독학교인 안동 경안고등학교를 졸업하였다. 안동교회에서 신앙의 훈련을 받고, 학문의 길을 걷고자 1988년 숭실대학교 철학과에 입학하였다. 숭실대학교에서의 철학공부와 안병욱, 조요한, 최명관, 이삼열, 곽신환, 김광명, 한석환 선생님으로부터 받은 강의는 신앙과 학문의 길에 밑거름이 되었다. 그래서 신학의 길을 잠시 미룬 채, 철학과 대학원에서 가다머(H.G. Gadamer)의 해석학을 전공하여 1994년에 석사학위를 받았다. 그리고 국내에서는 처음으로 카시러(E. Cassirer) 문화철학을 연구하여 2000년에 철학박사학위를 받았다.

박사학위 취득 후, 「문화철학과 문화비평의 상관성 연구」로 학술진흥재단의 학술연구교수로 선정되어 전남대학교 철학연구교육센터(2003~2006)에 재직하였다. 2007년부터 현재까지 숭실대학교 전임연구교수로 재직 중이며, 기독교학과에서 기독교문화학과 기독교철학 분야의 강의를 하고 있다. 그간 『카시러의 문화철학』(2000), 『해석학과 문예비평』(2001), 『문화철학과 문화비평』(2003), 『철학으로 보는 문화』(2004), 『카시러 사회철학과 역사철학』(2004), 『관상의 문화학-사람은 생긴 대로 사는가』(2006), 『기독교 문화학이란 무엇인가』(2006)의 단행본을 출간하였고, 문화이론·문화비평 분야에 관계되는 다수의 논문을 발표하였다.

최근에는 문화학 전반에 대한 연구를 진행하고 있으며, 특히 기독교 문화학과 문화비평에 관심을 기울이고 있다. 이러한 연구의 관심사는 그간 숭실대, 성균관대, 한국외대, 백석대, 성결대 등에서의 강의와 한국칸트학회 총무이사, 한국해석학회 연구이사, 한국기독교철학회 총무이사 등의 학회 연구 활동을 통해서 얻은 통찰의 결과라 할 수 있다. 무엇보다도 현재 맡고 있는 한국기독교철학회 편집이사로서의 봉사는 기독교 문화학 연구에 매진하게 된 결정적인 촉매 역할을 했다고 할 수 있다.

이제 앞으로, 한국에서 적극적으로 통용될 수 있는 '문화철학'과 '기독교 문화학'의 학문적 토대를 제시하는 일에 미력하나마 일조하고 싶은 열망을 가지고 있다.